PAUL ROBIQUET

BUONARROTI

ET LA SECTE DES ÉGAUX

D'APRÈS DES DOCUMENTS INÉDITS

PARIS
LIBRAIRIE HACHETTE ET Cie
79, BOULEVARD SAINT-GERMAIN, 79

1910

BUONARROTI

ET LA SECTE DES ÉGAUX

D'APRÈS DES DOCUMENTS INÉDITS

DU MÊME AUTEUR

Droit constitutionnel comparé. La Constitution française de 1875, étudiée dans ses rapports avec les Constitutions étrangères. Un vol. in-8 de 400 pages. Paris; E. Thorin, 1876. En collaboration avec M. Bard, avocat à la Cour d'appel et actuellement Président de Chambre à la Cour de Cassation (2° édition revue et augmentée en 1878. Un vol. de 500 pages.

Histoire municipale de Paris. Trois vol. in-8, 2° édition, 1905. Paris, Hachette. Ouvrage couronné par l'Académie française (Prix Thérouanne) et par l'Académie des Sciences morales et politiques (Prix Berger).

Histoire municipale populaire de Paris. *Scènes et récits historiques.* Un vol. in-18 de 200 pages, 1887. Paris, Hachette.

Le personnel municipal de Paris pendant la Révolution. *Période constitutionnelle.* Un vol. grand in-8 de 686 pages. Paris, Quantin, 1890 (Publication de la Ville de Paris).

Discours et opinions de Jules Ferry. Sept vol. gr. in-8. Paris, A. Colin, 1893 à 1898.

Théveneau de Morande. *Étude sur le XVIII° siècle.* Un vol. in-12 de 320 pages et 5 planches hors texte. Paris, Quantin, 1882.

Histoire et droit. Deux vol. in-16, 1907. Paris, Hachette.

La Loi et les Syndicats (*Grande revue.* N° du 10 mai 1907.)

PAUL ROBIQUET

BUONARROTI

ET LA SECTE DES ÉGAUX

D'APRÈS DES DOCUMENTS INÉDITS

PARIS
LIBRAIRIE HACHETTE ET Cie
79, BOULEVARD SAINT-GERMAIN, 79
—
1910
Droits de traduction et de reproduction réservés.

PHILIPPE BUONARROTI

ET

LA SECTE DES ÉGAUX

AVANT-PROPOS

Louis Blanc, dans son *Histoire de Dix Ans*, fait de Buonarroti un éloge pompeux et le présente comme « une des plus grandes figures de notre époque ». Il regrette que cet homme, qu'il compare aux anciens sages de la Grèce, soit « si peu connu ».

Théoricien de la secte des Égaux, complice de Babeuf, condamné à la déportation par la Haute Cour de Vendôme, il a mené jusqu'en 1837 une existence de conspirateur et de proscrit, et servi de transition entre la Terreur robespierriste et la jeune école républicaine qui a renversé le trône de Juillet. Ce descendant de Michel-Ange, cet ex-Toscan naturalisé a été le directeur principal de la Charbonnerie, l'éducateur et le maître de Louis Blanc, de Cabet, de Voyer d'Argenson, de Blanqui, de Teste, de Trélat, de presque tous les chefs du parti socialiste. S'il n'a pas laissé un nom plus éclatant, on peut l'expliquer par ce fait qu'il a toujours vécu d'une vie mystérieuse et constamment dissimulé son action.

C'est donc avec une vive curiosité que j'ai pris connaissance, il y a quelques années, de deux gros registres dont M. Aulard m'avait indiqué le récent dépôt au département des manuscrits de la Bibliothèque Nationale (sous la cote FR, nouvelles acquisitions, 20 803 et 20 804.)

Je publie aujourd'hui le résultat de cette analyse.

M. Georges Weill, nous a fait connaître, dans un article de la *Revue historique* (juillet-août 1905), que les deux registres, qui contiennent les papiers de Buonarroti, appartenaient à Baudement, l'un de ses amis les plus intimes.

Nous avons, en effet, relevé une note de ce Baudement (registre 20804, f° 353) dans laquelle il prenait l'engagement d'écrire la vie de trois hommes, attachés à la même foi politique et qui s'appelaient Buonarroti, Voyer d'Argenson et Teste. « Mon intimité avec eux, dit-il, m'a valu, avec l'honneur d'être choisi pour cette tâche, la possession de tous les papiers qui pouvaient m'aider à la remplir. »

Baudement n'a pas eu le temps de réaliser son dessein, mais il nous a semblé qu'on pouvait tout au moins se servir des documents remis entre ses mains pour tenter de refaire une biographie de l'ami de Babeuf, et pour présenter au public un choix de ses principaux écrits, dont la plupart étaient restés inédits.

J'ai profité des savants travaux de MM. Louis Blanc, Georges Weill, Espinas, Fournière, Tchernoff, Félix Bouvier, Aulard, Advielle, Prudhommeaux, pour relier entre eux ces fragments un peu décousus, et mes recherches antérieures sur la conspiration de Babeuf, aux Archives Nationales, me permettaient peut-être d'éviter bien des tâtonnements dans cet essai de reconstitution qui, je l'espère, fournira une contribution utile à l'histoire du Communisme.

A peine est-il besoin d'ajouter qu'il ne faut pas voir dans ce livre une apologie des idées de Buonarroti.

Sa doctrine peut se résumer facilement. Elle déclare la guerre à la propriété privée et se condense dans une formule à peu près semblable à celle de Proudhon. Le théoricien de la secte des Égaux a dit : « *La propriété est un véritable délit public.* » Or le désir d'acquérir la propriété restera longtemps encore le but du travail personnel, le mobile de l'effort vers plus de bien-être et d'indépendance, la sanction et le symbole de toutes les libertés. « Les modernes, a écrit Benjamin Constant, nomment *libertés* les garanties accordées par les institutions aux jouissances privées. » Et Armand Marrast, qui n'était pas un réactionnaire, ajoute : « Ce droit de propriété est aussi sacré que les autres, car il naît comme les autres de nos facultés et de nos besoins ». C'est la clef de voûte de notre édifice social.

Vouloir courber tous les citoyens sous le niveau d'une Égalité ayant pour limites les satisfactions physiques et une éducation rudimentaire, sous prétexte d'un retour à l'état de nature ou aux principes du Christianisme naissant, c'est aller plus loin que Proudhon qui exaltait la liberté morale de l'individu ; plus loin que Blanqui qui exaltait son intelligence et eût volontiers conféré la dictature aux savants. Il faut néanmoins prendre au sérieux des maximes qui se réclament — Buonarroti l'affirme — « des vrais sages de l'antiquité : Minos, Platon, Lycurgue, Jésus-Christ ; puis, de Thomas Morus, Montesquieu, Mably, J.-J. Rousseau ». Le législateur contemporain s'inspire, plus qu'on ne le croit, des idées du condamné de la Haute Cour, qui a posé la loi de progression de l'impôt sur le revenu des riches, et réclamé la confiscation de leur superflu.

Quand la propriété privée (qui a déjà subi

de graves atteintes, du fait des taxes successorales et des impôts de tout genre à base progressive), sera sérieusement menacée par les haines du syndicalisme privilégié; quand les détenteurs du capital pourront dire avec une apparence de raison : « l'État, c'est le Vol! » la République et la Liberté trouveront peut-être des défenseurs à la main trop rude ou des ennemis trop puissants!

Paul Robiquet.

CHAPITRE I

LES DÉBUTS DE BUONARROTI

LES DÉBUTS DE BUONARROTI

Philippe Buonarroti est né à Pise le 11 novembre 1761. On a toujours dit que sa filiation le rattachait à Michel-Ange, mais, sur ce point, je n'ai trouvé dans ses papiers que des indications très incomplètes, et il ne semble pas qu'il se soit fait lui-même gloire d'une pareille origine. Ce qui est certain, c'est que le père de Philippe était un noble toscan, fort bien vu du grand-duc Léopold, le futur empereur. B. Hauréau, dans un article publié par le *Journal du Peuple* le 1er octobre 1837, peu de jours après la mort de Buonarroti, prétend que son père avait de 18 000 à 20 000 livres de rentes; mais Philippe a déclaré lui-même dans une note[1] « que sa famille n'était pas riche ». A coup sûr, elle appartenait à l'aristocratie, car l'ex-protégé du grand-duc écrivit ceci lorsque ses ennemis l'accusèrent

1. *Reg.* 20 803, f° 73.

d'être un espion toscan : « Je déclare à toute la république que je suis né *noble* de Florence, en Toscane, où, pour le malheur de ce beau pays, la noblesse existe encore. »

Trélat, dans le discours qu'il prononça le 19 septembre 1837, au cimetière Montmartre, raconte que Philippe Buonarroti « n'avait pas douze ans lorsque le grand-duc Léopold qui, ayant de l'affection pour son père, l'avait décoré de l'ordre de Saint-Étienne, prit un jour plaisir à faire jouer le jeune Philippe avec ce hochet. On a dit qu'il avait lui-même reçu les insignes de cet ordre; on s'est trompé. Buonarroti n'a jamais *porté* aucune décoration ». Il ne s'agit pas de savoir si le descendant de Michel-Ange a *porté* une décoration, mais s'il en a *reçu*. Or il ne semble pas douteux que Philippe ait reçu dès sa jeunesse l'ordre de Saint-Étienne : car, dans sa pétition à l'Assemblée nationale en date du 9 septembre 1791, pour appuyer le mémoire dans lequel Buonarroti demandait la naturalisation française, le Directoire du département de Corse s'exprime ainsi : « Nous ne saurions pas assez vous recommander cet ami de la Liberté qui abandonne sa patrie, *renonce à son titre de chevalier de Saint-Étienne*, et se transfère dans un autre pays pour jouir de l'Égalité et de la Liberté, accordées par la Constitution française. »

La faveur du grand-duc est d'ailleurs confirmée par Hauréau[1] et par Durozoir[2]. A dix-sept ans, Philippe fut envoyé à Pise, pour suivre les cours de l'Université de droit. Il eut notamment pour professeurs Sarti, disciple de Locke et de Condillac, et Lampridi, qui enseignait le droit politique. Après quatre ans d'études, le jeune étudiant fut reçu docteur en droit et revint à Florence ; mais, exalté par la lecture des œuvres de Jean-Jacques Rousseau, il ne tarda pas à s'affilier aux sociétés secrètes qui s'organisaient pour combattre les idées absolutistes du gouvernement. Le grand-duc dut faire surveiller l'apprenti révolutionnaire qui, dès 1789, publiait dans une feuille italienne des articles dithyrambiques sur les événements dont la France était le théâtre. Buonarroti, pour échapper à cette surveillance, et fasciné, comme tant d'autres étrangers, par l'irrésistible attrait des grandes luttes qui allaient s'ouvrir entre l'ancien régime et le nouveau, passa en Corse vers octobre 89. Dès le mois d'avril de

---

1. Feuilleton du *Journal du Peuple*, n° du 1ᵉʳ octobre 1837.
2. *Biographie universelle* de Thoisnin Desplaces, 1843, article signé D. R. R. (Durozoir), V° Buonarroti.

l'année suivante, il fonda un journal le *Giornale patriottico de Corsica* dont le premier numéro porte la date du 1er avril[1].

C'était une entreprise quelque peu téméraire d'essayer une propagande démocratique en Corse. La grande île réunie à la France par l'édit royal du 15 août 1768, et définitivement conquise au mois de mai de l'année suivante, après la défaite de Paoli à Ponte-Novo, avait reçu des institutions originales, avec des États formés d'un nombre égal de députés des trois ordres, et un système d'impôts dont les biens de la noblesse et du clergé n'étaient pas exempts. D'excellents gouverneurs, comme M. de Marbeuf et M. de Barrin, avaient su se faire aimer des nouveaux annexés, et dissimuler la rigueur d'un pouvoir théoriquement absolu. La Révolution française devait naturellement avoir une répercussion sensible en Corse. L'île, devenue partie intégrante du royaume, régie par la même Constitution et par les mêmes lois que les autres parties de la France, ne pouvait se plier par un coup de

---

[1]. Une lettre du 22 juillet 1861 qui est signée de M. Friess, avocat à Ajaccio, annonce l'envoi des six premiers numéros de ce journal qui furent suivis de quatorze autres. *Reg.* 20 804, f° 398.

baguette à une semblable transformation. Mirabeau ayant fait décider le rappel des Corses qui s'étaient expatriés après avoir combattu pour l'indépendance de leur pays, Paoli quitta l'Angleterre, vint à Paris, fut reçu par l'Assemblée nationale, par la Société des Amis de la Constitution, dont Robespierre était le président, aussi par Louis XVI lui-même, et débarqua le 17 juillet 1790 à Bastia où il fut salué par une députation d'habitants d'Ajaccio, parmi lesquels figuraient Joseph et Napoléon Bonaparte. L'ancien chef du parti de l'indépendance fut élu président de l'administration départementale et commandant général des gardes nationales de la Corse. De plus, on vota qu'une statue lui serait élevée dans le chef-lieu de l'île [1].

Mais la question religieuse vint, à ce moment même, troubler cette ère d'apaisement et de réconciliation. Le décret du 12 juillet 1790, connu sous le nom de Constitution civile du clergé, fut considéré par Rome comme le signal du prochain renversement de l'Église. Je rappelle seulement que le titre II du décret appelait tous les Français sans exception à élire les ministres

[1]. *Recherches sur la Corse*, par F. Robiquet, ancien ingénieur en chef des Ponts et Chaussées, 1833.

de l'Eglise, de telle sorte qu'un protestant pouvait coopérer au choix d'un prêtre catholique. De plus, la Constituante avait réorganisé les diocèses, supprimé les archevêchés et réduit le nombre des évêchés. Après une assez longue hésitation, le Pape Pie VI avait publié (le 10 mars 1791) le Bref *Quod aliquantum*, qui prenait ouvertement parti contre la Révolution[1]. En dépit des déclarations solennelles de la Constituante qui, par son instruction sur la Constitution civile en date du 21 janvier 1791, se défendait de porter atteinte « à la doctrine et à la foi catholiques » et reconnaissait le Pape comme « le chef visible sur la terre de l'Église catholique[2] », le clergé corse accueillit très mal la Constitution civile. Des cinq évêques de l'île, un seul avait été conservé, et ils émigrèrent tous. Les électeurs nommèrent évêque François Guasco, chanoine de la cathédrale de Bastia, et il prit le futur cardinal Fesch pour l'un de ses vicaires généraux. Or c'est à Bastia même, où les prêtres et les moines étaient fort nombreux, que vont se dérouler les incidents violents qui ont marqué le début de la

1. Voir notamment Edme Champion, *la Séparation de l'Église et de l'État, en 1794*, Paris, Colin, 1903.
2. Voir Aulard, *Études et Leçons sur la Révolution française*, 5ᵉ série, Paris, Alcan, 1907, p. 68.

vie politique de Buonarroti, et il était nécessaire de résumer les circonstances au milieu desquelles il entra en scène.

S'autorisant du décret concernant l'organisation des municipalités, une assemblée générale des habitants de Bastia eut lieu le 2 juin 1791, dans l'église Saint-Jean, « à l'effet, dit le procès-verbal [1], de délibérer sur différentes demandes à faire à l'Assemblée nationale, principalement à l'égard de la résolution, manifestée par le peuple, de vouloir conserver intacte la religion de ses ancêtres et l'obéissance due au Saint-Siège ». Le Directoire du département avait refusé de se rendre à cette assemblée qu'il considérait comme contraire aux lois. Trois résolutions furent adoptées : la première tendait à tenir pour non avenue la *Constitution du clergé*, à rétablir la situation antérieure à la convocation des États généraux; la seconde à envoyer des députés en Toscane pour témoigner à l'ancien évêque, M. de Verclos, « le désir ardent de le voir rétabli dans ses fonctions et de le posséder »; la troisième portait que « M. Buonarroti, toscan, qui a fait le métier de gazetier en Corse et qui y a répandu

---

[1]. Bibliothèque nat., *Manuscrit* 20 803.

des maximes contraires à la religion et tendantes à inspirer du mépris pour les ministres des autels, serait chassé sur-le-champ de la ville ».

Un long mémoire, rédigé par les soins du Directoire du département de Corse et daté du 13 juin 1791, nous fait connaître la suite donnée aux résolutions de l'assemblée du 27 juin. Il expose que l'origine des désordres est due à « quatre ou cinq prêtres fanatiques » qui avaient échauffé les esprits en organisant, le 1ᵉʳ juin, sous prétexte de la fête des Rogations, une grande procession dans laquelle les moines marchaient pieds nus, quelques-uns se flagellant, et d'autres portant des chaînes au cou et aux pieds. La procession visita les églises principales de la ville, aux cris de : *Vive notre sainte religion!* Les officiers municipaux suivaient la procession, en écharpe. Ils refusèrent, le lendemain, de répondre à la convocation du Directoire du département, et le maire notamment s'excusa en disant qu'il n'avait pas de valets pour réunir le corps municipal, et qu'il n'avait pas encore entendu la messe! Pétriconi, le colonel de la garde nationale, refusa aussi d'agir contre ce qu'il appelait un attroupement de femmes. Or ces femmes étaient plus redoutables que des hommes, et elles le firent bien voir en pillant plusieurs maisons, et en essayant de forcer l'habitation du nouvel évêque élu. C'est seulement à deux heures que M. Rossi, commandant des troupes de ligne, se décida à envoyer une cinquantaine d'hommes dans la cour du Palais du département, et cinquante autres devant la maison de Ville. Il refusa d'occuper la citadelle « attendu que cela aurait alarmé le peuple ». Les manifestants, encouragés par cette inertie, firent sonner dans les rues « la trompette de la commune » et s'assemblèrent en armes sur des points désignés. Ils se portèrent en nombre devant la citadelle que les gardes du département évacuèrent, sur l'ordre de Rossi et du commandant de la garde nationale. C'est alors que des citoyens armés vinrent tirer des coups de fusil, contre la maison d'Arena, procureur général syndic, qui resta assiégé pendant près de trois heures. Il dut accepter la proposition de Casella, faisant fonctions de maire, et de Petriconi, colonel de la garde nationale, qui s'engageaient à protéger sa sortie ; mais, à peine dehors, il fut hué, insulté et conduit au port, avec Panattieri, secrétaire général du département. On les embarqua pour la Spezzia.

Quant à Buonarroti, il s'était réfugié pendant

la nuit dans un des cachots du château ; mais les manifestants découvrirent le lieu de sa retraite et le traînèrent au port, la tête et les pieds nus. Assommé de coups, accablé d'injures, il fut embarqué sur un navire dont le capitaine avait ordre de le remettre au gouverneur de Livourne.

Je n'insisterai pas sur les suites de cette émeute que j'ai déjà racontée ailleurs [1], dans une conférence à la Sorbonne. Il suffira de dire que le Directoire du département confia le soin de rétablir l'ordre au général Paoli qui n'aimait pas les gens de Bastia. Arrivé à Livourne, Buonarroti fut incarcéré, sous l'inculpation d'avoir publié des écrits contraires à la religion catholique; mais le Conseil général de Corse adressa à l'Assemblée nationale une pétition qui lui demandait d'intervenir auprès du grand-duc de Toscane, afin d'obtenir la liberté de son ancien sujet et son renvoi en Corse; et ainsi fut fait.

Buonarroti, remis en liberté par Léopold, qui n'avait rien d'un tyran sanguinaire, revint occuper, dans les bureaux du département de Corse, son modeste emploi. Dès le 9 septembre 1791, le

---

1. Voir ma lecture à la Sorbonne (assemblée générale de la *Société de l'Histoire de la Révolution*, 8 mars 1908), *Revue de la Révol. franç.* du 14 juin 1908, p. 490.

Directoire départemental avait transmis à l'Assemblée nationale la pétition de son employé, par laquelle il demandait la naturalisation française. Le 12 février 1792, le pétitionnaire était reçu solennellement dans une séance du Comité général de Corse, et le président lui adressait de vifs éloges pour sa conduite patriotique. Il remercia en promettant « de sacrifier, s'il le fallait, sa vie pour la défense de la liberté et pour la destruction de la tyrannie [1] ». Un extrait du procès-verbal de cette séance fut envoyé à l'Assemblée nationale, avec prière de hâter le décret de naturalisation. Mais l'ex-Toscan devait attendre jusqu'au 27 mai 1793 le décret dont il s'agit. Dès le 23 octobre 92, il fut nommé commissaire provisoire du Pouvoir exécutif près le Tribunal du district de Corte, et il prêta serment devant lui [2]. Deux mois plus tard, il était envoyé par le Conseil général et la Société des Amis du peuple « pour aller en Sardaigne prêcher les prin-

---

1. Manuscrit 20 803, f° 26.
2. *Ibid.*, f° 40. Il résulte d'une attestation délivrée par les députés corses Casabianca et Multedo, au moment du procès Constantini (*Ibid.*, f° 49) qu'en mars 1792 : « Buonarroti passa en Toscane pour amener en Corse *sa femme et ses enfants*; qu'on voulut l'arrêter, qu'on saisit ses papiers et qu'on l'obligea de parcourir en fuyant la côte d'Italie où il ne trouva que proscription et cruauté. »

cipes de la Liberté et de l'Égalité, et remplir les fonctions méritoires de l'apostolat. » Ses biens avaient été saisis en Toscane : il appartenait désormais à la Révolution. Mais l'expédition de Sardaigne échoua, grâce surtout au double jeu de Paoli, commandant en chef des milices corses, qui, d'après Renucci, recommanda à ses lieutenants de ne rien entreprendre de sérieux contre les Sardes. Le canot parlementaire que montait Buonarroti reçut des batteries de Cagliari une volée de mitraille.

L'apôtre de l'Égalité revint à Toulon où le Conseil général de la commune lui décerna, le 14 mars 93, un brevet de civisme, tandis que les jacobins provençaux dénonçaient Paoli comme complice des aristocrates au club de Toulon; que Lucien Bonaparte le dénonçait, de son côté, au club de Marseille, et qu'Arena saisissait le Comité de Salut Public d'une dénonciation analogue. C'est ce qui explique que Paoli ait été mandé à la barre de la Convention par décret du 2 avril 93, avec Pozzo di Borgo, procureur général syndic du département. Paoli se justifia par lettre, mais, quand les trois conventionnels envoyés en Corse pour faire une enquête sur la situation (Saliceti, Lacombe Saint-Michel et

Delcher) arrivèrent dans l'île, il ne tardèrent pas à reconnaître que les accusations étaient fondées[1]; que Paoli avait convoqué en Corse les députés des communes et se mettait en révolte ouverte. Napoléon Bonaparte rompit avec lui et se réfugia chez le berger Bagalino, pour lequel plus tard mon grand-oncle, l'ingénieur en chef François Robiquet, qui le connut beaucoup en 1809, rédigea une pétition à l'Empereur[2]. Et c'est sur le rapport de Saliceti que la Convention déclara Paoli traître à la patrie et le mit hors la loi.

Buonarroti, après s'être associé aux dénonciations contre Paoli, était revenu en France avec Saliceti, au mois d'avril 1793. En qualité de député extraordinaire de l'île de la Liberté, ci-devant Saint-Pierre, dans la Méditerranée[3], près la Sardaigne, il présenta à la Convention le procès-verbal de la délibération par laquelle les habitants de cette île avaient voté leur réunion à la Répu-

---

[1]. Buonarroti avait été indigné des manœuvres de Constantini et de Ferrandi, députés extraordinaires de la Corse, qui avaient obtenu, le 5 juin 1793, la suspension du décret du 2 avril précédent, et il remit à Barère des observations sur la situation de la Corse qui indiquaient les mesures à prendre. Il présenta aussi, d'accord avec les représentants Casabianca et Moltedo, un mémoire tendant à partager la Corse en deux départements, ce qui fut réalisé par le décret du 1er juillet 93. Voir Georges Weill, *Rev. Hist.* de juillet-août 1901.

[2]. Voir *Recherches sur la Corse*, p. 354.

[3]. Voir l'article signé D. R. R. dans la *Biographie universelle*.

blique française. Il profita de l'occasion pour renouveler sa demande de naturalisation, tout en reconnaissant qu'il ne réunissait pas les conditions nécessaires : car la Constitution exigeait des étrangers, pour obtenir cette faveur, qu'ils eussent cinq ans de domicile, une épouse française et une propriété en France. Or Buonarroti ne justifiait que de quatre années de domicile, et sa femme était née d'un père italien et d'une mère anglaise. Néanmoins, il obtint son décret de naturalisation le 27 mai, et fut, en outre, admis au club des Jacobins où il se lia avec Ricord, Laignelot et Vadier.

Ainsi en faveur, Buonarroti eut cependant à lutter contre des ennemis redoutables. Il dut citer devant le Tribunal du II° arrondissement de Paris Constantini, « député extraordinaire du département de Corse », qui avait, de concert avec le commandant Ferrandi, répandu contre lui depuis le 16 juin 1793, de graves diffamations. A coup sûr, le nouveau Français attachait une grande importance à ces diffamations, car ses papiers abondent en renseignements sur l'incident judiciaire dont il s'agit.

Pourquoi avait-il été si profondément blessé par les insinuations des deux Corses ? Il le dit lui-même dans une note autographe[1] : C'est que Constantini et Ferrandi l'avaient accusé « d'être un émissaire envoyé par le tyran de Toscane pour lui livrer la Corse »; qu'ils le présentaient comme un aristocrate et un agent provocateur, qui n'avait dénoncé Paoli au club de Marseille que par dépit de n'avoir pu devenir son secrétaire, et s'était efforcé de provoquer la guerre civile en Corse pour séparer la grande île de la République française.

Le 27 brumaire an II (17 nov. 1793), Constantini[2] dut reconnaître l'inexactitude et la fausseté de toutes ses allégations, et déclara que, n'étant pas allé en Corse depuis dix ans, il avait été trompé par les dires du citoyen André, député à la Convention et l'un des deux commissaires civils envoyés en Corse par la Constituante, lors de l'émeute de Bastia, en 1791. Et Constantini rétracta formellement les diffamations contenues dans son livre intitulé *Correspon-*

---

1. *Reg.* 20 803, f° 73.
2. Dans son article de la *Revue historique* de juillet-août 1901, M. G. Weill cite une brochure de Buonarroti intitulée la *Conspiration de Corse entièrement dévoilée* (Paris, 3° mois de la 2° année républic.) qui contient une phrase sur le jugement du tribunal du II° arrondissement de Paris, et il ajoute : « Je ne sais de quel procès il s'agit. » Dans son second article, de juillet 1905, il relate les explications que fournissent les papiers de Buonarroti.

dance ¹ « nòtamment le passage où il accusait Buonarroti d'avoir voulu livrer la Corse au grand-duc de Toscane, son maître ». Cela n'empêcha pas le Tribunal du II⁰ arrondissement de Paris de rendre, le 29 brumaire de l'an II, un jugement dont le dispositif donnait acte à Constantini de sa rétractation, et déclarait faux et calomnieux les passages de l'imprimé qui visait Buonarroti. Ce dernier était autorisé à publier le jugement à cent exemplaires, aux frais de Constantini. D'autre part, une décision du Bureau de conciliation établi près le Tribunal du I⁰ʳ arrondissement, donna acte à Antoine Ferrandi, le 22 frimaire an II (12 déc. 1793), de sa rétractation des assertions insérées par lui dans une lettre du 16 juin qu'avait reproduite le libelle de Constantini. Le Comité de sûreté générale donna une autre sanction à la plainte de Buonarroti en suspendant Ferrandi de son grade de lieutenant-colonel, et, pendant deux mois, il fut consigné chez lui avec un gendarme à sa porte ².

Certains biographes ³ disent que Buonarroti

---

1. La libelle fut imprimé à Paris le 3 septembre 1793, mais il est certain que les calomnies visant Buonarroti circulaient depuis plusieurs mois, car la lettre de Ferrandi est datée du 16 juin 93.
2. *Reg.* 20 804, f⁰ 409.
3. Notamment Durozoir dans la *Biographie universelle* de

fut envoyé en mission à Lyon après l'exécution de Chalier (c'est-à-dire après le 16 juillet 93), qu'il fut incarcéré avec Rouyer et Brunel, autres commissaires de la Convention, mais qu'il put bientôt reprendre sa liberté et se réfugier à Nice où les conventionnels Ricord et Robespierre jeune étaient en mission. Les papiers de Buonarroti ne contiennent aucune pièce sur son passage à Lyon.

Hauréau dit avec précision que le Conseil exécutif provisoire avait chargé l'ex-Toscan d'une mission *en Corse*, le 7 juillet 1793, et cela paraît démontré par une lettre du ministre de l'Intérieur « aux autorités constituées, aux sociétés populaires et aux sans-culottes de l'île de Corse [1] ». Cette pièce, non datée au registre, dit, en effet, que le Conseil exécutif envoie Buonarroti près des républicains corses « pour resserrer de plus en plus les liens qui les unissent à la république, éclairer les faibles, surveiller et dénoncer les malveillants... et inspirer aux aristocrates la sainte terreur des lois ». La lettre du ministre invite les « sans-culottes de l'intérieur de l'île à soumettre au glaive de la vengeance nationale la tête infâme

---

Thoisnin Desplaces, et Hauréau dans le *Journal du Peuple* du 1er oct. 1837.
1. *Reg.* 20 803, f° 75.

du traître Paoli ». Mais, après sa courte incarcération à Lyon, Buonarroti, arrivé à Nice, ne put s'embarquer pour la Corse, et il apprit qu'un décret de la Convention venait de rappeler tous ses commissaires. C'est alors que Ricord et Saliceti, qui se trouvaient au siège de Toulon, renvoyèrent Buonarroti au Comité de Salut public pour le mettre au courant de l'état des choses et demander des ordres. Il revint donc à Paris, et c'est ainsi sans doute qu'en novembre 93, il put faire un procès à Constantini et obtenir le jugement du 19 de ce mois.

En janvier 1794, il repartit pour le Midi afin de poursuivre sa mission en Corse, mais les Anglais tenaient la mer et il dut rester près de son ami Saliceti [1], qui l'utilisa « pour presser et surveiller les armements maritimes du Port de la Montagne [2], » en l'autorisant « à faire toutes les

---

1. Voir sur Saliceti les détails intéressants que donne M. Félix Bouvier à la p. 85 de son livre sur *Bonaparte en Italie*, 1796. D'une famille originaire de Plaisance, il avait été, comme Buonarroti, étudiant à Pise, puis avocat à Corte, près le conseil supérieur de Corse. Son grand-père avait été pendu à Gênes. C'était un homme plein d'esprit et de ressources, mais dépourvu de scrupules « une espèce de Bonaparte en petit, un sacripant », dit Baudot dans ses *Notes historiques*, p. 9.
2. Arrêté des représentants du peuple envoyés par la Convention nationale près l'armée d'Italie et dans les départements du Midi, en date du 3 ventôse an II (20 février 1794). L'arrêté porte la signature de Saliceti (*Reg.* 20 803, f° 76).

réquisitions nécessaires pour cet objet, à la charge par lui de rendre compte tous les jours de ses opérations ». Or un autre arrêté des représentants du peuple près l'armée d'Italie venait de mettre en réquisition « tous les pêcheurs et autres citoyens, habitués à la navigation », des départements des Alpes-Maritimes, des Hautes et Basses-Alpes, du Var, des Bouches-du-Rhône, de Vaucluse, de la Drôme, du Gard, de l'Hérault, de l'Aude, des Pyrénées et de la Haute-Garonne. « Et les municipalités devaient, dans les vingt-quatre heures leur délivrer un passeport pour venir embarquer « sur les bâtiments de guerre de la République [1] ». En vertu d'un arrêté de Saliceti et de Moltedo, daté du 19 pluviôse an II (7 fév. 1794), Buonarroti était invité, en l'absence des deux représentants, à rester au Port de la Montagne, pour presser les armements [2]. Et le 3 ventôse suivant (21 février), Buonarroti reçut un passeport pour Marseille [3].

Ce passeport dit que le citoyen Buonarroti, « commissaire national envoyé par le Conseil exécutif et approuvé par le Comité de Salut

---

1. *Reg.* 20 803, f° 77.
2. *Ibid.*, f° 78.
3. *Ibid.*, avec la signature autographe de Saliceti.

public », est chargé « d'une mission très importante pour le service de la République ». Un arrêté du même jour, également signé de Saliceti, nous apprend « que, par l'ordre positif du Comité de Salut public, cinq vaisseaux de ligne, quatre frégates et quatre corvettes doivent partir, le vingt ventôse courant, pour une expédition qui intéresse le salut du peuple français; » mais que « la marine du Port de la Montagne n'avait, en ce moment, ni matelots, ni salaison, ni biscuits, ni viande, ni poudre suffisantes pour cette expédition ». C'est Buonarroti qui était chargé de trouver tout cela à Marseille, et toutes les autorités constituées étaient mises en demeure « d'adhérer sur-le-champ à ses réquisitions ». A Marseille, par arrêté du 4 ventôse, le conventionnel Maignet, envoyé en mission dans les Bouches-du-Rhône et le Vaucluse, autorisa Buonarroti, par arrêté du 4 ventôse an II (22 fév. 94), à « mettre en réquisition tous les objets qu'il ne pourrait se procurer autrement; même à faire lever les scellés mis dans les maisons des émigrés ou des détenus, et à se faire délivrer, après en avoir dressé inventaire, tout ce qui lui serait nécessaire.

Buonarroti, à la fin de ventôse an II, reçut

de Maignet un laissez-passer pour aller presser les armements de la marine à Cette et Agde; puis, le 20 germinal (9 avril 94), il est envoyé à l'armée d'Italie par Moltedo pour se mettre à la disposition des représentants du peuple. Saliceti et Albitte lui confièrent, avec le titre de *commissaire national* [1], la mission « d'exercer la police de sûreté et de suivre les opérations relatives aux biens appartenant à la République dans les pays conquis au delà de Menton [2] », avec recommandation de faire respecter les propriétés des habitants qui n'auront pas pris la fuite.

Le 28 messidor an II (16 juillet 94), un arrêté de Ricord, daté de Loano [3] et comprenant dix-sept articles, divise en huit arrondissements les territoires conquis sur le tyran de Sardaigne. Buonarroti est nommé par l'art. 3 « *Agent national général* » avec pouvoir « de suspendre et de remplacer provisoirement les agents d'arrondissement ou autres officiers chargés du gou-

---

1. M. Georges Weill (article cité) dit que les *Arch. nat.* contiennent cinq registres où figurent les copies des arrêtés pris par Buonarroti, en qualité de commissaire national dans les pays conquis pendant une période de dix mois (F^7 4626) ainsi que sa correspondance. Ce sont les papiers saisis et envoyés à Paris après l'arrestation du commissaire national.
2. *Reg.* 20 803, f° 82.
3. *Ibid.*, f° 87.

vernement intérieur ». Chacun des huit arrondissements reçoit un agent national, nommé par l'agent national général, et un receveur, chargé de percevoir « tous les deniers appartenant à la République ». Un tribunal révolutionnaire, dans chaque arrondissement, doit connaître de tous les délits qui ne sont pas de la compétence du tribunal militaire, et l'agent général exerce les fonctions d'accusateur public. Enfin, l'agent général bénéficiait d'un traitement mensuel de 500 livres. Buonarroti trouva ce traitement peu proportionné aux dépenses extraordinaires qu'entraînait pour lui sa charge et, par arrêté du 5 vendémiaire an II (26 sept. 1794), Saliceti et Albitte, représentants du peuple près l'armée d'Italie, l'autorisèrent, à titre d'indemnité, « à ne pas payer les denrées qui lui avaient été délivrées jusqu'à ce jour par les magasins de Loano », sauf à lui à remettre les bons de livraison comme pièces comptables de dépense [1].

A cette date du 26 septembre 94, la dictature de Robespierre avait pris fin depuis deux mois : il fallait un certain temps pour que la répercussion du 9 thermidor s'opérât en province et aux

---

1. *Reg.* 20 803, f° 90.

armées de la République. Mais Buonarroti ne pouvait échapper aux conséquences de ce qu'on a appelé la réaction thermidorienne. La *Biographie universelle* indique la cause précise de sa disgrâce. Le ministre français à Gênes l'aurait dénoncé au gouvernement central, sous prétexte que, pour satisfaire une haine personnelle, il aurait saisi les biens du marquis de Palestrino, et adressé à ce gentilhomme une lettre outrageante. Quoi qu'il en soit, Buonarroti fut arrêté le 15 ventôse an III (5 mars 1795), d'après les ordres du Comité de sûreté générale, transmis par le représentant du peuple Prost, en mission près les armées d'Italie et des Alpes [1]. Guillaume-Alain Virvein, chef d'escadron de la 13° division de gendarmerie, envoya, le 15 ventôse, à Oneille le citoyen François Hermitte, capitaine de gendar-

---

[1]. Voici le texte de l'arrêté, d'après le registre 20 803, f° 91 :
« Au nom du peuple français.
« Les représentants du peuple envoyés par la Convention nationale près les armées d'Italie et des Alpes, d'après les ordres du Comité de sûreté générale transmis aux représentants du peuple près l'armée d'Italie,
« Arrêtent que Philippe Buonarroti, actuellement sur les frontières de la République de Gênes, sera sur-le-champ mis en état d'arrestation; qu'examen sera fait sur ses papiers, et que les plus suspects seront adressés au Comité de sûreté générale; chargent le commandant de la gendarmerie de Nice de l'exécution du présent arrêté.
« Nice, le 14 ventôse rép. 3 (*sic*). *Signé* : PROST; BÉGUIN, secrétaire. »

merie, pour exécuter l'arrêté des représentants du peuple. Il résulte du procès-verbal dressé le 25 ventôse (15 mars 1795) par le commandant Virvein et signé de Buonarroti, que l'on ne trouva rien de suspect dans les papiers de ce dernier, et le brave gendarme crut devoir ajouter « qu'il est constant que Buonarroti s'est toujours conduit en vertu des ordres des représentants du peuple dont les arrêtés sont en son pouvoir ». La comptabilité ne fut pas examinée et on la renvoya « à qui de droit » [1].

Le capitaine Hermitte, dans son rapport du 25 ventôse, ajoute quelques détails intéressants sur la façon dont il fut procédé à l'arrestation. Le lieutenant Causti investit avec quelques gendarmes la maison où se trouvait Buonarroti, à Saralla, village de la vallée d'Oneille. On ne saisit que « des habillements appartenant à sa femme » et sa garde-robe personnelle, composée de « quelques chemises ». A coup sûr, il pratiquait la simplicité républicaine. Ses papiers furent mis dans une corbeille et dans une caisse, sur lesquelles on apposa les scellés « au nœud de la corde dont ils furent ficelés ». Le tout fut

---

1. Voir *ibid.*, le procès-verbal du chef d'escadron Virvein, avec sa signature autographe.

envoyé au citoyen Turreau, représentant du peuple près les armées d'Italie et des Alpes. Un arrêté de ce même Turreau, en date du 15 ventôse an III (5 mars 95) [1] avait déjà supprimé la place de commissaire national et l'espèce de dictature qui avait été conférée à Buonarroti par l'arrêté du 3 floréal an II (22 avril 1794), émanant de Robespierre jeune et Saliceti. Dans ses considérants, Turreau déclare que « s'il a paru nécessaire aux représentants du peuple près l'armée d'Italie de réunir, dans le premier moment de la conquête, en un seul individu toute l'autorité dont le citoyen Buonarroti a été investi, ce serait blesser les principes d'Égalité et de Liberté qui dirigent la Nation française, de laisser plus longtemps reposer ces pouvoirs dans une seule main ». Une commission de cinq membres et deux suppléants fut substituée au commissaire national, et on lui adjoignit un secrétaire général et trois secrétaires, nommés par la commission elle-même. Buonarroti avait installé la nouvelle commission administrative, et l'arrêté lui enjoignait de se présenter, à Paris, devant le Comité de Salut public, pour lui rendre compte de son administration.

1. *Reg.* 20 803, f° 95.

Après l'arrestation de Buonarroti, les représentants Beffroy et Turreau ne paraissent pas avoir témoigné une grande malveillance au fonctionnaire disgracié, car on lit dans leur arrêté daté de Nice, 27 ventôse an III (17 mars 95), que « de l'examen qui a été fait de ses papiers par deux commissaires du Comité de surveillance du district de Nice, il n'est rien résulté qui fût à sa charge [1] ». De plus, considérant la nécessité de procurer à ce citoyen le moyen de mettre sa conduite au plus grand jour, et de remplir la disposition de l'art. 17 de l'arrêté du 15 de ce mois, Beffroy et Turreau décident que « Buonarroti sera conduit, sous la garde d'un gendarme, à Paris près le Comité de Salut public et de Sûreté générale, et que les deux mille deux cents livres restant des trois mille livres qui lui ont été payées par le receveur principal d'Oneille, pourront être employées aux frais de ce voyage [2] ».

---

1. *Reg.* 20 803, f° 98.
2. Un autre procès-verbal daté de Nice, 5 germinal an III (25 mars 1795) et portant les signatures du juge de paix Négrin, du chef d'escadron Virvein, des commissaires municipaux Joseph Randon et Jérôme Genet, et de Buonarroti lui-même, contient la protestation de ce dernier contre l'enlèvement de ses registres « qui contenaient le détail de toutes ses opérations et lui étaient nécessaires pour mettre sa conduite au plus grand jour, et en rendre compte au Gouvernement, ainsi qu'il lui avait été prescrit par le représentant du peuple ».

Mais les gouvernants de Paris furent moins justes pour Buonarroti que leurs gendarmes, et le voyage du commissaire disgracié se termina dans les prisons du Plessis [1]. Il n'en sortit que le 17 vendémiaire de l'an IV (9 octobre 1795) [2]. Dans la journée du 13, les sections royalistes de la garde nationale avaient été écrasées par le jeune général Bonaparte, le héros de Toulon, que Saliceti, son ancien protecteur comme celui de Buonarroti, avait dénoncé après le 9 thermidor, en l'accusant

1. Hauréau, *Journal du Peuple* du 1er oct. 1837.
2. M. Georges Weill (article cité), à propos des faits qui suivirent l'arrestation de Buonarroti et son envoi à Paris, dit que l'ex-commissaire national arriva dans la capitale le 4 floréal, et fut envoyé par le Comité de Salut public devant le Comité de Sûreté générale. Ne pouvant obtenir sa comparution devant ce Comité, il lui adressa une requête dans laquelle il protestait de son innocence, et affirmait qu'on n'avait rien trouvé de suspect dans ses papiers (ce que, nous l'avons vu, les représentants Beffroy et Turreau avaient déjà certifié exact par leur arrêté du 27 ventôse an III). Le 11 messidor, on communiqua à Buonarroti les motifs de son arrestation. Ils étaient tirés d'une dénonciation du ministre de France à Gênes qui promettait au gouvernement génois de réparer les dégâts commis par des Français, et « de punir Buonarroti, commandant de Loano, pour avoir osé confisquer le fief du marquis de Palestrino, piller son château et lui écrire en termes injurieux (Réimpression de l'ancien *Moniteur*, t. XXIII, p. 401). Buonarroti démentit avec énergie ces accusations et réclama une confrontation avec son dénonciateur.
M. Georges Weill ajoute qu'à la prison du Plessis, Buonarroti se lia avec les futurs organisateurs de la conspiration des Égaux. C'est le Comité de Sûreté générale qui, le 17 vendémiaire, arrêta que « le citoyen Buonarroti, détenu dans la maison du Plessis, serait remis sur-le-champ en liberté et les scellés levés, si aucuns ont été apposés ». (*Arch. nat.*, F7 6331.)

d'être l'homme des frères Robespierre; et M. Félix Bouvier[1] a supposé, non sans apparence de raison, que le conventionnel, qui devait être plus tard compromis après les journées de prairial avec les derniers montagnards, n'avait trouvé que ce moyen « de dérober Bonaparte aux coups de la réaction thermidorienne ». Quoi qu'il en soit, Buonarroti bénéficia de la victoire du général sur les royalistes et, remis en liberté, put sans danger reprendre sa propagande démocratique.

1. *Bonaparte en Italie*, p. 87.

CHAPITRE II

BUONARROTI ET LA CONSPIRATION DE BABEUF

BUONARROTI ET LA CONSPIRATION DE BABEUF

Après la séparation de la Convention (26 octobre 1795) et l'installation du Directoire[1], Buonarroti se lia avec les principaux chefs de l'ancienne faction Robespierriste qui poursuivaient le rétablissement de la Constitution de 93. Ses papiers

---

[1]. Nous croyons inutile de donner ici une bibliographie complète des ouvrages antérieurs sur la conspiration de Babeuf. On la trouvera à la p. 196 du beau livre de M. Espinas : *la Philosophie sociale du XVIIIe siècle et la Révolution*, Alcan, éditeur. Il faut consulter surtout le livre de M. Advielle, *Histoire de Gracchus Babeuf et du Babouvisme*, 2 vol. Paris, 1884; l'article de M. Aulard, *Grande Encyclopédie*, Vº Babeuf; ses derniers Jacobins (*Revue de la Révol. française*, livraison du 14 avril 1895) et aussi l'excellent chapitre de M. Espinas lui-même, dans l'ouvrage cité plus haut : *Babeuf et le Babouvisme*, p. 195 et suivantes; les 10 volumes in-8º du *Procès de Babeuf*; les journaux publiés par Babeuf : *Journal de la Liberté et de la Presse* (17 fructidor an II, 22 numéros, qui se continue depuis le 14 vendémiaire an III par le *Tribun du Peuple*; l'ouvrage de Buonarroti; *Conspiration pour l'Egalité dite de Babeuf*, 2 vol. Bruxelles 1828, et ses rééditions de 1849, de 1850 et de 1869; enfin, les pièces d'archives que nous avons analysées dans nos articles de la *Révolution française* et de la *Revue de Paris*.

La partie nouvelle de notre étude ne comprend que le dépouillement et la mise en œuvre des papiers contenus dans les deux registres de la Bibliothèque nationale.

nous révèlent un côté de son action politique qui, jusqu'à présent, était resté dans l'ombre. Je veux parler de ses relations avec les révolutionnaires italiens dont il fut, à Paris, le correspondant et l'agent actif. Son origine explique suffisamment la sympathie de Buonarroti pour les démocrates d'Italie, et beaucoup de ces derniers avaient protesté hautement contre l'arrestation et la détention de l'ex-Toscan [1]. Le 15 pluviose an IV (4 février 96) Saliceti et Garrau, tous deux anciens conventionnels régicides, non réélus aux Conseils des Anciens et des Cinq-Cents, avaient été désignés comme commissaires civils près l'armée, en remplacement de Ritter et Turreau. Dès le même jour, Buonarroti, accompagnée de son ami Cérise, alla trouver Saliceti [2] « pour savoir quelles avaient été ses instructions et agir en conséquence ». Le nouveau commissaire de la République répondit « qu'il avait reçu des ordres pour marcher en

---

[1]. C'est ainsi qu'à la date du 23 messidor an III (11 juillet 95) Damiani, Grécy et Olentani, exilés napolitains, que Buonarroti avait accueillis et secourus à Oneille, alors qu'il y remplissait les fonctions de commissaire national « déclarent à toute la France, dans une sorte de certificat, qu'ils ont trouvé en Buonarroti, l'homme ami de ses semblables, le républicain vertueux et fortement attaché à la République française ». *Reg.* 20803, f° 104.

[2]. Lettre de Buonarroti et Cérise du 15 pluviôse an IV à leur ami Pellissieri (ou Maurice Pellissier, comme il signe dans sa réponse du 2 ventôse an IV (21 février 96). *Ibid.*

avant et favoriser, protéger de toutes ses forces le parti républicain » d'Italie, et qu'il partirait dans huit jours. Buonarroti s'empresse d'écrire à ses amis d'au delà les Alpes « qu'ils doivent se tenir prêts à augmenter, électriser, échauffer et encourager les patriotes qui peuvent être à Turin ou dans le reste du Piémont ou de l'Italie ». Sur les moyens à employer, il leur conseille de s'entendre avec Saliceti. « L'essentiel est d'oublier toutes les distinctions d'origine, entre Milanais, Napolitains, Génois, car les Italiens sont tous frères. » Buonarroti préconise une insurrection à Turin et, tout en se défendant d'influencer ceux qui sont sur les lieux (car ce serait Gros-Jean qui en remontrerait à son curé), il se prononce pour la création d'un gouvernement révolutionnaire provisoire « afin que le pays ne soit pas en proie à des lois militaires qui souvent ne sont pas selon les intérêts des peuples ». Buonarroti craignait « que le roi de Sardaigne ne fît une paix liberticide avec la République ». Aussi eut-il, quelques jours plus tard, une conférence avec le ministre des Relations extérieures, et il en rend compte à ses amis dans une lettre du 30 pluviôse an IV[1]. Il s'agissait de savoir si les patriotes italiens pouvaient compter

---

1. *Reg.* 20 803, f° 106.

sur l'appui français pour renverser la monarchie sarde? Le ministre répondit que les patriotes devaient surtout « faciliter l'entrée de l'Italie aux républicains », et que, si la République traitait avec l'ennemi, elle « stipulerait, dans les traités à intervenir, les *intérêts particuliers* des patriotes italiens ». En terminant, le ministre réclama un mémoire écrit où Buonarroti consignerait ses vues, et ce mémoire fut promis pour le lendemain. Au fond, l'ancien commissaire national entendait donner une autre orientation à la politique du Directoire qui désirait surtout chasser d'Italie la maison d'Autriche, et « renforcer le roi Sarde par la Lombardie ». Buonarroti, au contraire, voulait fomenter une insurrection anti-monarchique dans le Piémont. Il espérait placer l'autorité militaire sous la dépendance d'un comité révolutionnaire qui suivrait l'état-major français, et invitait ses correspondants à lui adresser « des lettres *ostensibles* qui augmenteraient la confiance du Gouvernement en lui ».

Nous possédons la copie de la note que Buonarroti et Cérise remirent, le 1ᵉʳ ventôse (20 février 96), au ministre des Affaires étrangères, conformément à leur entretien de la veille. Elle est écrite « au nom des patriotes piémontais et autres Italiens réunis à Nice[1] ». Cette note trace d'abord un historique des mouvements révolutionnaires qui s'étaient produits en Italie au cours des dernières années. Elle montre la Sardaigne divisée en trois partis : l'un, voulant l'indépendance, l'autre la réunion à la Corse, le troisième l'annexion à la France. Dans les Deux-Siciles, de nombreux clubs n'attendent que l'appui d'une flotte française pour commencer la révolution; mais « le sang des patriotes coule tous les jours sur les échafauds, et 10 000 victimes gémissent dans des bastilles affreuses ». Les États du Pape « sont très disposés au régime de la Liberté, notamment les légations de Ravenne, Ferrare et Bologne » et, à Rome même, les transtévérins s'agitent. En Toscane « le peuple est mécontent par sa misère, par l'insouciance du gouvernement.... Les nobles regrettent les privilèges que leur arracha Léopold. » Une nombreuse jeunesse « a été formée à l'étude des droits de l'humanité par la lecture de bons livres et par quelques professeurs de l'Université de Pise ». A Gênes, il y a aussi « un très grand nombre de chauds patriotes ». De même à Venise. Quant au Piémont, il a été le théâtre de plusieurs insurrec-

---

1. *Reg.* 20 803, f° 108.

tions depuis 1794. Des associations patriotiques, dirigées par le club central de Turin, ont préparé l'explosion « qui fut déjouée par la lenteur de l'armée française et par de nombreuses arrestations ». Mais les patriotes n'ont pas perdu courage et des officiers ont livré plusieurs places aux Français. « Les patriotes du Piémont n'attendaient que la prise de Ceva pour se mutiner et tomber sur la cour et ses suppôts. » Ils ont offert à Schérer six cents mulets chargés de vivres; mais les bruits de paix ont ralenti les opérations militaires et jeté les démocrates dans le désespoir. C'est pourquoi ils ont chargé Buonarroti de solliciter l'appui du gouvernement de la République, et ils n'attendent, « pour l'exécution, que l'assurance d'être secondés par une armée française ». Augereau a un plan que le Gouvernement devrait connaître et étudier. En résumé, si la Révolution éclate dans le Piémont, elle gagnera toute l'Italie. Ce pays ne sera plus le tombeau des Français, « s'ils entrent en libérateurs et en amis du peuple; mais si l'indiscipline, et surtout *la barbare cupidité des administrateurs militaires* renouvelaient dans l'intérieur les scènes horribles qui ont affligé le peuple déjà conquis en Italie, il serait à craindre que l'invasion se terminât par les revers de l'armée et par la destruction des patriotes. *Guerre aux châteaux, paix aux chaumières*, cette maxime fera des prodiges en Italie ».

Le 2 ventôse an IV (21 février 96) Maurice Pellissier, répond de Nice à la lettre que Buonarroti et Cérise lui avaient adressée le 16 pluviôse (5 février), à la suite de leur conversation avec Saliceti[1]. Il en résulte que les patriotes italiens « réfugiés à Nice » se montrent très satisfaits des nominations de Saliceti et de Ritter; ils prétendent qu'il sera facile « d'organiser en Lombardie un gouvernement provisoire révolutionnaire, en laissant la régénération totale à une Convention ». Mais ce qu'on eût désiré, c'est le retour de Buonarroti. Les réfugiés trouvent que « les Français ménagent la dynastie de Savoie avec une délicatesse sans exemple[2], et ils constatent, en terminant, que

---

1. *Reg.* 20 802.
2. On sait que Barthélemy, ministre de France à Bâle, à la fin de 1794, avait reçu des avances du baron Vignol, ministre sarde en Suisse. En novembre 1795, Peyre, Maisse et Ritter, représentants aux armées, avaient noué des négociations avec le comte d'Hauteville, ministre des Affaires étrangères d'Amédée III, et, après Loano, le Directoire offrait au roi sarde, en échange de Nice et de la Savoie, tout le Milanais avec le titre de roi de Lombardie; mais Victor-Amédée subit l'influence de son conseil et laissa passer l'occasion de traiter. Scherer eut dès lors seul la parole et réclama des livraisons de places fortes, des vivres, des fourrages, etc. Victor-Amédée retomba sous la domination autrichienne, au moment même où Bonaparte arrivait en Italie.

les Niçois « ne veulent rien savoir de la réquisition des jeunes gens dans leur département, et qu'ils s'échappent de tout côté ».

Cette opinion de Buonarroti et des réfugiés italiens que les populations de la péninsule allaient se soulever au premier appel des républicains français, influença gravement le Directoire, et Bonafous, réfugié piémontais, était l'un des correspondants de Buonarroti. Mais ces illusions ne répondaient guère à la réalité : car les Piémontais surtout restaient, en majorité, fidèles à leur Dieu et à leur roi. Faipoult, de Gênes, Miot, de Florence, déclaraient chimériques les conseils de Buonarroti et de ses amis. Saliceti lui-même, dans sa dépêche du 26 avril 96, affirmait que « le Piémont n'était pas mûr pour une révolution [1] ». Il était d'accord avec Cacault, notre agent général en Italie, pour réclamer l'emploi de la force et une campagne rapide (dépêche du 20 mars), ayant surtout Milan pour objectif. Et Bonaparte lui-même, qui venait reprendre à Nice le commandement général de l'armée (27 mars 96), n'attachait que peu d'importance au concours des révolutionnaires italiens. Dans sa dépêche du 28 avril, datée

1. Voir FÉLIX BOUVIER, p. 167 et *passim*.

de Chérasco, il disait, lui aussi, au Directoire : « Vous ne devez pas compter sur une révolution au Piémont; cela viendra, mais il faut que l'esprit de ce peuple soit mûr à cet effet. » Le général supportait impatiemment les agités qui entouraient son état-major, notamment Baratta. Au fond, il n'avait confiance que dans l'effet de ses futures victoires, et il entendait n'agir qu'à sa tête, sans se soucier des instructions du Directoire.

Cependant, on se tromperait en croyant que Bonaparte s'est privé absolument de l'appui des révolutionnaires piémontais et de leurs amis de France. Avant de quitter Paris, il avait longuement conféré avec Buonarroti et Ceracchi. Les notes du premier au ministre des Relations extérieures lui avaient été transmises, notamment celle du 14 avril qui proteste contre la substitution dans la vallée d'Oneille d'un gouvernement militaire au gouvernement provisoire organisé par les patriotes [1]. C'est Bonafous, le correspondant de Buonarroti, qui, avec Jean-Antoine Ranza, curieux type de conspirateur républicain, lance un appel au peuple piémontais, le 25 avril, pour détruire les tyrans, et, de fait, proclame à Alba, le lendemain,

---

1. Voir FÉLIX BOUVIER, p. 424.

la déchéance de Victor-Amédée et la souveraineté du peuple. Augereau et Saliceti sont d'accord avec lui pour planter un arbre de la Liberté. Et Bonaparte se servit de la terreur inspirée à la cour de Turin par ce mouvement révolutionnaire pour lui arracher, le 28 avril, l'armistice de Chérasco, qui nous donna Coni, Ceva et Tortone, en attendant le traité du 15 mai qui consacrait la cession de la Savoie et du comté de Nice.

Celui qui avait fermé, à Paris, le club du Panthéon, le 28 février 96, en qualité de commandant de l'armée de l'intérieur, « bien qu'il fût lié, dit Barras en ses mémoires, avec les chefs et les subalternes de la démagogie »; le même Bonaparte, après son entrée à Milan (15 mai 96), ne fit aucun obstacle aux démonstrations démagogiques de la société populaire de la rue Rugabella, et laissa planter sur toutes les places des arbres de la Liberté. Le vainqueur de Lodi écrivait au Directoire « que le Milanais était beaucoup plus patriote, plus près de la Liberté que le Piémont ».

Donc Buonarroti ne faisait que suivre l'exemple du jeune vainqueur de l'Italie en poursuivant à Paris la politique révolutionnaire qui semblait une revanche du 9 thermidor. Il ne regardait pas ses idées égalitaires comme un simple article d'exportation, et il rêvait de donner à la France elle-même une organisation nouvelle. C'est dans ce dessein qu'il prit une part active à la conspiration dite de Babeuf.

Cette conspiration mériterait à elle seule une longue étude que je n'entreprendrai pas, car je l'ai déjà résumée ailleurs [1], et « je me réserve de la développer avec toutes les pièces à l'appui. Babeuf était un de ces cerveaux en ébullition, violemment aigris par des malheurs plus ou moins mérités et par une misère ambitieuse, qui se sont crus appelés à inaugurer le règne de « la vraie liberté ». Arrêté [2] le 19 pluviôse an III (7 février 1795), il se lia, dans la prison d'Arras, dite des Baudets, où il avait été transféré, avec les terroristes Taffoureau et Cochet, ainsi qu'avec Charles Germain, officier de hussards fort intelligent et doué d'une faconde intarissable. Au fond, ces hommes détestaient les riches et rêvaient le salut « en l'Égalité sainte ». Remis en liberté par suite de l'amnistie du 4 brumaire an IV (26 octobre 95), Babeuf reprit sa pro-

---

1. Voir mon article de la *Revue de Paris*, n° du 1ᵉʳ mars 1896, *Babeuf et Barras*, et ma conférence à la Sorbonne, du 3 mars 1895, à l'assemblée générale de la *Société de la Révolution. Revue de la Révolution*, n° du 14 avril 1895.
2. Il avait été arrêté déjà le 22 vendémiaire an III, par ordre du Comité de Sûreté générale ; mais on l'avait relâché au bout de quelques jours.

pagande dans le *Tribun du peuple* et résuma ses idées dans une formule simple : « Oter à celui qui a trop pour donner à celui qui n'a rien. » Il taxe d'imbécile cet axiome : « Respect aux propriétés », accuse la Convention d'avoir eu peur des pauvres en votant, au mois de mars 93, la peine de mort contre ceux qui proposeraient des lois agraires ou autres lois subversives des propriétés de tout genre; enfin, préconise le retour à la législation de Lycurgue.

Comment Buonarroti a-t-il lié partie avec Babeuf? c'est ce qu'il a raconté lui-même, avec trop peu de précision, d'ailleurs, dans son *Histoire de la conspiration de l'Égalité*[1]. Il place au début de l'an IV, c'est-à-dire fin octobre 95, la formation d'un centre de direction entre les *Égaux*. Les premiers affiliés auraient été, avec Buonarroti et Babeuf : Darthé, Fontenelle, Julien de la Drôme, qu'il désigne par son anagramme : de Laurjen de Dormel[2]. D'après Buonarroti, Babeuf aurait été « un homme extraordinaire, doué de grands

---

[1]. Les deux premières éditions ont paru à Londres et à Bruxelles en 1828, la troisième à Paris en 1830 (Collection Baudoin). Il y a eu encore une édition en 1850. Charavay jeune, éditeur.

[2]. On trouve dans le registre 20 804, f° 354, la clef des noms cités en anagrammes par Buonarroti dans son *Histoire de la conspiration de Babeuf*.

talents, ami inflexible de la justice, désintéressé, pauvre, bon époux, père tendre ». Darthé était professeur de droit au début de la Révolution; après avoir coopéré à la prise de la Bastille, il fut membre du Directoire de son département, le Pas-de-Calais, accusateur public près le tribunal révolutionnaire d'Arras et de Cambrai. La révolution de thermidor l'indigna et son austérité souffrit de la licence des nouveaux maîtres de la France. Buonarroti donne une sorte de procès-verbal succinct des premières séances du Comité des *Égaux*, et indique ceux qui assistèrent chez Bouin à la première de ces séances. C'est, avec lui-même : Darthé, Germain, Massart, Fontenelle, Philip, Julien de la Drôme, Mittois, Rousillon, Féru, Bertrand, Coulanges, Bouin, Lacombe, Bodson[1].

La deuxième séance s'ouvrit dans un petit cabinet placé au milieu du jardin de l'ancienne abbaye de Sainte-Geneviève. Au lieu de se partager en plusieurs sections, les Égaux fondèrent une société centrale qui se réunit dans l'ancien réfectoire des Génovéfins, dont le patriote Cardinaux, locataire d'une partie du couvent, céda gratuitement l'usage, et, quand cette salle n'était pas

---

[1]. Nous rétablissons les véritables noms qui, pour la plupart, sont désignés par des pseudonymes ou des anagrammes.

libre, on se réunissait, dit Buonarroti, « dans un vaste souterrain du même édifice où la pâleur des flambeaux, le bourdonnement des voix et la position gênante des assistants, debout ou assis par terre, rappelaient à ceux-ci la grandeur et les dangers de l'entreprise, ainsi que le courage et la prudence qui leur étaient nécessaires. La proximité de ce lieu au Panthéon fit donner à cette société le nom de ce temple ». La *Société du Panthéon* prit tout de suite un grande extension et atteignit le chiffre de 2 000 membres, car il suffisait d'être présenté par deux sociétaires pour être admis. De plus, on promettait aux adhérents la remise en vigueur des lois des 8 et 14 ventôse de l'an II (26 février 4 mars 94) sur l'extinction de la mendicité et la distribution d'un milliard de biens nationaux aux défenseurs de la patrie. Babeuf eut la hardiesse de tracer le programme du nouveau groupement dont le premier article était la suppression de la propriété individuelle, « source principale, d'après lui, de tous les maux qui pèsent sur la société ».

C'est alors que le Gouvernement s'émut et voulut arrêter l'instigateur de cette propagande dangereuse. Le 15 frimaire an IV (6 déc. 1795) un inspecteur de police vint l'arrêter chez lui,

29, faubourg Saint-Honoré; mais il s'enfuit et ameuta la foule. Les Forts de la Halle le reconnurent et le débarrassèrent de l'agent. Babeuf put se réfugier chez Darthé et Didier qui le cachèrent dans l'ancien couvent de l'Assomption. Pour échapper à la surveillance de la police, les meneurs se constituèrent alors en Comité secret qui eut pour lieu ordinaire de réunion le domicile de l'ancien conventionnel Amar, rue de Cléry[1]. Buonarroti fut un des trois premiers membres du Comité, les deux autres étaient Amar et Darthé. Ils s'adjoignirent successivement Debon, Félix Le Peletier, Genois, Clémence et Marchand, et se mirent à étudier les moyens de détruire le Gouvernement de l'an III.

Les théories des conjurés sont très simples et un peu naïves. Elles se résument dans cette affirmation que « l'inégalité des fortunes et des conditions est la principale cause des maux qui affligent la nation. » Chaque citoyen, en venant au monde, apporte à la société une somme égale de forces et de moyens : donc les charges et les

[1]. Il paraît avoir un peu plus tard changé de domicile, car l'acte d'accusation que j'ai trouvé aux *Archives nationales* (carton F7 4 278) dit qu'André Amar demeurait rue du Bac, n° 467. Une note de police du carton n° 4 276 constate qu'Amar demeurait ordinairement chez son ami Pons, et quelquefois chez une femme Michel, rue Florentin.

avantages sociaux doivent être également partagés. Or, dans l'état actuel de la société, la propriété individuelle n'est pas autre chose que l'exploitation de la multitude par les plus habiles et les plus heureux qui cherchent à comprimer et à intimider la classe laborieuse. Les rêveurs du « lycée politique » de Buonarroti daignent reconnaître que le partage des terres, les lois somptuaires, les réquisitions, l'*impôt progressif* ne constitueraient pas un moyen suffisant d'empêcher l'accumulation des richesses aux mains de quelques-uns parce que, si l'on peut évaluer le revenu des immeubles, il est facile de dérober à tous les yeux la fortune mobilière, les capitaux. Le vrai remède, c'est « la communauté des biens et des travaux ». Il paraît qu'Amar, qui avait été, au 9 thermidor, l'un des adversaires les plus violents de Robespierre, trouva ces idées admirables, et abjura ses erreurs passées. Le Comité secret flétrit le 9 thermidor, qu'il déclara avoir été funeste à la cause commune et « aux bonnes mœurs », car ces conspirateurs sont des gens vertueux! Comme acheminement à la réalisation de leurs idées, ils préconisent la remise en vigueur de la Constitution de 93, bien qu'elle eût consacré le droit de propriété, et ils se promettent de préparer le règne de la véritable Égalité; mais la première chose à faire, c'est de détruire la Constitution de l'an III. Comme point d'appui, on avait la Société du Panthéon dont les diatribes de Babeuf soulevaient l'enthousiasme.

Quand le Gouvernement arrêta la femme et les enfants de Babeuf, en ventôse an IV (d'après Buonarroti), la Société du Panthéon protesta; mais, afin de se concilier la bienveillance du pouvoir, elle vota une adresse au Directoire pour jurer fidélité à la Constitution de l'an III. De plus, cette société, qui admettait si facilement des inconnus, affiliés à la police, refusa de recevoir dans son sein les Montagnards proscrits, sauf Drouet, et elle s'engagea à honorer la divinité « tous les décadis » en préparant un catéchisme et l'organisation de la prédication de « la loi naturelle ». Mais ces manifestations officielles ne trompaient personne, et le club du Panthéon restait le foyer principal des révolutionnaires.

Sous l'influence de Carnot, le Directoire se décida à agir au début de ventôse an IV, car les Jacobins exploitaient avec succès le mécontentement et les souffrances causées par la cherté des denrées. Le 9 ventôse (28 fév. 96) Bonaparte, général en chef de l'armée de l'intérieur, vint lui-même dissoudre la Société du Panthéon et se fit remettre les clefs de la salle des séances. D'après Buonarroti, le général « *obtint* l'ordre de dissolution », tandis que Barras, dans ses *Mémoires*[1], se fait honneur « d'avoir forcé Bonaparte à prendre parti contre Babeuf, en faisant la clôture du Panthéon, bien qu'il fût lié de circonstances et de principes avec les chefs et les subalternes de la démagogie par tous ses antécédents... et qu'à la différence près du costume et de la profession militaire, le général ne fût pas moins que Babeuf dans la position d'un Catilina ». Et Barras ajoute que « Bonaparte, placé entre le Directoire et Babeuf, donna la préférence au Directoire qui l'avait fait général en chef, n'étant pas, d'ailleurs, en partant pour l'Italie, fâché de laisser derrière lui des ferments de discorde ».

Quoi qu'il en soit, c'est à partir de la fermeture du Panthéon[2] que les babouvistes accentuèrent leur propagande, et multiplièrent leurs appels et

---

[1]. T. II, p. 118.

[2]. Bonaparte sentait bien que la fureur des derniers Jacobins, déjà abandonnés par la masse du peuple, lui fournissait une occasion merveilleuse de se poser en sauveur de la société, en proclamant l'inviolabilité de la *propriété individuelle*. Il gagnait du coup la sympathie des nouveaux riches, des bourgeois campagnards, des fournisseurs, des basochiens acquéreurs des biens d'Église ou d'émigrés. « Babeuf appelle Bonaparte », a dit M. Espinas, p. 190.

leurs affiches, par exemple celle de Félix Le Peletier : *Soldat, arrête et lis*, et le *Discours aux Français* d'Antonelle. En même temps, le Directoire secret de Salut public se constituait. Le 10 germinal an IV (30 mars 96) il se composait de Babeuf, Buonarroti, Antonelle, Debon, Darthé, Félix Lepeletier et Sylvain Maréchal. C'est ce dernier qui rédigea le célèbre *Manifeste des Égaux*[1], lequel avait, au fond, un caractère purement anarchiste puisqu'il trouvait « révoltante la distinction de gouvernants et de gouvernés ». Mais un autre écrit, l'*Analyse de la doctrine de Babœuf*, reçut une publicité bien plus grande et développa toute la doctrine du parti. Dans les papiers de Buonarroti[2] on trouve un long commentaire de cette pièce capitale qui qualifie notamment « la propriété de délit public, du plus grand fléau de la société », déclare que « les *riches* qui ne veulent pas renoncer au superflu en faveur des indigents sont les ennemis du peuple », et termine par un éloge de la Constitution de 93 qui est la véritable loi des Français[3]. »

1. On en trouve le texte aux *Archives nationales*, F7 4 277. « Peuple de France, pendant 15 siècles, tu as vécu esclave, etc. »
2. *Reg.* 20 804, p. 1 à 8.
3. La haine du riche, c'est bien l'idée maîtresse de Robespierre qui a écrit ceci : « Quels seront nos ennemis ? — Les hommes

Nous ne reprendrons pas le récit que nous avons déjà fait de la marche de la conspiration en ce mois de germinal. Cette conspiration était certainement très redoutable, avec ses agents d'arrondissement, ses émissaires, son Directoire secret, l'assistance de nombreux officiers, comme les généraux Rossignol, Fion, Lami, Merle, Parreau, Louis, Chevalier, Doppet, des adjudants généraux, Massard, Jorry, Fabre, de Charles Germain; la complicité des anciens conventionnels Vadier, Amar, Choudieu, Ricord, Laignelot, Robert Lindet, Javogues, et enfin celle du célèbre Drouet[1]; l'appui probable de la légion de police, et la demi-complicité de Barras lui-même. Mais Carnot ne perdit pas la tête et fut énergiquement secondé par son ami Cochon de Lapparent qui prit le ministère de la Police générale le 14 germinal an IV (3 avril 96).

---

vicieux et les riches.... » Et Saint-Just, dans ses *Institutions républicaines*, ajoutait : « L'opulence est une infamie.... » Dans son rapport du 18 ventôse an II, il proposait de faire travailler les riches à l'entretien des routes. Voir Espinas, p. 149, *la Philosophie sociale du XVIIIe siècle*.

1. Babeuf aurait bien voulu ne prendre pour complices, que des hommes obscurs, car il pensait qu'on ne « pourrait jamais rien faire de grand et de digne du peuple que par le peuple » (n° 42 du *Tribun du Peuple*, et circulaire aux agents d'arrondissement du 26 germinal an IV); mais il fut forcé de s'entendre avec le comité des anciens montagnards, bien qu'ils comptassent parmi eux plusieurs thermidoriens. Voir plus loin.

Ce fut, d'ailleurs, à l'aide d'un agent provocateur, le capitaine Georges Grisel, de la 38ᵉ demi-brigade campée à la plaine de Grenelle, que le complot put être connu dans tous ses détails et brusquement étouffé. Buonarroti a expliqué comment Grisel s'introduisit parmi les conspirateurs. C'est Darthé[1] qui se lia avec lui, au Café des Bains Chinois, et qui le présenta à ses amis. On le nomma agent militaire auprès du camp de Grenelle, et Darthé lui donna des instructions précises le 26 germinal (15 avril 96). C'est, d'ailleurs, à la même date que Grisel, qui s'intitule *Franc-Libre*[2], écrivit aux frères insurrecteurs du Directoire de Salut public pour les remercier du brevet secondaire qu'il a reçu par l'organe du frère D. T. H. (Darthé). Il assure les conjurés de « son zèle, de sa constance, de son courage et surtout de sa discrétion ». Il conseille de débaucher les soldats, en leur offrant des bals dans les guinguettes « voisines des casernes où, en les faisant boire, on monterait adroitement leur

---

[1]. Darthé, ancien accusateur public auprès des tribunaux révolutionnaires d'Arras et de Cambrai, avait été le principal lieutenant de Le Bon avec lequel il rivalisait de violence. M. Welschinger a cité, dans le *Correspondant* du 25 sept. 1883, les notes de Robespierre qui le mentionnent avec Antonelle parmi les hommes sur lesquels il pouvait compter.
[2]. *Arch. nat.*, F7 4 277.

esprit à la hauteur nécessaire ». Et le Directoire de Salut public trouva « ces réflexions très judicieuses ».

Grisel avait rédigé, le 24 germinal de l'an IV, un document très violent qui a pour titre : *Lettre de Franc-Libre à son ami La Terreur*[1], soldat de l'armée du Rhin, qui débute ainsi : « Nous sommes foutus, mon pauvre ami La Terreur. » C'est un résumé, dans le style du Père Duchesne, de tous les griefs de l'armée contre le Directoire, et un éloge dithyrambique du « beau Paris de 93 où la Liberté, l'Égalité et l'Abondance formaient de tout le peuple la plus heureuse famille, et qui n'est plus qu'une affreuse forêt, remplie de loups dévorants et de brebis expirantes ». On y qualifie encore les généraux de « vils flagorneurs des cinq mulets panachés ». Buonarroti connaissait si bien cette pièce qu'il l'a conservée dans ses papiers[2]. C'est à tort que La Revellière-Lepeaux, dans ses *Mémoires*[3], affirme « que jamais le Directoire ne s'est servi de cet infâme moyen : les agents provocateurs », et que Grisel a été « révélateur et non provocateur ». Barras l'appelle, d'ailleurs,

---

1. *Arch. nat.*, F7 4 278.
2. *Reg.* 20 803, f° 141.
3. T. II, chap. xx.

« l'infâme Grisel », tandis qu'il fait l'éloge de Germain, « conspirateur sans peur qui croyait être sans reproche » : aussi avoue-t-il l'avoir « reçu quelquefois ». De son côté, Carnot, dans les *Mémoires rédigés par son fils*[1], reconnaît que le parti babouviste « comptait des cœurs généreux comme Buonarroti, son historien, que nous avons, dit-il, tous connu et estimé ». Et Carnot sans doute ne décerne cet hommage à Buonarroti que pour cette raison que le Toscan affirma « que Barras offrit ses services à la conspiration ». Nous avons déjà produit des documents décisifs qui prouvent la justesse de cette affirmation[2].

Mais suivons les faits. Dans les derniers jours de germinal, le Directoire secret multiplia les écrits et les affiches incendiaires[3]. Le Directoire, effrayé

---

1. T. I, p. 38.
2. *Babeuf et Barras*, n° de la *Revue de Paris* du 1ᵉʳ mars 1896.
3. Buonarroti donne lui-même le tableau de ces appels à l'insurrection : 20 germinal, affichage de l'*Analyse de la doctrine de Babeuf*; 24, lettres de *Franc-Libre à son ami La Terreur*; 25, *Doit-on obéissance à la Constitution de 1795?*; 27, *Adresse du Tribun à l'armée*; 29, *Lettre en réponse à M. V.*

On trouve dans le registre 20 803, f° 136, l'écrit : *Doit-on l'obéissance à la Constitution de 1795?* au f° 141, la lettre de *Franc-Libre*; au f° 140, la lettre de V. à Gracchus Babeuf, datée du 30 pluviôse, et la réponse de Buonarroti au f° 129. Cette réponse contient le résumé du système des Égaux, qui tend à l'abolition des propriétés particulières.

du succès de cette propagande, fit voter par les Cinq-Cents et les Anciens les lois des 27 et 28 germinal qui prononçaient la dissolution de toutes les réunions politiques, ou du moins permettaient au Gouvernement de les dissoudre, et punissaient de mort tous les discours sur les inconvénients ou les avantages des différents gouvernements. Une autre mesure de défense fut le licenciement (le 10 floréal) de la légion de police qui, la veille, avait refusé d'obéir à un ordre de départ et de quitter sa caserne de la Courtille[1]. C'était priver les conspirateurs de leurs plus précieux alliés, car il existait un comité révolutionnaire dans la légion. Alors, le Directoire secret commit l'imprudence d'appeler à lui ceux de ses amis qui appartenaient à l'armée : Fion, Germain, Rossignol, Massart et Grisel, et de leur confier le soin de préparer l'insurrection. C'est ainsi que Grisel connut les véritables meneurs. De plus, le Directoire secret manquait d'argent et était divisé : les uns, voulant s'adjoindre les anciens conventionnels montagnards, les autres ne voulant pas pac-

1. *Arch. nat.*, F⁷ 4 277, et *Schmidt*, t. III, p. 170. Il résulte d'une note de B. à ses amis (probablement Babeuf) en date du 19 floréal (8 mai 96) que les légionnaires, cernés par des forces imposantes, consentirent à retourner dans leurs foyers et se débandèrent.

tiser avec les assassins de Robespierre. Enfin, un accord s'établit, le 18 floréal, grâce à l'intervention de Robert Lindet[1] et d'Amar[2].

Une dernière assemblée générale fut indiquée pour le 19 floréal chez Drouet, place des Piques. Mais Grisel n'avait pas attendu l'issue des négociations avec les ex-conventionnels pour dénoncer la conspiration. Cette dénonciation fut faite le 15 floréal an IV (4 mai 96) et adressée au président du Directoire exécutif[3]. Elle donnait les détails les plus précis sur les dernières réunions des conspirateurs, notamment sur celle du 11 floréal, 27 rue de la Grande-Truanderie, dans laquelle Grisel fut présenté par Darthé à Babeuf, Germain, Didier, et à Buonarroti, (dont il estropie le nom dans sa dénonciation.) Le délateur signalait le manifeste insurrectionnel, lu par Babœuf et qui ordonnait le pillage et le massacre général des

---

[1]. Robert Lindet avait proposé l'organisation du tribunal révolutionnaire, ce qui ne l'empêcha pas de se prononcer contre Robespierre au 9 thermidor.

[2]. Amar, ancien membre du Comité de Sûreté générale, s'était signalé par sa cruauté, doublée d'hypocrisie. Il avait envoyé nombre de malheureux au tribunal révolutionnaire, et pressé leur mise en jugement. Il s'était également tourné, au 9 thermidor, contre Robespierre, avec lequel il avait signé de longues listes de proscription.

[3]. On en trouve le texte aux *Arch. nat.*, F7 4278, et, de plus, elle a été publiée au *Moniteur* du 16 prairial (4 juin 1796).

riches, des nobles, des prêtres et des *autorités quelconques*. Il mettait en relief la complicité du fameux Drouet, le représentait comme la tête de l'insurrection dont Félix Le Peletier était le principal bailleur de fonds. Grisel indiquait enfin que le plan des meneurs consistait à diriger l'attaque contre le Directoire, les deux Conseils et l'État-Major général [1].

Carnot, nanti de la dénonciation de Grisel, déploya une énergie rare : dès le 17 floréal, il soumettait au Directoire une liste de 245 individus prévenus de conspiration et contre lesquels étaient délivrés des mandats d'arrêt. Cette liste [2] comprend 245 noms, parmi lesquels, à côté de Babœuf, Germain, Darthé, Drouet, Amar, Robert Lindet, Dubois-Crancé, Félix Le Peletier, etc., figurait

---

1. Le carton des *Arch. nat.*, F7 4277, contient dans sa 8e liasse une pièce de quatre pages qui débute ainsi : *Les Sept ministres, le général de l'intérieur*, etc. Elle trace tout le programme de la future insurrection : « s'emparer des salles des Anciens et des Cinq-Cents, occuper les barrières de Paris, le télégraphe, le Louvre, la poudrière de Grenelle, les 18 pièces qui sont aux Feuillants, la trésorerie nationale; transmettre aux soldats qui seconderont le peuple la propriété de leurs chevaux, équipements et armes; expédier des hommes sûrs sur plusieurs points de la France pour mettre les citoyens en insurrection; faire arrêter Hoche; donner à Jourdan l'autorisation de faire arrêter les mauvais officiers »; et envoyer à Saliceti « des pouvoirs pour faire arrêter les généraux traîtres, à l'armée d'Italie, et purger cette armée ».
2. Voir *Arch. nat.*, F7 4276. Dossier C.

Buonarroti. Tous les mandats portaient pour en tête *Égalité-Liberté*. *Extrait des registres des délibérations du Directoire exécutif*. 19 floréal an 4ᵉ de la République française une et indivisible, et étaient signées de Carnot. *Prés.* (sic) et de Lagarde, secrétaire général du Directoire exécutif. Un arrêté du même jour [1] renvoyait 35 prévenus, nommément désignés, parmi lesquels figure « Buonarroti, Piémontais » *(sic)*, devant le ministre de la Police générale « pour être interrogés sur les faits relatifs à la conspiration dont ils sont prévenus » et en faire rapport au Directoire.

C'est deux jours après, le 21 floréal (10 mai 96) que Babeuf fut arrêté par d'Ossonville, inspecteur général adjoint près le ministère de la Police générale [2]. L'arrestation eut lieu rue de la Grande-Truanderie, n° 21 [3] et l'inspecteur de police, assisté

---

1. *Arch. nat.*, F7 4 276.
2. J'ai publié son procès-verbal dans la *Révolution française*, n° du 14 avril 1895, ce qui n'a pas empêché M. Léonce Grasilier de le publier, de très bonne foi, comme inédit en 1901 (*Revue rétrospective* du 10 juin).
3. A la page 294 de son livre si remarquable sur la *Philosophie sociale du XVIIIᵉ siècle* (chap. sur *Babeuf et le Babouvisme*), M. Alfred Espinas consacre une note à la lettre de Carnot au ministre de la Police, datée du 19 floréal an IV, que j'avais insérée textuellement dans mon article de la *Révolution française* (n° du 14 avril 1895, *L'arrestation de Babeuf*).
Cette lettre de Carnot, que j'avais trouvée aux *Arch. nat.*, F7 4 276, débute ainsi : « Le coup qui nous a manqués hier soir, citoyen ministre, peut avoir aujourd'hui un plus grand

du commissaire de la section de Brutus, surprit Babeuf dans sa chambre où il se trouvait avec Buonarroti et Pellé[1]. Dans son histoire de la conjuration, Buonarroti reconnaît qu'il avait passé la nuit précédente avec son ami, et il constate que les gens de police avaient répandu dans le quartier le bruit qu'on procédait à l'arrestation de voleurs. Babeuf, Drouet et Buonarroti, ainsi que la plupart des conspirateurs arrêtés, furent

---

succès.... » M. Espinas, qui a vérifié le texte, a lu : qui *nous a manqué*, etc... ce qui donne à la lettre un sens différent. Le manuscrit de mes notes porte « qui nous a *manqués* », mais j'ai pu mal déchiffrer un mot dans l'original. S'il faut adopter le sens de M. Espinas et comprendre : « le coup qui *nous a manqué* », manqué à nous, c'est-à-dire le coup qui ne nous a pas réussi, on doit avouer que la tournure de la phrase de Carnot est bien incorrecte et singulière.

M. Espinas ajoute que les commentaires de Buonarroti et les pièces d'archives démentent l'hypothèse que l'explosion de l'insurrection ait été fixée pour le 18. Ceci est très discutable. Je retrouve dans mes extraits du carton des Archives F7 4 276 une longue note de police, non signée, mais « certifiée conforme par le ministre de la Police » et qui porte la date du 17 floréal, 5 heures du soir. Cette note contient des renseignements détaillés sur « le Plan de conspiration pour dissoudre le Gouvernement ». Il y est dit notamment que « les membres du Directoire seront cernés entre minuit et une heure; que la garde qui sera de service aura pour chef un militaire appelé Chamborand », lequel donnera aux conjurés le mot d'ordre « le jour où il sera de garde, afin qu'ils puissent exécuter leur projet et arriver sans obstacle au Directoire ». Et la note ajoute : « Des coquins ont invité *aujourd'hui* des amis sincères du Gouvernement, du quartier du faubourg Saint-Antoine à se tenir prêts pour cette nuit ».

4. Darthé, Germain, Didier, Drouet et plusieurs autres furent arrêtés rue Papillon.

dirigés sur l'Abbaye et traduits devant les directeurs du jury du département de Paris, en vertu d'un arrêté du Directoire daté du 23 floréal, arrêté qu'on n'imprima pas. Mais les plus compromis furent ensuite envoyés au Temple, séparés et mis au secret. Tel fut le cas de Darthé et de Buonarroti [1].

Quant à Drouet, on sait comment il s'évada le 30 thermidor (17 août) de la prison de l'Abbaye, rue Marguerite. Buonarroti dit que ce fut « à l'aide d'un guichetier républicain »; mais le rapport du commissaire Georges-Remy Petit, que nous avons déjà analysé [2] ne laisse aucun doute sur le caractère de cette évasion qui ne fut qu'une comédie assez grossièrement machinée. Les gardiens démontrèrent que la corde trouvée dans le préau n'avait pu supporter le poids d'un homme, car ses huit nœuds n'avaient subi aucune

---

1. Ceci résulte, pour Buonarroti, d'une note de police en date du 19 prairial an IV (F7 4276) qui est suivie de la copie, « d'un écrit, sur morceau de linge, trouvé dans une culotte bleue, envoyée par Buonaroty (sic) *détenu au Temple.* » C'est une lettre à sa femme Thérèse. « Cher objet de mon amour, les peines font le tourment de ma conscience qui, d'ailleurs, ne me reproche rien.... » Et il lui conseille de venir le voir, et d'épargner son argent. « Sois digne d'un homme de bien, dit-il, que l'orgueil et la tyrannie veulent immoler. » On saisit aussi un billet de Darthé au nommé Fontenelle.
2. *Arch. nat.*, F7 4278. Le rapport est daté du 30 thermidor an IV, onze heures du soir. Voir notre article « Babeuf et Barras, » *Revue de Paris*, n° du 1er mars 1896.

tension; que l'appui de la fenêtre en pierre de taille était fort aigu et aurait dû faire une coche à la corde; que le trou par lequel Drouet était censé avoir passé, était « à la hauteur de 4 décimètres sur 2 de large »; et qu'enfin, il aurait eu à escalader un mur de 45 pieds de haut; tout cela en cinq quarts d'heure! Quant à la cheminée de la chambre, elle était fermée par une barre de fer[1]. Du reste, La Réveillère-Lepeaux[2] dit que Barras avoua à ses collègues du Directoire « avoir été le principal auteur de l'évasion du député Drouet, et qu'il avait dirigé les moyens de le faire embarquer ». Et Carnot dit, de son côté[3] : « Peut-être Drouet était-il moins bien gardé qu'il ne l'avait été par les Autrichiens; quelques personnes du moins ont supposé que Barras ne fut pas fâché de le soustraire aux débats du procès. »

C'est la présence de Drouet parmi les prévenus qui eut pour conséquence de les distraire de leurs juges naturels, car l'art. 265 de la Constitution de l'an III établissait une Haute Cour pour « juger les accusations admises par le Corps législatif soit

1. Rapport du juge de paix de la division de Fontaine de Grenelle, Pierre-Jean Nicolas. *Ibid.*
2. *Mémoires*, t. I, chap. xx.
3. *Mémoires sur Carnot par son fils*, t. II, p. 43.

contre ses propres membres, soit contre ceux du Directoire exécutif ». Et il est à remarquer que la délibération du Directoire en date du 23 floréal an IV[1] qui visait Babeuf, Buonarroti et onze autres prévenus du crime de conspiration, les traduisait devant les directeurs du jury du canton de Paris. Mais le Gouvernement ne tenait pas à instituer un débat public devant un jury parisien, et il préféra saisir une Haute Cour de l'inculpation dirigée contre tous les conspirateurs arrêtés, en arguant de la présence de Drouet parmi eux; puis, on fit évader Drouet sans dessaisir la Haute Cour en ce qui concerne ses 62 complices. Mais il y a plus : sur l'inculpation visant le fait de conspiration, on en greffa une autre, en s'appuyant sur la loi du 27 germinal an IV, laquelle punissait de mort « tous ceux qui, par leurs discours ou leurs écrits, imprimés ou distribués ou affichés, provoquent la dissolution de la représentation nationale ou celle du Directoire exécutif[2]. »

1. *Arch. nat.*, F7 4 276.
2. C'était une illégalité, en ce qui touche les citoyens qui devenaient justiciables de la Haute Cour par la connexité des faits imputés à un membre du Corps législatif. Ce tribunal d'exception ne pouvait étendre sa compétence au delà des termes des actes d'accusation admis par les deux Conseils. Or Drouet n'était accusé que de participation à une conspiration, et la Haute Cour n'était pas compétente pour poser et résoudre des questions sur des délits d'un autre ordre, tels que les provoca-

Dans la nuit du 9 au 10 fructidor an IV (26-27 août 96) les accusés détenus furent acheminés sur Vendôme où devait siéger la Haute Cour. Ce fut un singulier voyage, car les prévenus avaient été placés dans des cages grillées, comme des bêtes fauves. Des gendarmes et de forts détachements de cavalerie escortaient ce lamentable convoi que suivirent les femmes des accusés, notamment Mme Babeuf et son fils Émile. Le 13 fructidor, on arriva à Vendôme et les accusés furent enfermés à la maison de justice dont l'accès fut sévèrement interdit aux curieux. La Haute Cour [1] se composait du citoyen Gandon, président, des citoyens Coffinhal, Pajon, Moreau, Audier et Massillon, juges, des citoyens Lalonde et Lodève, juges suppléants, et des citoyens Viellart et Bailly, accusateurs nationaux. Le Haut Jury comprenait 16 membres, 4 adjoints et 4 suppléants. Après les interrogatoires, le procès s'ouvrit le 2 ventôse an V [2] (20 février 97) et il devait durer jusqu'au 7 prairial (26 mai).

---

tions visées par la loi du 27 germinal. C'était violer les art. 378 et 396 de la loi de brumaire.

1. Voir les *Débats du Procès instruit par la Haute Cour de justice contre Drouet, Babeuf et autres, recueillis par des sténographes*. A Paris. De l'Imprimerie nationale, 7 vol.

2. Cette date, donnée par Buonarroti, correspond bien à celle des débats publiés par l'Imprimerie nationale.

Nous n'entreprendrons pas ici une analyse des débats de Vendôme, car ils mériteraient à eux seuls de longs développements. Ils constituent l'un des principaux épisodes de la lutte des jacobins robespierristes contre les thermidoriens[1]. Au cours de cette longue lutte judiciaire, les accusés firent preuve d'une grande violence. Dès le début, Babeuf déclina la compétence de la Haute Cour « dont les membres n'avaient pas été nommés par le peuple », reprocha à Cochon, le ministre de la police, d'être « l'homme de confiance de Louis XVIII »; dit que le procès était « un procès de papiers » où l'on ne poursuivait que des écrits et non des actes. Germain (dans la séance du 3 ventôse) fut aussi très agressif, et dit que la Haute Cour n'était compétente que « pour procédurer les membres du Corps législatif et du Directoire ». Il protesta amèrement contre l'acte d'accusation « œuvre exécrable, dit-il, de la plus noire,

---

1. Elle fut caractérisée dans la rue par la tentative de soulèvement du camp de Grenelle, dans la nuit du 23 au 24 fructidor an IV (9-10 sept. 1796). Plusieurs centaines de Jacobins essayèrent d'entraîner les soldats. Le mouvement fut comprimé et un grand nombre d'émeutiers, parmi lesquels Javogues, furent condamnés à mort et exécutés. (*Hist. parl.*, t. XXXVII, p. 168.) Les dates données par Thiers dans son *Histoire de la Révolution* sont fausses (chap. 48).

Il existe aux *Arch. nat.*, F7 4278, un rapport des commissaires du bureau central, Bréon et Limodin, sur les opérations de police ayant suivi l'affaire du camp de Grenelle.

de la plus lâche méchanceté, rédigé sans lecture de pièces », et accusa son rédacteur, André Gérard[1], juge civil et l'un des directeurs du jury d'accusation du canton de Paris, d'être « un parricide, le plus vil, le plus pervers des hommes ». Quant au dénonciateur Grisel, il est qualifié « *d'infâme* à qui il ne reste plus qu'un forfait à commettre : celui de saisir la hache des bourreaux » ; mais Germain prétend que Gérard « l'emporte encore sur Grisel, et peut être comparé à la dégoûtante harpie Cœleno qui imprimait la souillure et la fétidité aux choses que ses mains touchaient ». Et lorsque l'accusateur national Viellart prononça son réquisitoire, le 6 ventôse, Babeuf et plusieurs des prévenus l'interrompirent violemment, en demandant au président « de leur faire grâce du reste de ces horreurs ». Un autre s'écria : « C'est la société de Clichy qui a fourni ce plaidoyer. Il vient de Paris : c'est sans talent ». Amar, au contraire, insista pour qu'on n'interrompît pas le réquisitoire : « Il faut, dit-il, que sa bassesse et sa lâcheté soient mises au jour » ; et Ricord, entendant citer le nom du ministre de la Police, ajouta avec grâce : « Nous ne salirons pas la plus belle

---

1. Voir l'acte d'accusation aux *Arch. nat.*, F 7 4 278.

des causes en nous entretenant d'un cochon[1] ».

Quant à Buonarroti, il avait été singulièrement ménagé par l'acte d'accusation qui mettait en relief cette circonstance « que ce fut lui qui, le 11 floréal, alla prendre Grisel au domicile de Darthé et l'amena à la séance tenue le dit jour rue de la Grande-Truanderie ». André Gérard, qui n'ignorait pas l'estime dans laquelle Carnot tenait Buonarroti, ajoute ceci : « Nie tout, allègue son désintéressement et dit qu'il était sur le point de partir pour des opérations connues du Gouvernement; prétend qu'il connaissait l'existence du mandat d'arrêt et aurait pu s'y soustraire. » Le Gouvernement aurait voulu faire acquitter Buonarroti qu'il ne l'aurait pas moins chargé, et l'accusateur compromet le prévenu en insinuant que, sans lui, Grisel n'aurait pu assister aux réunions les

[1]. Dans leur prison, plusieurs des accusés n'avaient pas été moins violents qu'à l'audience. M. Bonhoure a publié des notes inédites sur le procès des Babouvistes où l'on trouve des extraits des registres de la municipalité de Vendôme qui constatent que Germain, notamment, peu après son arrivée dans la maison de justice, « invectiva les citoyens Josse et Boutrais, commissaires délégués par l'administration pour visiter les détenus, et voulut les frapper avec sa chaise ». A la suite de cette scène, on le mit aux fers et au régime du pain et de l'eau jusqu'au 10 vendémiaire. Un rapport du 23 pluviôse an V (13 fév. 97) dressé par le concierge et le greffier de la maison de justice, dit, d'autre part, que Babeuf, au moment où (le 22) on lui servait à dîner, brisa des assiettes, proféra des menaces, « exigea que sa viande fût déposée dans un pot de chambre, puis lança le pot à la tête du garçon de service, qu'il avait déjà maltraité... »

plus importantes des conspirateurs. Et c'est sans doute pour ménager Buonarroti, qui lui avait rendu inconsciemment ce service, que Grisel n'avait pas documenté les gens de police sur l'ex-Toscan comme il l'avait fait pour les autres conjurés[1]. Buonarroti, dans la séance du 7 ventôse, mit une grande âpreté à demander que Grisel fût rayé de la liste des témoins, en vertu de l'article 358 du Code des délits et des peines, qui défendait à l'accusateur public et à la partie plaignante de produire pour témoins les dénonciateurs qui pouvaient profiter de leur dénonciation. Or Grisel s'était adressé non pas aux tribunaux, qui n'ont pas de places ou d'argent à donner, « mais au Directoire qui a l'un et l'autre à sa disposition ». Et il soutint « que l'on ne pouvait admettre que la preuve d'une dénonciation fût la déclaration du dénonciateur même ». Il ajouta qu'il était inconstitutionnel d'autoriser Grisel, agent du Directoire exécutif, à se faire l'accusateur des représentants de la nation, « car tout ce qui vient du

---

[1]. Voir notamment le carton F7 4 276 des *Arch. nat.* qui contient des notes très précises sur Vadier, le général Rossignol et son frère, Darthé, Brutus, secrétaire de Barras, Babeuf, Germain, le général Fyon, Amar, Drouet, Didier, Choudieu, Ricord, Laignelot, le général Lami, le général Doppet, le capitaine Pêche, le lieutenant Stevé, le général Chevalier, le commandant Chamborand, etc. Ces notes ne disent rien de Buonarroti.

Gouvernement contre le Corps législatif est éminemment suspect. » A quoi les accusateurs nationaux répondirent que Grisel n'avait fait que révéler la conspiration, et que le vrai *dénonciateur*, c'était le Directoire.

Les défenseurs ne se firent pas faute de signaler la subtilité de ces distinctions, et Réal s'indigna de voir un officier jouer le rôle d'espion et de délateur. « Ah ! soldats de la patrie, Bonaparte et autres héros, arrachez vos couronnes civiques, ces couronnes que la patrie vous a décernées, foulez-les aux pieds ; accourez tous ici : vous pouvez voir à côté de vous un misérable dénonciateur ! » Cependant, la Haute Cour rendit, le 12 ventôse, un arrêt ordonnant que Grisel serait entendu comme témoin, parce qu'il ne rentrait dans aucun des cas déterminés par l'article 358, et que sa dénonciation ne lui avait rapporté aucune récompense pécuniaire, aucun profit quelconque. Ce qui, d'ailleurs, est exact. Grisel fut donc entendu et sa déposition occupa deux séances. Buonarroti reconnaît qu'il ne dit que la vérité.

Il y eut encore dans ce long procès bien des incidents curieux, par exemple, dans la séance du 12 ventôse, l'attaque de Babeuf contre l'expert Harger qui avait, plusieurs années auparavant, barbouillé d'encre, pour la dénaturer, une quittance soumise à son examen. Or c'était le même Harger que la Haute Cour avait chargé de vérifier la pièce intitulée *Tuer les cinq*, que le Gouvernement avait affichée à Paris, le 21 floréal, pour exciter l'indignation publique. D'après Babeuf, cette pièce n'était qu'un chiffon sans date où les mots *Tuer les cinq* avaient été raturés. Un autre expert, Guillaume, fut accusé d'ineptie. « Rien de plus inexpert que cet expert », s'écria Babeuf.

Les prévenus firent preuve tous les jours d'une liberté de langage inouïe. Germain, notamment, qui tantôt accuse d'Ossonville, l'inspecteur général de la police, « d'avoir été de la police de Dangremont, lors du 10 août, contre les patriotes; d'avoir participé à la fabrication de faux assignats, et de n'avoir été arraché de la vase infecte du plus fétide des égouts que par ses délations, ses infamies et son servile attachement à Cochon ».

Tous les accusés sont étonnamment verbeux. Darthé, par exemple, prononce un long discours, le 16 ventôse, en déniant au Gouvernement le droit de se faire juge en sa propre cause. Et il parle et discute longuement, en droit et en fait, bien qu'il déclare ne comparaître que par force devant la Haute Cour et refuse de répondre au Président. Et, à la levée de la séance, Sophie Lapierre chante l'*Hymne à la liberté* de Faro, dont tous les accusés répètent le refrain.

Les accusés s'en prennent à tout le monde ! Après les experts, ce sont les sténographes qui encourent leur colère. Babeuf les traite, le 17 ventôse, « d'êtres imbéciles, méchants et atroces » qui « dans une langue de vandales et riche d'insignifiances, dénaturent tous les discours ». Quatre jours auparavant, Amar avait protesté contre la présence de trente mouchards dans la salle, et contre les curieux qui faisaient le portrait des accusés « en les dévisageant avec insolence ». Et le public applaudit de telle sorte que le président dut faire évacuer une partie de la salle. Quand on repousse les conclusions de la défense sur la question de savoir si des pièces non représentées aux accusés peuvent être introduites dans le procès, Germain s'emporte et dit : « Vous devez nous égorger tout de suite. Si vous ne le faites pas, vous êtes des lâches ; vous n'avez pas l'audace du crime. » Et le président ne dit rien !

Buonarroti est moins violent[1] et, dans son his-

---

[1]. Il ne faut pas oublier que sur les bancs du Haut Jury, les républicains étaient en majorité. L'un d'eux, Gauthier Bianzat, avait épousé la sœur de Couthon.
Il est donc probable qu'ils furent violemment remués par

toire de la conspiration, analyse les harangues qu'il prononça pour justifier l'œuvre du Comité insurrecteur. Suivant lui, il n'avait d'autre but que la propagation des doctrines démocratiques, et l'on ne peut lui reprocher d'avoir préparé des propositions législatives à soumettre au peuple. Il accuse hautement ses préférences pour la Constitution de 93. Il déclare « qu'il n'a pas effacé de son cœur le serment, prêté par lui, de défendre le Code qu'un peuple immense avait unaniment sanctionné.... La foi que l'on vit des esclaves conserver à leurs maîtres, il l'a conservée à un peuple magnanime qui l'a accueilli généreusement dans son sein.... » En résumé, d'après lui, la conspiration n'était pas un crime, « l'autorité contre laquelle elle était dirigée, n'ayant pas été agréée par le peuple, n'était pas légitime ».

Mais arrivons de suite au terme de ce long procès dont les audiences ressemblent aux débats d'un Parlement et subissent le contre-coup des événements du dehors. Les élections de germinal an V (mars 97) avaient donné la majorité aux royalistes dans les deux Conseils, et la Haute Cour

l'évocation à laquelle se livra Buonarroti, dans sa défense, des actes féroces des Vendéens, de la livraison de nos places fortes sur la frontière, de la trahison de Dumouriez, de tous les excès contre-révolutionnaires de Nancy, Lyon, Marseille, Toulon, etc.

voulut offrir une satisfaction aux nouveaux maîtres du jour. Le 6 prairial (25 mai 97) les débats furent clos et, le lendemain, l'arrêt fut rendu. Toutes les questions relatives à la conspiration furent résolues négativement par les seize jurés, dont trois avaient été constamment favorables aux accusés; mais treize voix avaient reconnu l'existence des provocations, verbales ou écrites, au rétablissement de la Constitution de 93. Babeuf et Darthé furent, à cet égard, déclarés coupables sans circonstances atténuantes et, par suite, condamnés à mort. Les autres : Buonarroti, Germain, Cazin, Moroy, Blondeau, Mennessier et Bouin, déclarés aussi coupables, mais avec circonstances atténuantes, furent condamnés à la déportation. Babeuf et Darthé se frappèrent, sans pouvoir se tuer. Buonarroti en appela au peuple, et l'auditoire se montra si agité, que les gendarmes durent intervenir, sabre au poing, et firent violemment sortir les accusés. Babeuf et Darthé passèrent la nuit au milieu de vives souffrances et, au matin, marchèrent au supplice « comme à un triomphe », dit Buonarroti. Babeuf parla de ses enfants et les recommanda à ses amis. On jeta le corps des deux suppliciés à la voirie, mais des cultivateurs des environs les recueillirent et les ensevelirent pieusement. Cinquante-six autres prévenus furent acquittés, notamment l'ancien conventionnel Vadier, mais ce dernier fut maintenu en détention, sous prétexte qu'un décret de la Convention avait prononcé contre lui la déportation. Il fut acheminé avec les cinq déportés sur l'île Pelée, à l'entrée de la rade de Cherbourg. Ces malheureux parcoururent la longue route de Vendôme à Cherbourg « enfermés dans des cages grillées ». Tantôt, les populations les insultaient, tantôt, comme à Argentan et à Saint-Lô, leur prodiguaient des marques d'affection et de respect. C'est à Saint-Lô que le maire, à la tête du corps municipal, vint les complimenter et les embrasser, en les félicitant d'avoir défendu les droits du peuple. En vertu d'une décision du Conseil général, les condamnés furent logés dans la salle des séances où ils reçurent tous les secours et toutes les consolations des représentants du département.

Ainsi se terminèrent l'affaire de la Haute Cour et la période dramatique de la vie de Buonarroti[1].

---

[1]. Ce chapitre a fait l'objet d'une lecture à l'Académie des Sciences morales et politiques dans la *Séance du 1ᵉʳ mai 1909*.

CHAPITRE III

APRÈS LA HAUTE COUR

APRÈS LA HAUTE COUR

Après l'arrêt de la Haute Cour de Vendôme qui le condamnait à la déportation, Buonarroti fut enfermé au Fort National de Cherbourg avec Germain, Moroy et Blondeau. Il emportait de Vendôme un certificat de la municipalité [1], daté du 17 prairial an V (5 juin 1797), qui constate que « Philippe Buonarroti, depuis le 15 fructidor de l'an IV (1ᵉʳ sept. 96), jour où il est entré dans la maison de Justice près de la Haute Cour, s'est toujours conduit avec honnêteté, modération et tranquillité, et que, pendant le cours des débats, il a inspiré le plus vif intérêt ». Le certificat atteste encore que :

La citoyenne *Thérèse Poggi*, épouse [2] dudit *Philippe Buonarroti*, qui s'est rendue dans cette commune le

---

1. Bibl. nat., n° 20 803.
2. Ainsi tout le monde considérait Thérèse Poggi comme la femme légitime de Buonarroti. Rien n'établit cependant qu'il ait divorcé avec sa première femme Élisabeth, qui le 18 brumaire an V, écrivit au Directoire pour solliciter sa clémence en faveur de Buonarroti. (Voir l'article de M. Georges Weill, *Revue historique*, n° de juillet-août 1901.)

15 fructidor susdit, a constamment tenu une conduite tranquille, et que ses visites à la maison de justice n'ont fait naître aucun soupçon à l'administration, qui s'est convaincue que l'unique soin de cette citoyenne, et celui de Buonarroti, *son époux*, était de vivre et de rester ensemble.

Arrivé au Fort National, le premier soin de Buonarroti fut de préparer une requête au Tribunal de Cassation pour faire prononcer la nullité du jugement de la Haute Cour.

Le 20 prairial an V (8 juin 1797), il écrivit à Lenain, défenseur officieux près le Tribunal de Cassation, pour lui demander une consultation, et Lenain répondit dans les termes suivants [1] :

Vendôme, le 22 prairial an V.

Citoyen,

Je reçois à l'instant ta lettre du 20 et je m'empresse d'y répondre. Tu me consultes sur la marche à suivre pour faire prononcer la nullité du jugement de la Haute Cour. Tu parais croire qu'il faut s'adresser au Directoire exécutif, et tu te fondes sur les articles 262 de la Constitution et 561 de la loi du 3 brumaire. Ces deux articles établissent la compétence du Tribunal de Cassation, mais les deux précédents établissent les droits des parties. Ce sont, par conséquent, ces deux articles qui doivent décider la question.

L'article 262 de la Constitution porte : « Le Directoire exécutif dénonce au Tribunal de Cassation, par

[1]. La lettre contenue au registre n° 20 803 est autographe et signée de Lenain.

la voie de son commissaire et sans préjudice des droits des parties intéressées, les actes par lesquels les juges ont excédé leurs pouvoirs. » Il est évident, d'après les termes de cet article, que les parties intéressées ont le droit de s'adresser directement au Tribunal de Cassation et, s'il pouvait rester des doutes à cet égard, ils seraient levés par l'article 561 du Code des délits et des peines du 3 brumaire, ainsi conçu : « Les actes qui donnent lieu à la forfaiture de la part des juges des Tribunaux, tant civils que criminels, sont dénoncés au Tribunal de Cassation soit par le Directoire, soit par les parties intéressées. » Il me paraît donc bien démontré que, dans le cas particulier comme dans tous les cas où les juges commettent des excès de pouvoir, les parties intéressées ont le droit de se pourvoir au Tribunal de Cassation, soit directement, en matière civile, soit par l'intermédiaire du ministre de la Justice, en matière criminelle; et que ce n'est que subsidiairement, pour l'intérêt de la loi et dans le cas où les parties n'useraient pas de cette faculté, que le Directoire peut agir d'office ou, tout au plus, concurremment avec les parties.

Cependant comme je ne suis pas infaillible, je t'engage à consulter le citoyen Réal, d'autant plus qu'il m'a paru très disposé à suivre ce pourvoi devant le Tribunal de Cassation, et que je ne doute point qu'il y mette autant d'intérêt que devant la Haute Cour.

Salut et fraternité.

Signé : LENAIN,
Défenseur officieux près le Tribunal de Cassation [1].

---

[1]. Lenain figure comme nouveau sur la liste des hommes de loi près le Tribunal de la Nation donnée par l'*Almanach national* de l'an VI. Voir aussi les *Tableaux* de l'Ordre des Avocats au Conseil d'État et à la Cour de Cassation, 2ᵉ édit. p. 34.

Un long mémoire de 14 pages, de la main de Buonarroti *et signé de lui*, développe ses « Observations sur la nullité de la procédure et du jugement de la Haute Cour de justice, dans l'affaire de Babeuf, Drouet et de leurs coaccusés ». Mais, à en juger par la forme de cet écrit, qui est encore celle des mémoires présentés par les avocats à la Cour de Cassation, il y a lieu de supposer que Buonarroti n'a fait que recopier l'œuvre d'un juriste de profession, probablement de Lenain lui-même. A raison de l'importance de l'affaire de la Haute Cour, on peut trouver quelque intérêt à résumer cette discussion juridique.

L'auteur du mémoire fait remarquer tout d'abord que l'affaire de la Haute Cour de Vendôme devrait être soumise à la revision si le Tribunal de Cassation pouvait en connaître; mais, par une loi rendue au cours de l'instruction, les décisions et jugements de la Haute Cour avaient été déclarés *non sujets à recours en Cassation*. C'était évidemment une loi de circonstance qui constituait presque un coup d'état judiciaire. La procédure fut, de plus, tout à fait insolite, et en voici le résumé, d'après le document que nous analysons :

Drouet, représentant du peuple, fut accusé par la

majorité du Corps législatif d'avoir participé à la conspiration dénoncée par les messages du Directoire exécutif des 21, 23, 25 et 26 floréal an IV, dirigée contre la sûreté intérieure de la République, et tendant à renverser la Constitution et anéantir les autorités par elle établies. (Procès-verbal du Conseil des Cinq Cents du 26 thermidor an IV.) Soixante-trois citoyens, accusés pour les mêmes faits par les jurys spéciaux de Paris, Rochefort, Cherbourg et Montreuil, furent traduits avec ce représentant devant la Haute Cour de justice. Après les débats et le résumé du Président, le Tribunal posa trois séries de questions, par lesquelles il interrogeait le Haut Jury sur l'existence et sur les tendances de la conspiration qui était le sujet de l'acte d'accusation.

Deux jours après, la Haute-Cour, sur l'observation d'un juge, ajouta deux nouvelles séries de questions, relatives aux provocations, verbales ou imprimées, prévues par la loi du 27 germinal an IV.

A l'égard des trois premières, la déclaration du jury fut : « Le fait n'est pas constant. »

Sur les deux dernières, il prononça qu'il y avait eu, postérieurement à la loi du 27 germinal, des provocations par discours, écrits et imprimés, soit distribués, soit affichés, au rétablissement de la Constitution de 1793; que Babeuf, Darthé, Buonarroti, Germain, Cazin, Moroy et Blondeau avaient participé aux provocations verbales, *avec circonstances atténuantes*; que Babeuf, Darthé, Buonarroti, Germain, Cazin, Moroy et les deux contumax Meneissier et Bouin avaient pris part aux provocations imprimées, soit distribuées, soit affichées, *les deux premiers sans circonstances atténuantes*, et les six autres avec circonstances.

Alors le Tribunal, sans avoir égard aux objections des accusés qui, comme il sera dit ci-après, soutenaient l'invalidité de la loi du 27 germinal, condamna

Babeuf et Darthé à la peine de mort, *Buonarroti*, Germain, Cazin, Moroy, Blondeau, Bouin et Meneissier à celle de la déportation.

Le mémoire se propose d'établir cinq points :
1° « LA HAUTE COUR A OUTRE-PASSÉ SA COMPÉTENCE ».

La Haute Cour de justice ne peut juger que sur les actes d'accusation admis par le Corps législatif contre ses propres membres ou contre ceux du Directoire exécutif (acte constitutionnel, art. 265 et 271). A l'égard des citoyens qui ne deviennent justiciables que par la connexité dont ils sont accusés avec ceux imputés aux députés ou directeurs, sa compétence ne peut pas s'étendre au delà de la complicité pour les mêmes faits. Autrement, elle connaîtrait d'autre chose que des actes d'accusation admis par le Corps législatif, et les membres des premières autorités pourraient être jugés sans accusation constitutionnelle. Dans l'espèce, Drouet était accusé *de participation à une conspiration*. Ce tribunal ne pouvait donc connaître que d'elle, et la position des questions relatives aux provocations, faits d'une nature différente, est un acte pour lequel il n'était pas compétent. Elle est, par conséquent, *nulle*, ainsi que la déclaration et la condamnation qui l'ont suivie.

2° « LES FORMES LÉGALES ET ESSENTIELLES, COMMUNES A TOUS LES TRIBUNAUX, ONT ÉTÉ VIOLÉES. »

En premier lieu, on a admis le témoignage de *dénonciateurs*. Or l'art. 358 de la loi de brumaire est ainsi conçu :

> Ne peuvent être admis en témoignage, soit à la requête de l'accusé, soit à celle de l'accusateur public, soit à celle de la partie plaignante : 1° le père, la mère, l'aïeul, l'aïeule ou autre ascendant de l'accusé ; 2° son fils, sa fille, son petit-fils, sa petite-fille ou autre descendant ; 3° son frère ou sa sœur ; 4° ses alliés, au degré ci-dessus ; 5° sa femme ou son mari, même après le divorce légalement prononcé. L'accusateur public et la partie plaignante ne peuvent pareillement produire pour témoins les *dénonciateurs*, quand il s'agit des délits dont la dénonciation est récompensée pécuniairement par la loi ou lorsque le dénonciateur *peut*, de toute autre manière, profiter de l'effet de la dénonciation.

Or Grisel avait dénoncé au Directoire exécutif la prétendue conspiration, et les accusateurs nationaux l'avaient porté sur la liste des témoins. Les accusés demandèrent que Grisel fût rayé de cette liste *comme dénonciateur, pouvant profiter de l'effet de cette dénonciation*. Il pouvait, suivant eux, profiter des récompenses du Gouvernement, et ils démontrèrent la *probabilité* de ces récompenses pécuniaires.

Les accusateurs s'efforcèrent de réfuter l'objection en appelant Grisel *révélateur*, et non *dénonciateur*. Ils soutinrent que l'article 358 n'était, par conséquent, pas applicable.

Un jugement, faussant les termes de la loi, admit Grisel comme témoin.

Ce jugement dit :

Que Grisel n'est dans aucun cas d'exclusion déterminé : que la loi n'assigne aucune récompense pécuniaire à la dénonciation faite par Grisel, et qu'ainsi, il n'est pas dans le premier cas d'exclusion; que le dénonciateur qui peut profiter d'une manière quelconque de l'effet de la dénonciation est uniquement celui auquel ce profit reviendrait par le seul effet de la dénonciation, sans l'intervention libre d'un tiers et indépendamment d'une volonté étrangère; qu'en effet, la dénonciation de Grisel ne lui *assure*, d'aucune manière, un profit, et qu'ainsi, il n'est point dans le second cas de l'exclusion; qu'appliquer l'exclusion de la loi à tous les dénonciateurs qui peuvent exciter la reconnaissance libre du Gouvernement ou des particuliers auxquels ils auraient à donner une connaissance utile, serait non seulement étendre la loi, mais la détruire; que, dès lors, tout dénonciateur serait exclu parce qu'il est dans l'ordre des choses humaines que quiconque reçoit un avis qui le préserve d'un grand danger en devient reconnaissant; que l'article 253 réserve aux accusés la faculté de dire contre Grisel et contre son témoignage tout ce qu'ils jugeront utile à leur défense. Le jugement ordonne, en conséquence, que Grisel demeurera inscrit sur la liste des témoins et qu'il sera entendu devant le jury.

Le mémoire s'efforce de réfuter la thèse de ce

jugement en soutenant que les mots « sans l'intervention libre d'un tiers et indépendamment d'une volonté étrangère » sont contradictoires avec ceux « de toute autre manière » insérés dans la loi ; que, d'ailleurs, cette intervention peut être un effet de la dénonciation. La loi dit « *peut* » et le Tribunal remplace cette *possibilité* par une *certitude*, en faisant usage du mot « *assure* ». Alors il n'y a plus de cas où le dénonciateur n'a aucun profit à espérer. Le Tribunal admet Grisel à témoigner, non parce que le profit est impossible, mais parce qu'il n'était pas certain.

AUTRES VIOLATIONS DE LA LOI :

« *Les questions sur lesquelles est intervenu le jugement de condamnation furent posées en contravention de la loi.* »

La position des deux dernières séries de questions résultant de la loi du 27 germinal furent une infraction manifeste à l'article 378 de la loi du 3 brumaire dont l'exécution est prescrite sous peine de nullité par l'article 380 portant : « Il ne peut être posé aucune question sur des faits qui ne seraient pas portés dans l'acte d'accusation, quelles que soient les dépositions des témoins. » Or tous les actes d'accusation s'accordent à présenter les prévenus comme coupables d'une *cons-*

piration. *Conspiration* est le mot dont se sont servis le Corps législatif et les directeurs du jury. C'est donc *sur le seul délit de conspiration* que les accusés pouvaient être interrogés. Mais les *provocations* sur lesquelles ils se sont expliqués sont la matière d'un délit différent, non visé dans les actes d'accusation. Les questions soumises à cet égard par la Haute Cour ont été posées en contravention à l'article 378 ci-dessus et à l'article 396, ainsi conçu : « Les jurés ne peuvent prononcer sur d'autres délits que ceux qui sont portés dans l'acte d'accusation. » Elles sont, par conséquent, nulles. Le jugement qui en est la suite est un acte de tyrannie, et la mort qu'il prononça *est un assassinat*.

« Les accusés n'ont pas été entendus sur les faits pour lesquels ils ont été condamnés. »

Ils ont toujours cru que l'examen du Haut Jury ne porterait pas sur les provocations, verbales ou imprimées, que vise la loi du 27 germinal. Par suite, ils ne se sont pas défendus sur le chef des provocations. Et, d'ailleurs, cela leur fut interdit par le Tribunal et par les accusateurs nationaux qui leur ont refusé copie des écrits ou imprimés pour lesquels huit d'entre eux ont été condamnés. Le Tribunal les a déboutés de leur demande de pièces, par ce motif que « ce n'est pas des maximes et des provocations contenues dans leurs écrits, mais de la conspiration que les accusés ont à se justifier ». Et, à la séance du 3 ventôse, Babeuf ayant renouvelé sa demande, l'accusateur national Vieillart, fit prononcer le rejet[1], en affirmant que les prévenus étaient accusés de *conspiration*, et que l'examen de la doctrine et des maximes n'était pas nécessaire. Dans la séance du 6 ventôse, le même accusateur a refusé de discuter les doctrines de Babeuf et des autres anarchistes, par ce motif « qu'il ne s'agit pas ici d'un délit qui pourrait résulter des écrits eux-mêmes, mais de l'exécution donnée par les agents du Comité insurrecteur aux instructions à eux données ». Enfin, dans la séance du 25 germinal, Veillart répondit encore au citoyen Lamberté, qui reprochait au Tribunal de diriger les poursuites contre la liberté de la presse, « qu'il n'avait lu aucun des écrits qui sont aux pièces parce qu'il n'avait pas pensé que la nature de l'accusation actuelle exigeât qu'on examinât quelles maximes avaient été professées, si l'on avait même excité à la révolte, à la rébellion....

---

1. Voir *Journal sténographique des débats*, vol. I, p. 64.

Ce n'était pas, à proprement parler, le titre de l'accusation ». Et Viellart s'était toujours efforcé d'écarter des débats la question résultant de la loi du 27 germinal (faits de *provocation*), délit différent de celui de *conspiration* qui était uniquement visé par l'acte d'accusation. Il en résulte que la Haute Cour ne devait et ne pouvait même pas proposer une série de questions relatives à la simple provocation [1]. Le compte rendu des débats constate qu'il n'y eut jamais de discussion ni sur les discours, ni sur les écrits. Et cependant c'est cela qui a été la base du jugement de condamnation.

3° « LES FAITS QUI ONT MOTIVÉ LA CONDAMNATION SONT MATÉRIELLEMENT FAUX. »

Le Haut Jury, après avoir déclaré la *conspiration non constante*, « a reconnu comme vrais des faits dont le procès-verbal constate matériellement la fausseté ».

Sur la dernière série de questions, le prononcé du Haut Jury a envoyé à l'échafaud deux des accusés. Voici ce prononcé et, comme on dirait aujourd'hui, ce *dispositif* :

« *Il est constant qu'il y a eu, postérieurement au*

---

[1]. *Journal des débats*, vol. IV, p. 91.

27 germinal de l'an IV, par des écrits, imprimés, soit distribués, soit affichés, provocation au rétablissement de la Constitution de 1793 ; que Bábeuf et Darthé sont convaincus d'y avoir participé, et qu'il n'y a pas, à leur égard, de circonstances atténuantes; que Buonarroti, Germain, Cazin, Moroy, Meneissier et Bouin, ces deux derniers contumax, sont aussi convaincus d'y avoir participé, et qu'il y a, à leur égard, des circonstances atténuantes. »

Or, de tous les écrits reconnus être de Buonarroti, Germain, Cazin et Moroy ou attribués à Darthé, Meneissier et Bouin, il n'y en a pas un seul qui ait été imprimé, distribué ou affiché. « Cependant, conclut le mémoire, Darthé est mort et les autres furent condamnés à la déportation ! Ceci paraîtra très fort, mais la procédure et les pièces sont là pour attester une si étrange prévarication. »

4° « IL Y A EU FAUSSE APPLICATION DE LA LOI. »

C'est en vertu de la loi du 27 germinal de l'an IV — qui range les provocations par discours ou par écrits imprimés, soit distribués, soit affichés, au rétablissement de la Constitution de 1793 parmi les crimes contre la sûreté intérieure de la République — que la Haute Cour prononça la peine de mort contre deux des accusés, et celle de la déportation contre sept autres. Le jugement fut prononcé le 7 prairial de l'an V, c'est-à-dire un an et quarante jours après la promulgation de cette loi. Or, aux réquisitions de l'accusateur public les accusés objectèrent l'art. 351 de l'acte constitutionnel, ainsi conçu : « Il n'y a ni privilège, ni maîtrise, ni jurande, *ni limitation à la liberté de la presse*, du commerce et à l'exercice de l'industrie et des arts de toute espèce. » Les accusés disaient que la loi du 27 germinal était prohibitive de la liberté de la presse. Ils ajoutaient « qu'il y avait plus d'un an que la loi du 27 germinal avait été rendue; qu'elle n'avait pas été renouvelée; qu'elle n'existait plus, et que, par conséquent, le tribunal ne pouvait pas l'appliquer. A cet argument, les accusateurs n'avaient rien répondu. La Haute Cour, sans alléguer un motif, passa outre et prononça la condamnation, conformément au réquisitoire. Donc, la Haute Cour a hautement prévariqué en infligeant des peines graves sans autorisation légale.

5° « LA NULLITÉ DU JUGEMENT DE LA HAUTE COUR A ÉTÉ LÉGALEMENT RECONNUE. »

Quand Meneissier et Bouin, condamnés par

contumace à la déportation, ont été, le premier, arrêté et, le second, constitué volontairement prisonnier, tous les deux ont été traduits devant le Tribunal criminel du département de la Seine. Or tous les deux ont été justifiés et mis en liberté. Pourquoi? Non pas parce que des jurés les ont déclarés non convaincus des faits pour lesquels ils avaient été condamnés, mais parce que le Tribunal criminel de la Seine reconnaît dans son jugement « que l'acte d'accusation avait pour objet la *conspiration*, et nullement les *provocations* prévues par la loi du 27 germinal, et que, tous les accusés ayant été acquittés *sur le fait de la conspiration, déclaré non constant*, le Tribunal ne pouvait pas, *sans un nouvel acte d'accusation*, connaître du fait de provocation contenu dans les dernières questions que l'art. 378 de la loi du 3 brumaire défendait à la Haute Cour d'exposer ».

« Ainsi, le Tribunal criminel du département de la Seine a reconnu l'injustice du jugement de la Haute Cour à l'égard de tous les condamnés. Il ne manque à ceux d'entre eux qui vivent encore qu'un tribunal pour rentrer dans une patrie dont ils ont été injustement séparés. »

Buonarroti aurait pu se borner à recopier les conclusions, très serrées et très topiques, qu'avaient rédigées pour lui les juristes pour obtenir une revision de l'arrêt de la Haute Cour de Vendôme; mais il crut devoir y ajouter un commentaire sous forme de requête, avec ce titre : « *Au Tribunal de Cassation* », et développer à nouveau deux moyens de cassation : l'un tiré de l'incompétence de la Haute Cour pour prononcer sur les faits résultant de la déclaration du Haut Jury; l'autre, fondé sur l'application d'une peine en vertu d'une loi non existante et contraire au texte de la Constitution. Ce document[1] n'ajoutait rien aux moyens indiqués par le mémoire que nous avons analysé plus haut. Il n'en faut retenir que la conclusion : « C'est pourquoi les soussignés dénoncent formellement à la justice du Tribunal de Cassation le jugement inconstitutionnel, illégal et arbitraire par lequel deux de leurs co-accusés ont été injustement immolés, et eux ont été condamnés à la déportation, et en requièrent la prompte annulation. »

La requête dont il s'agit fut envoyée par Buonarroti aux citoyens Réal et Delafeuterie, défenseurs officieux, et il pria ces défenseurs de

---

[1]. *Reg.* 20 803, f° 160.

développer la consultation de Lenain, ancien membre du Tribunal de Cassation, en leur demandant si le moment était propice pour saisir le Tribunal de Cassation. « Une défaite, écrivait Buonarroti, pourrait empêcher de reproduire les mêmes moyens dans une occasion plus favorable, et une semblable démarche pourrait aussi précipiter l'exécution que nous avons intérêt d'empêpêcher. »

Enfin, Buonarroti[1] avait rédigé sous ce titre : *Explication franche sur la pétition des condamnés par la Haute Cour, adressée aux vrais démocrates*, une sorte de manifeste qui avait pour but de provoquer un mouvement de sympathie autour de la demande en revision adressée au Corps législatif.

L'*Explication* débute ainsi :

« O vous, compagnons de nos combats et de nos malheurs, amis et défenseurs de la Vérité et de la Justice, pour laquelle nous portons encore d'honorables chaînes, nous vous devons l'exposition entière de nos desseins... »

En réalité, Buonarroti et ses co-détenus

---

1. Du moins, on peut supposer que Buonarroti est le rédacteur de ce dernier document, d'abord parce qu'il est tout à fait dans sa manière, et ensuite parce qu'il l'a conservé dans ses papiers. *Reg.* 20 803, f° 163.

voulaient faire appel à l'opinion publique et aux journaux, en vue d'assurer le succès de la pétition au Corps législatif. Après beaucoup de considérations vagues, ils examinaient les formes que l'on pourrait adopter pour obtenir l'élargissement des détenus, frappés par la Haute Cour.

Ils en énumèrent cinq :

1° Un décret *spécial* de mise en liberté, motivé par la légitimité des prétentions des accusés, ou tout au moins « par la pureté de leurs intentions » ;

2° Un décret *général* de mise en liberté, fondé sur les mêmes motifs pour tous les condamnés, et « pour des faits provenant d'une différence d'opinions sur les principes constitutifs de la République, à l'exception de ceux qui auraient pour but l'établissement de la royauté ou de tout autre pouvoir arbitraire » ;

3° Un décret qui ordonnerait la revision générale de tous les jugements rendus depuis une certaine époque, pour faits dépendant d'opinions politiques ou contre des républicains connus ;

4° Un décret spécial qui ordonnerait la revision de la partie du jugement de la Haute Cour qui prononça notre condamnation ;

5° Décret qui rapporterait celui qui refusait[1] au Tribunal de Cassation la connaissance des actes de la Haute Cour et nous autoriserait à nous pourvoir devant lui.

Buonarroti n'exprimait aucune préférence pour tel ou tel mode de procédure et ne refusait pas d'attendre pour agir. Il concluait ainsi : « Vous connaissez maintenant le fort et le faible de notre démarche, les avantages et les inconvénients de chaque moyen de salut. Examinez, pesez, décidez : nous nous en rapportons entièrement à votre sagesse, à l'amour que vous nous portez et à l'amour de la patrie dont vous avez donné tant de preuves. »

Comme l'*Explication franche* n'est pas plus datée que les *Observations* sur l'affaire de la Haute Cour, il est difficile de préciser à quel moment Buonarroti rédigea ou fit rédiger ces documents. Il est probable que les membres du Corps législatif consultés par lui se montrèrent fort perplexes et ne se hâtèrent pas d'agir. En effet, la lettre de Lenain remontait au 22 prairial an V et nous arrivons déjà au 20 fructidor an VII (6 sept. 1799) quand Buonarroti écrit, de « la Bastille devant

---

1. Le manuscrit porte *réservait*, évidemment par erreur.

Cherbourg », à « un frère et ami » qui lui a conseillé « de retarder le cours de la pétition, et même a pensé qu'il serait dangereux de la présenter ». Buonarroti, d'accord avec ses amis, commence à s'impatienter. « Le résultat de leurs réflexions est qu'il y a de bonnes raisons pour présenter leur *ouvrage*, même dans l'état actuel des choses. » Et ils donnent leurs raisons :

C'est d'abord qu'en admettant même que la pétition « fût repoussée par l'esprit d'aristocratie et d'animosité, ce déni de justice ne frapperait que des hommes déjà frappés, et que l'accueil le plus défavorable n'augmenterait en rien leur situation ». C'est ensuite qu'on éclairerait la nation sur la partialité des adversaires. Si l'on essayait d'influencer les Conseils en lançant contre les pétitionnaires les accusations banales d'*anarchie* et de *jacobinisme*, il serait facile de répondre qu'il ne s'agit pas de la moralité des condamnés, mais uniquement de la question de savoir si la Constitution et les lois ont été violées par la Haute Cour. Le jugement a été rendu en dehors des formes légales : il est comme non avenu. Un refus de le reviser serait pour les postulants un titre de plus, et leur état ne saurait être pire. Conclusion : Nous désirons que notre pétition soit présentée sans aucun retard, à moins que vous, qui êtes sur les lieux, ne voyez dans cette démarche un danger pour la République auquel nous n'aurions pas pu penser.

Le frère et ami auquel Buonarroti s'était particulièrement adressé, au cours de fructidor an VII, était sans doute un député. On trouve au registre [1] une lettre sans signature, émanant de cet ami, qui déclare que « la peur de Cayenne a été plus forte que la voix de la patrie... que l'audace et la force des gouvernants, la corruption et la lâcheté des magistrats, et la lassitude du peuple rendent, *cette année*, toute amélioration impossible.... Le Conseil a refusé trois fois la parole à l'orateur de la Commission des dilapidations, de sorte que cette commission ne fera rien, et que son premier et seul rapport sera celui de Lucien Bonaparte qui a tonné avec énergie, mais *dont* cependant (*sic*) nous ne devons pas nous fier parce qu'il va trop souvent au Directoire.... »

Le correspondant de Buonarroti est évidemment un partisan de Bonaparte, et il se cabre contre les appréciations, sans doute peu favorables, de son ami au sujet de l'ambitieux général.

Je sais que tout ce que tu me dis au sujet du *héros* est bien propre à faire naître des réflexions, mais je les passe en faveur de l'amitié. Nous avons des nouvelles d'Égypte. Bonaparte en est maître et il l'a révolutionnée. Ma foi, quoi que vous en disiez, l'Italie et l'Égypte rendues à la liberté, et le 13 vendémiaire et le 18 fructidor, faits par son génie et par son audace, mettent cet homme au rang des premiers défenseurs

[1]. F° 173.

de la cause populaire, et je crois qu'il n'est plus au pouvoir de l'envie ou de l'exagération d'atténuer sa réputation. Que de prodiges fera-t-il peut-être encore ? Et qui sait si vous ne devrez pas *à lui seul* un jour votre délivrance ? *Cet homme est détesté par le Gouvernement, et le peuple l'adore.* Je te ferai passer quelquefois des gazettes et des rapports. Oh ! mon ami, pour tout dire, le Sénat français serait presque de force à délibérer sur la manière la plus savoureuse de faire cuire un turbot. C'est t'en dire assez. *Cela, j'espère, finira bientôt. Nous y travaillons.* Salut.

Celui qui travaillait contre le Directoire et au profit de Bonaparte avait entendu accuser Buonarroti d'avoir compris le *héros* sur les listes de proscription dressées par les conspirateurs égalitaires, et même de l'avoir « désigné aux poignards ». Et Buonarroti s'était défendu, en messidor, contre cette accusation. L'admirateur du conquérant de l'Italie reprend alors la plume[1] et il écrit à Buonarroti :

J'ai reçu ta lettre du 9 messidor. Je l'ai lue avec plaisir parce que *les projets que l'on t'a prêtés contre les amis* m'ont semblé trop éloignés de ton caractère pour que je puisse y ajouter foi.... *Je crois que tu es une victime.* Que de grâces ne dois-tu pas rendre, dans ton malheur, à la Destinée qui t'a retenu suspendu sur le bord de l'abîme ! Dans ce moment, vouloir améliorer la situation, ce serait l'empirer. Le *Corps législatif entend avec une égale horreur vos noms et ceux des apôtres du*

1. La lettre n'est pas datée.

bonapartisme. Il ne veut point d'extrêmes parce qu'il sait que l'on n'est en société que pour être à l'abri des persécutions du plus fort, et que révolutionner sans cesse est un mal plus dangereux que de dormir sans cesse du sommeil des esclaves.

Je sens que ces principes ne sont pas les tiens. Le moment n'est donc pas propice pour qu'on puisse espérer de fixer l'attention des législateurs sur les vices de votre jugement. Attendez et espérez. J'apprendrai avec plaisir de tes nouvelles.

Si, comme j'aime à me le persuader, le témoignage de ta conscience ne t'est pas contraire, si tu n'as pas médité, dans la funèbre conspiration, des listes d'assassinats et des peuples de victimes.... si vous n'aviez pas juré la mort de tout ce qui ne pensait pas comme vous; si, toi-même, tu n'avais pas *inscrit sur la liste de proscription le nom d'un héros qui ne t'avait fait que du bien, et que l'on t'accuse cependant d'avoir désigné aux poignards*; si tous ces crimes ne sont pas les tiens, ni ceux de tes compagnons, et si votre conspiration, comme tant d'autres, est de l'invention des reptiles assis insolemment sur les marches brisées du trône, alors, mon malheureux ami, espère, car le jour de la vérité s'approche. L'on est fatigué de la tyrannie des *Pygmées* et de la *liberté* (?)[1] des impôts[2]. L'horizon est encore gros d'événements.

---

1. Il faut lire évidemmment : de *l'énormité* des impôts.
2. M. Aulard (*Révolution française*, n° de mai 1894) a étudié avec sa précision habituelle, dans un article intitulé *Les derniers Jacobins*, l'essai de résurrection du parti terroriste qui suivit le coup d'État anti-royaliste du 18 fructidor an V. L'un des effets du coup d'État fut d'entraîner l'abrogation de la loi du 7 thermidor an V qui interdisait toute société particulière s'occupant de politique. Les Jacobins, notamment, purent s'installer, comme nous l'avons dit, dans la salle du Manège (18 messidor-8 thermidor an VII), puis rue du Bac au ci-devant couvent des Jacobins, devenu temple de la Paix. Nos désastres extérieurs produisirent la même fièvre que sous la Terreur. De là

Si l'innocence a toujours résidé près de toi, rappelle avec elle l'espérance et la santé... Que les feux de l'enthousiasme résistent à l'air humide de ton cachot, et que l'assurance d'avoir en moi un ami véritable te console !

Peut-être pourrait-on dans la suite faire reviser votre jugement, mais je t'annonce que, même dans ce cas, il ne serait revisé que par des juges sévères. Les Français ne veulent pas même le joug des lions : à plus forte raison redoutent-ils celui des tigres. Eh bien ! mon ami, c'est sous ces traits que vous êtes peints, et toutes les pièces que l'on vous impute sont controuvées où certes vous avez mérité le nom de bête féroce, à laquelle on vous a assimilés.

En un mot je me plais à te croire innocent : je con-

---

les levées en masse du 10 messidor et la loi de l'emprunt forcé de la même date; enfin la loi des otages, du 24 messidor, qui renouvelle la célèbre loi des suspects. C'est la rentrée en scène des Robespierristes. Déjà, au 18 fructidor, Barras avait pris sa revanche sur Carnot. Cochon et Dossonville, les principaux auteurs de la répression du complot babouviste. Le 30 prairial an VII, les Cinq-Cents ont chassé trois directeurs : La Révellière-Lepeaux, Merlin de Douai et Treilhard. Reubell, directeur sortant, a été remplacé par Sieyès. Barras est au pinacle; Fouché tient la police, Robert Lindet, complice de Babeuf, dirige les finances de la République. Le nouveau club des Jacobins est fondé de babouvistes : Drouet, ce solennel imbécile, comme dit M. Espinas, Bodson, Bouin, Chrétien, Clerx, Cochet, le perruquier de Montreuil-sur-Mer, dont nous reparlerons, Didier, l'adjudant général Jorry, Félix Le Peletier, Marchand, Ricord, Lebois, Vannec, Varlet. Antonelle rédige l'organe du club, le *Journal des Hommes Libres*. Si Buonarroti n'est pas là, c'est qu'on le tient en prison. On a des généraux (Augereau et Laveaux, peut-être Championnet et Jourdan). Marchand, le 3 thermidor, demanda une colonne en l'honneur de Babeuf et Darthé. Les Anciens expulsèrent les néo-Jacobins de la salle du Manège, le 9 thermidor, et, le 26, de la salle du ci-devant couvent des Jacobins, rue du Bac, où ils s'étaient transportés. Les victoires de Masséna et de Brune mirent fin à ce réveil du terrorisme, et Bonaparte allait rétablir l'ordre.

tribuerai volontiers à te procurer les moyens de le prouver, lorsque l'occasion pourra nous faire espérer d'obtenir la revision de ton jugement; mais cette occasion n'existe pas. Elle semble même éloignée. Si elle arrive, si elle *s'approche* je t'en avertirai; j'en profiterai. Ne crois pas aux espérances trop flatteuses; ne crois pas non plus aux apparences trop funestes : tout est possible aujourd'hui. Il n'y a point d'événement extraordinaire qui ne soit dans l'ordre des choses existantes. Attends un moment propice : tu ne peux pas être plus mal, et, dès lors, chaque jour qui s'écoule doit approcher de la fin de tes peines. Je t'embrasse.

CHAPITRE IV

BONAPARTE ET BUONARROTI

BONAPARTE ET BUONARROTI

Cependant le coup d'État, clairement prédit par le correspondant de Buonarroti, se réalise. Le règne des *Pygmées* disparaît. Les détenus du Fort National s'adressent immédiatement aux nouveaux gouvernants. Ils expédient aux Consuls, le 22 frimaire an VIII, un mémoire pour réclamer l'annulation de leur jugement, et ils ont recours, en même temps, au ministre de l'Intérieur pour solliciter un adoucissement à leur captivité et des subsides. En ce qui concerne la première demande, le ministre de la Justice répond par un refus qui est ainsi formulé :

BUREAU CRIMINEL. — LIBERTÉ. — ÉGALITÉ.
RÉPUBLIQUE FRANÇAISE.
Justice.

Paris, le 22 nivôse an 8 de la République une et indivisible.

Le ministre de la Justice au concierge du Fort National de Cherbourg.

Vous voudrez bien annoncer, citoyen, aux nommés

Buonarroti, Germain, Moroy et Blondeau, condamnés à la déportation et détenus au fort national de Cherbourg, que j'ai reçu, avec leur lettre du 22 frimaire, le mémoire qu'ils ont présenté aux Consuls pour réclamer l'annulation de leur jugement, et j'ai transmis au ministre de l'Intérieur la partie de leur pétition relative aux besoins qu'ils éprouvent; *mais que, leur condamnation étant définitive* et la loi du 3 nivôse dernier, relative aux déportés *sans jugement*, ne leur étant pas applicable, je ne puis modifier, ni faire modifier les dispositions du jugement qui les condamne.

Salut et fraternité.

Signé : ABRIAL.

Le chef de la division criminelle :

Signé : OUDART [1].

Les détenus protestent contre le rejet de leur demande d'annulation du jugement de la Haute Cour. Ils affectent de croire que c'est le chef de la division criminelle qui a statué, et non le ministre lui-même. Et ils récrivent au ministre pour le prier d'examiner à nouveau les arguments de leur mémoire qui n'ont pas fait l'objet d'un sérieux examen.

Ils présentent un résumé de leurs moyens de revision.

Voici cette nouvelle pétition.

1. Reg. 20 803, f° 180.

Les soussignés au Ministre de la Justice [1].

Citoyen,

Nous avons, vous en jugerez vous-même, quelques raisons de nous plaindre de la légèreté avec laquelle le chef de la division criminelle de votre ministère a fait annoter notre réponse à un mémoire que nous adressâmes, *le 22 frimaire dernier*, aux Consuls de la République pour réclamer l'annulation du jugement de la Haute Cour qui nous condamne à la déportation, et, par suite, notre liberté.

Ce mémoire renferme contre la légalité et la justice de notre condamnation des raisons si fortes qu'elles nous paraissent exiger, de quiconque doit les peser et en décider, un sérieux examen, et des réponses précises et fortement motivées. Cependant, votre chef de la direction criminelle nous a fait dire par le concierge de notre prison « que, *notre condamnation étant définitive*, et la loi du 3 nivôse dernier, relative aux déportés sans jugement, ne nous étant pas applicable, il n'a pas pu modifier ni faire modifier les dispositions du jugement qui nous condamne », et décide ainsi, sans préambule et sans donner la moindre réfutation à nos moyens, d'une question très grave et qui aurait d'autant plus dû l'intéresser que le sort de *cinq* républicains en dépend!

Il dit que notre jugement est *définitif*, et c'est précisément là ce que nous contestons. La lecture de notre mémoire doit au moins faire naître des doutes sur la constitutionnalité de la disposition qui nous a enlevé le droit commun acquis à tous les Français de recourir en Cassation; et ces doutes empêcheront toujours tout homme raisonnable de prononcer précipitamment sur la liberté de ses concitoyens.

1. Reg. 20 803, f° 176.

Il dit enfin que vous ne pouvez ni modifier, ni faire modifier les dispositions du jugement; mais, citoyen ministre, nous ne demandons pas de modification, mais liberté entière et complète.

D'après ce court exposé, vous jugerez, citoyen ministre, que nous avons raison de ne pas nous en tenir à la réponse tranchante de votre chef de division, et nous présumons trop bien de votre attachement à vos devoirs pour ne pas être convaincus que vous vous ferez remettre le mémoire ci-dessus et examinerez soigneusement toutes ses parties.

A ce mémoire nous ajoutons *une autre pétition* que nous adressons *au Gouvernement*. S'il vous est remis, vous verrez par la lecture de l'un et de l'autre que nous demandons *revision de la partie du jugement* de la Haute Cour *qui nous condamne*, et, par conséquent, la désignation d'un tribunal pour opérer cette revision. Vous verrez que nous appuyons principalement notre instance :

Aux illégalités du procès de la Haute Cour, soit sous le rapport de la compétence, soit sous celui des formes essentielles, soit sous celui de la fausse application de la loi; à la fausseté palpable de la déclaration du Haut Jury; à l'inconstitutionnalité de la loi qui nous interdit le recours en Cassation.

Certes, le ministère de la Justice peut être dans l'impossibilité, d'après les lois existantes, d'invalider ou faire invalider notre condamnation par les voies ordinaires. Aussi nous ne lui demandons que de provoquer auprès du Gouvernement une mesure législative ou d'administration suprême qui ouvre le chemin de la justice, lorsque les fautes et les crimes des factions sont évidents; lorsque une revision générale des jugements rendus en haine de la Révolution a été sollicitée depuis longtemps par le Directoire exécutif; lorsque le Conseil des 500 s'en est lui-même occupé.

Il semble qu'une des attributions de votre place est d'empêcher que les assassinats et les iniquités judiciaires ne prolongent pas leurs funestes effets.

Veuillez donc, citoyen ministre, examiner avec soin notre affaire, vous en pénétrer et appuyer, par votre proposition expresse, la demande que nous faisons aux Consuls de nous donner les moyens de faire annuler notre condamnation.

Ce ne fut pas le ministre de la Justice qui répondit à la nouvelle requête de Buonarroti et de ses co-détenus; mais il y a tout lieu de croire qu'elle fut transmise à Bonaparte lui-même et qu'il la renvoya, avec des instructions particulières, au ministre de la Police générale : car, si le Gouvernement ne croyait pas pouvoir engager une procédure en revision ou en annulation du jugement de la Haute Cour, il jugea équitable de témoigner aux condamnés une bienveillance spéciale. L'auteur du coup d'État de brumaire se serait mis en contradiction avec lui-même s'il n'avait pas fait bénéficier des circonstances atténuantes les auteurs d'une conspiration dirigée contre des institutions qu'il avait abolies par des moyens violents. En réalité, il avait, comme Babeuf et Buonarroti, donné l'assaut à la Constitution de l'an III, et il eût mérité d'être également traduit devant une Haute Cour.

Le revirement se manifeste avec évidence dans la lettre suivante qu'écrit le ministre de la Police générale au commandant du Fort National :

POLICE GÉNÉRALE DE LA RÉPUBLIQUE.

LIBERTÉ-ÉGALITÉ.

Paris, le 28 nivôse an 8 de la République une et indivisible (18 janvier 1800).

Le ministre de la Police générale de la République au commandant du Fort National, à Cherbourg.

Je suis informé que les détenus au Fort National de Cherbourg, par jugement de la Haute Cour, sont traités avec une rigueur qui excède la mesure légale de la peine à laquelle ils sont condamnés. Tant que le jugement qui les condamne subsiste, ce jugement doit être exécuté; mais on doit s'abstenir, comme d'un délit contre la loi et contre l'humanité, de tout ce qui pourrait lui donner le caractère de l'arbitraire. Les hommes dont il s'agit ont perdu leur liberté, et certes cette peine est assez grande pour ne devoir pas être aggravée. Que toutes les précautions qui n'ont pas pour but unique et simple de s'assurer de leur personne, cessent à leur égard. Lorsque le Gouvernement rejette toute distinction de partis, pour réunir les vœux et la volonté de tous les Français dans le même intérêt, des distinctions funestes pourraient-elles exister encore dans l'asile des coupables? Les uns seraient-ils punis par la haine, tandis que les autres ne le seraient que par la loi? Non, citoyen, il est une justice à exercer, même envers les coupables : c'est d'empêcher que les hommes ne les traitent plus rigoureusement que n'ont voulu les lois. Vous m'accuserez réception de cette lettre, en m'informant de ce que vous aurez fait pour en remplir l'objet.

Salut et fraternité [1].

A la suite de cette communication du ministre de la Police générale, les autorités locales multiplient les prévenances pour les détenus. Le 29 ventôse an VIII (20 mars 1800), le Commissaire du Gouvernement près l'administration de Cherbourg écrit « au citoyen Buonarroti, détenu au Fort National », pour lui faire savoir « que la gendarmerie a reçu des ordres dont il lui est impossible de connaître les dispositions, le chef étant absent ». Il ajoute « qu'il a envie que Buonarroti ne parte que lorsque le département aura envoyé les mandats pour toucher *ce qui est dû* à Buonarroti par le Gouvernement, afin de le mettre à portée de pourvoir à ses besoins pendant la route ».

En ce qui concerne la femme de Buonarroti, le Commissaire du Gouvernement annonce l'intention « de parler à l'administration, qui va se concerter sans doute avec la gendarmerie à ce

[1]. En marge cette note : « Je soussigné, commandant au Fort National, certifie que la lettre ci-dessus est la reproduction exacte de celle qui m'a été adressée par le ministre de la Police générale de la République française. Au Fort National, le 14 ventôse de l'an VIII de la République une et indivisible. Signé : *Pernette*. »

sujet.... Les ordres actuels, dit-il, ne concernent que les dispositions nécessaires pour votre extraction du Fort National, lorsque la gendarmerie s'y rendra. Je vous prie de croire que je ferai tout ce qui dépendra de moi pour vous être utile. Le commissaire central me mande que vous serez sous la surveillance du préfet de la Charente-Inférieure. » Cette lettre est signée : *Noël* [1].

En attendant, les administrateurs municipaux de la commune de Cherbourg croient devoir attester par un certificat du 2 germinal (23 mars 1800) que « depuis le 14 messidor de l'an V, Philippe Buonarroti, condamné à la déportation par jugement de la Haute Cour nationale de justice, séant à Vendôme, daté du 7 prairial de la dite année, est détenu au Fort National de Cherbourg, sous la surveillance de l'administration municipale; qu'il s'est toujours conduit avec honnêteté, modération et tranquillité; et qu'il n'a jamais été porté aucune plainte contre lui soit par le commandant du dit fort, ou par le concierge ». Ils attestent, en outre, « que la citoyenne *Thérèse Poggi, épouse* du dit Buonarroti, qui a été autorisée par le ministre à partager le séjour

---

1. F° 183.

du Fort National avec son mari, a constamment tenu une conduite tranquille et exempte de reproche [1]. »

Cette correspondance et ces certificats n'étaient que la conséquence d'un arrêté des Consuls, en date de 23 ventôse (14 mars 1800), qui ordonnait le transport des détenus à l'île d'Oleron. Le 3 germinal an VIII (24 mars), le Préfet du département de la Manche prend un arrêté [2] qui précise les mesures de détail pour l'exécution de l'ordre du Gouvernement. Buonarroti, Germain, Blondeau, Cazin et Moroy seront conduits par des gendarmes, sous les ordres d'un maréchal des logis, jusqu'à Rennes où ils seront mis à la disposition du préfet d'Ille-et-Vilaine qui prendra les mesures convenables pour l'exécution de l'arrêté des Consuls. Une somme de 289 francs sera mise à la disposition du maréchal des logis chargé de la conduite (savoir 135 francs pour la nourriture des détenus jusqu'à Rennes, et 154 francs pour les frais particuliers de l'aller et retour, à raison de 3 francs *par individu*). Deux « voitures commodes » seront réquises pour transporter les prisonniers par l'administration municipale de

1. F° 184.
2. F° 185.

Cherbourg; les gendarmes recevront l'ordre « de joindre à une surveillance exacte tous les égards que l'humanité, la décence et la position des détenus peuvent réclamer ». Les pauvres gendarmes « demeurent personnellement responsables de tous sujets de plainte que leur conduite pourrait motiver à cet égard ». Dans une lettre à l'administration municipale de Cherbourg en date du 3 germinal (24 mars 1800), le préfet de la Manche règle la façon dont sera acquittée l'indemnité due aux propriétaires des voitures réquisitionnées, et insiste encore sur « les égards dus *au malheur des condamnés*, de quelque parti qu'ils soient ».

On ne dira pas que l'administration consulaire ait traité Buonarroti et ses amis avec une excessive cruauté ! Il semble qu'elle se plaisait à blâmer ainsi, sous une forme indirecte, les mesures implacables prises autrefois contre eux lorsqu'on les avait amenés à Vendôme dans des cages grillées, bonnes tout au plus pour des bêtes fauves [1].

Du reste, il existe un document qui prouve que le ministre de l'Intérieur, Lucien Bonaparte en personne, avait stylé les préfets, et qu'il avait

---

1. F° 186.

pris la peine d'aviser les détenus des ordres donnés. C'est la lettre suivante :

BUREAU PARTICULIER. — LIBERTÉ-ÉGALITÉ.

Paris, le 15 germinal an 8 de la République française, une et indivisible [1].

Le ministre de l'Intérieur aux détenus au Fort National de Cherbourg par jugement de la Haute Cour de Vendôme.

Je vous instruis que, pour faire cesser les besoins que vous éprouvez et pour prévenir les dangers que vous redoutez de votre prochaine translation à l'île d'Oleron, je viens d'écrire au ministre de la Police et au Préfet du département de la Manche pour les inviter à prendre, chacun en ce qui le concerne, les mesures les plus convenables pour alléger les peines de votre détention, et pour que, dans la route, vous soyez traités avec tous les égards que l'on doit au malheur. J'autorise le Préfet du département de la Manche à faire les dépenses nécessaires pour qu'il vous soit procuré, dès l'instant même, les vêtements dont vous manquez, et qu'il soit pourvu d'une manière convenable à tous vos besoins *pendant votre voyage*. Je l'autorise également à faire payer à chacun de vous, au moment de votre départ, une somme de 300 francs. Je désire que ces diverses mesures puissent adoucir la rigueur de votre position. Je vous salue.

Signé : LUCIEN BONAPARTE [2].

Cette bienveillance des Bonaparte et du Gouvernement suit les détenus une fois qu'ils sont

---

1. F° 187 du 1er registre.
2. *Signature autographe.*

arrivés à l'île d'Oleron, après un voyage dépourvu d'incidents. Buonarroti avait écrit au préfet de la Charente-Inférieure, pour lui demander sans doute à quel régime lui et ses amis allaient être soumis? Il résulte de la réponse du préfet, ou plutôt de son secrétaire général, que l'administration les laissa entièrement libres d'aller et venir dans l'étendue de l'île. C'est un régime de simple surveillance, une sorte de villégiature.

LIBERTÉ-ÉGALITÉ.

Saintes, le 11 floréal de l'an 8 de la République française une et indivisible (1er mai 1800).

Le secrétaire général de la Préfecture du département de la Charente-Inférieure aux citoyens *Buonarotti* (sic), Germain, Moroy et Blondeau, à Oleron.

Le Préfet a reçu, citoyens, votre lettre en date de ce mois. Votre sort, fait pour inspirer tout l'intérêt d'une situation malheureuse, me détermine à vous répondre dans son absence. Déjà l'administration municipale d'Oleron a été prévenue de votre arrivée; le mode de surveillance qui doit être exercée sur vous n'aura rien d'effrayant pour des hommes *sur lesquels le Gouvernement a déjà jeté un regard favorable.* Tout homme malheureux a des droits à la bienveillance du préfet; autant par humanité que par devoir, il saura adoucir les rigueurs de votre captivité; je suis assuré de remplir ses intentions en vous promettant, en *son nom, que vous jouirez d'une entière liberté dans toute l'étendue de l'île d'Oleron;* incapables d'en abuser, vous saurez apprécier des procédés dictés par un sentiment aussi pur. Au retour du Préfet, je lui rendrai compte de votre arrivée à Oleron, et il se hâtera de tracer au maire la conduite qu'il aura à tenir à votre égard : elle sera telle que vous la pourrez désirer. Vous pourrez, au surplus, en attendant, vous servir de cette lettre auprès de lui.

Salut et fraternité.

Signé : MARCHAND.

Toutefois, ces étranges prisonniers ne se trouvaient pas sur un lit de roses : ils manquaient d'argent et des objets les plus nécessaires. De nouveau, ils font appel à la bienveillance des autorités, et le préfet de la Charente-Inférieure, le sieur Français, s'empresse de leur écrire, le 18 floréal an VIII (8 mai 1800), pour leur dire qu'il a transmis leurs doléances aux ministres de la Police générale et de l'Intérieur :

Saintes, le 18 floréal de l'an VIII.

Français, préfet du département de la Charente-Inférieure, aux citoyens Moroy, Germain, Blondeau et Buonaroti (sic), *à Oleron.*

J'ai reçu, citoyens, votre lettre du 13 courant, par laquelle vous me faites part de *l'état de détresse* dans lequel vous vous trouvez. Je me suis empressé d'en donner connaissance aux ministres de la Police générale et de l'Intérieur, en les invitant, l'un et l'autre, à mettre à ma disposition la somme qu'ils jugeront convenable pour vous faire jouir du supplément de solde journalière que vous sollicitez. J'espère en recevoir une réponse satisfaisante pour vous. Je vous salue [1].

1. F° 190.

Cette fois encore, la requête de Buonarroti reçut satisfaction. Le 23 prairial (11 juin 1800) le préfet de la Charente-Inférieure écrit à Buonarroti et à Germain, au château d'Oleron, que « le ministre de l'Intérieur l'a autorisé à leur faire compter un supplément de 0 fr. 75 centimes par jour ». De plus, le sous-préfet de Marennes reçut, le 12 juin, un mandat du receveur des contributions sur son préposé de Marennes de la somme de 60 francs « pour le mettre à même de faire retirer *vos malles* et de vous les faire parvenir, et pour le rembourser, en même temps, des avances que la municipalité de Marennes a faites pour votre voyage. Le préfet ajoute : « Je désire que ces dispositions, *qui m'ont été particulièrement recommandées par le ministre,* puissent vous procurer la satisfaction que vous attendez et contribuer à adoucir votre situation. »

Quelques jours après (le 26 juin 1800), le sous-préfet de Marennes récrit « aux citoyens Buonarroti et Germain » au château d'Oleron pour leur faire connaître le bon résultat des démarches et correspondances les concernant :

Enfin, citoyens, vos désirs sont remplis! Vous devez avoir reçu vos malles et autres effets, et ce n'a pas été sans demandes réitérées. Je vous renvoie la lettre du citoyen préfet, que vous aviez insérée dans celle que vous m'avez écrite le 29 dernier, relativement aux 75 centimes qui vous sont accordés par le Gouvernement. Lorsque vous aurez occasion de m'écrire, il faut mettre votre lettre sous bande [1] : *autrement, elle est taxée à la poste*, ce qui est désagréable, en raison de la multiplicité de ma correspondance, ou devient nuisible à l'intérêt particulier, en ne retirant pas les dites lettres, comme il serait arrivé *si je n'eusse connu votre écriture*.

Je vous salue.

Signé : Guillotin-Fougeré.

Le Gouvernement consulaire ne cessait pas de prêter une oreille favorable aux réclamations des ex-babouvistes et, à la date du 19 messidor de l'an VIII (8 juillet 1800), Lucien Bonaparte, ministre de l'Intérieur, adresse au préfet de la Charente-Inférieure des instructions destinées à assurer l'entretien des condamnés de Vendôme [2] :

Vous m'informez, Citoyen, que les condamnés de Vendôme, qui ont été transférés du Fort National de Cherbourg à l'île d'Oleron, lieu fixé pour leur déportation, éprouvent les plus cruelles privations. Il est constant qu'en mettant en parallèle ce qui leur était accordé, en vertu d'un arrêté du Directoire exécutif, au Fort National, avec ce qu'ils reçoivent aujourd'hui à l'île d'Oleron, ils paraissent fondés à se plaindre de la mauvaise nourriture qu'on leur donne, et du refus

---

1. Ces détails sont intéressants pour l'histoire de la poste sous le Consulat. F° 193.
2. F° 194. C'est une copie contresignée par le préfet Français.

qu'on leur fait de leur délivrer, avant leur translation, le logement avec les meubles et fournitures nécessaires, tels que bois, chandelle et tabac, ainsi que l'habillement, deux fois par an, et un franc quarante centimes à chacun, par jour, pour la nourriture. Comme, loin de vouloir accroître (sic) le sort de ces infortunés, que le malheur rend dignes de compassion, l'intention du Gouvernement est de chercher, au contraire, à l'adoucir, autant que possible ; je vous préviens que, par décision du 16 de ce mois, j'ai, *en faisant droit* à la demande qu'ils font de 3 francs par jour, pour leur nourriture, consenti à ce qu'il leur fût accordé.

Je vous autorise, en conséquence, Citoyen, à faire délivrer à chacun des cinq condamnés par la Haute Cour de Vendôme, une ordonnance de 90 francs par mois, à dater du premier de ce mois, lesquelles sommes seront prises sur les fonds de crédits affectés aux dépenses des prisons. Je ne crois pas avoir besoin de vous prévenir que dans ce nouveau secours se trouvent compris les 75 centimes par jour que, par lettre du 5 prairial (25 mai), je vous avais autorisé à faire payer à ces cinq déportés. Je vous salue.

Signé : BONAPARTE.

Le 1er thermidor an VIII (20 juillet 1800) le préfet de la Charente-Inférieure Français adressa aux cinq condamnés copie de la lettre ministérielle, et leur notifia que chacun d'eux recevrait 3 francs par jour, à dater du 1er messidor dernier [1]. Le préfet ajoute ces bonnes paroles : « Je serai

---

1. F° 196.

enchanté si, avec ce léger secours, vous trouvez un soulagement à votre infortune. J'ai fait tout ce qui était en mon pouvoir pour l'adoucir, et je me trouve heureux d'avoir pu y coopérer pour quelque chose. »

Mais les déportés ne reçurent « qu'une somme de 198 fr. 75 centimes, et non de 450 francs pour secours ». Ils se plaignirent de cette erreur et, cette fois encore, reçurent satisfaction avec des excuses. Le préfet écrivit, en effet, le 29 thermidor (17 août 1807) aux citoyens « Cazin, Buonarroti, Germain, etc., déportés à l'île D'Oleron » pour exprimer sa surprise d'apprendre que « les déportés n'ont reçu que l'ordonnance de 198 fr. 75, et non celle de 450 francs pour secours ». Il écrit par le même courrier au sous-préfet de Marennes pour faire rechercher cette ordonnance de 450 francs, et dit que « cette inexactitude ne provient pas du sous-préfet, mais bien *d'une partie secondaire*, d'après la certitude qu'il a du zèle de ce sous-préfet ».

Et le sous-préfet de Marennes, Guillotin-Fougeré, par lettre du 9 fructidor (27 août 1800), fait savoir à Buonarroti et à ses co-déportés, « avec autant de plaisir que d'empressement, qu'il vient de mettre à la poste, à l'adresse du Citoyen maire de leur ville, un arrêté du préfet, en date du 7 de ce mois, portant que, par le receveur de l'enregistrement au bureau de Saint-Pierre, il doit leur être payé 450 francs, à raison de 3 francs par jour, pour le mois de thermidor dernier. Les déportés donneront au citoyen maire un reçu des pièces [1]. »

Tant de prévenances finirent par toucher les déportés. Non seulement, ils ne récriminent plus, en ce qui concerne les frais de séjour, mais Germain devient lyrique et, le 25 février 1801, rédige une poésie en l'honneur de Bonaparte, avec ce titre : *Strophes civiques pour la fête de la paix continentale.*

Je n'en citerai que deux strophes, d'ailleurs pitoyables : l'une fait allusion aux exploits de Bonaparte et de sa jeune armée :

> . . . .
> Contre nos héros renaissants
> Que pouvait le glaive homicide ?
> Contre cette force intrépide
> Soudain transmise à leurs enfants ?
> Dignes héritiers de leur gloire,
> Se dérobant au sein, au baiser maternel,
> A peine armés, de plus d'une victoire,
> Chacun d'eux a scellé le tombeau paternel.

---

1. A cette lettre étaient jointes des copies de la lettre du ministre de l'Intérieur au préfet, du 19 messidor, et de l'arrêté du Préfet.

Et cette autre strophe, qui fulmine contre les Anglais et leur prince :

> Envers le genre humain, révolté, sacrilège,
> Un fantôme de prince, un chef de vils forbans,
> L'Anglais pense arrêter nos généreux élans...
> Perfide comme lui, Neptune le protège ;
> Il se sent invincible... Ah ! cimentons la paix :
> La cimenter, c'est vaincre les Anglais !

Mais il ne faut pas attacher trop d'importance à l'admiration qu'éprouve Germain, un soldat, pour les exploits du vainqueur de l'Italie [1]. Les condamnés de la Haute Cour de Vendôme, tout en se montrant sensibles aux bons procédés du Gouvernement, au fond, et avec quelques atténuations dans leur langage, s'appropriaient la thèse de Cochet, l'un de leurs amis, qui, dès le 6 janvier 1800, avait écrit au Premier Consul la curieuse lettre ci-dessous [2] :

> Paris, le 16 nivôse an VIII de la République française, une et indivisible (6 janvier 1800).

Cochet, acquitté par la Haute Cour de justice, au citoyen Bonaparte, Premier Consul de la République française, Salut.

Tu veux être grand : pour y parvenir tout à fait, il

---

[1]. Germain ne devait mourir qu'en 1831, après avoir fait un mariage riche.
[2]. *Reg.* 20 803, f° 200. Cochet était cet ancien perruquier de Montreuil-sur-Mer qui s'était lié avec Babeuf dans la prison d'Arras.

faut être juste. Tu l'as promis.... Tu m'écouteras; tu m'accorderas. Je demande : Justice.

Tu es nommé premier Consul parce que tu as renversé la Constitution de l'an III. Babeuf et Darthé sont morts. Buonarroti et ses compagnons sont condamnés à la déportation pour avoir conspiré contre elle.

Les faits sont les mêmes. Tu fus vainqueur; ils furent vaincus : voilà la différence!

Laisseras-tu subsister plus longtemps cet infâme jugement qui est un acte d'accusation vivant contre toi? Non, puisque tu as promis d'être juste et que tu veux être grand. Je demande la revision ou la mise en liberté de mes amis. Ils ont combattu à tes côtés; ils sont couverts d'honorables cicatrices. Ils sont républicains. Ils sont vertueux.

En m'accordant, tu acquiers des titres à ma reconnaissance et à mon amitié.

Cette brutale apostrophe correspondait à une vérité d'évidence : Babœuf et ses complices n'avaient, en somme, été que les précurseurs de Bonaparte. Comme lui, ils avaient conspiré contre la Constitution de l'an III : seulement, ils avaient échoué, alors que lui avait réussi.

Buonarroti, dans une pétition, non datée, aux Consuls de la République qui remonte à l'époque où il était encore au Fort National de Cherbourg[1], emploie les mêmes arguments que Cochet. Nous ne croyons pas utile de les reproduire in-extenso,

1. Reg. 20 803, f° 202.

car ils n'ajoutent rien aux développements juridiques des requêtes citées plus haut; mais il faut noter la conclusion :

Si la loi du 27 germinal, qui sert d'appui à la condamnation des pétitionnaires, peut encore avoir une force quelconque, *les Consuls méritent la mort ou la déportation*. En effet, cette loi punit de mort tous ceux qui, par leurs discours ou par leurs écrits imprimés, soit distribués ou affichés, provoquent la dissolution de la représentation nationale, ou celle du Directoire exécutif. Eh bien! ne l'avez-vous pas provoquée, la chute du Gouvernement, qui ne pouvait pas faire le bonheur des Français?

Quinze mois après sa translation à l'île d'Oleron, Buonarroti reprend la plume et, dans une pétition aux Consuls de la République, proteste avec une prolixité acerbe contre le refus du ministre de la Police générale d'admettre une demande en revision du jugement de la Haute Cour, en feignant de croire qu'il s'agit d'une *annulation* de ce jugement par mesure gouvernementale [1] :

Les soussignés, déportés par la Haute Cour de justice séante à Vendôme, aux Consuls de la République.

Citoyens,

Quinze mois se sont écoulés depuis que vous avez ordonné notre translation du Fort National de Cher-

[1]. Reg. 20 803, f° 206.

bourg à l'île d'Oleron, lieu déterminé par votre arrêté du 23 ventôse an VIII pour notre déportation.

Quinze mois sont d'une bien accablante longueur pour ceux qui comme nous attendent *depuis plus de quatre ans*, sous le poids de la plus odieuse proscription, le jour qui doit réparer l'injustice criante dont ils sont les victimes.

Cette proscription devient tous les jours plus amère, plus condamnable : ce n'est pas vous, il est vrai, qui l'avez ordonnée, mais c'est vous, citoyens Consuls, qui, avec tous les moyens de l'anéantir, la laissez encore subsister, et c'est à vous seuls que nous devons en imputer la continuation. La notoriété publique, la trop fameuse histoire de la Haute Cour de Vendôme, et les mémoires que nous vous avons adressés à plusieurs reprises, vous ont prouvé l'injustice et l'illégalité du jugement qui nous condamne : *et il ne vous est pas permis* de douter de notre pleine conviction à cet égard, après le rapport du ministre de la Police qui déclara, de la manière la plus solennelle, à la France entière l'iniquité de ce jugement, *et lui apprit que vous désiriez en voir cesser les effets.*

Lorsque ce rapport, qui précéda votre arrêté du 23 ventôse, frappa vos yeux, vous deviez trouver une sensible contradiction entre les franches vérités qui y sont énoncées et ses conclusions, par vous adoptées, tendant à maintenir le jugement et à en assurer l'exécution. Nous dûmes alors croire que des raisons secrètes, liées à la situation politique de l'État, avaient, plus que les considérations du juste et de l'injuste, influé sur votre détermination, et nous dûmes penser que la contradiction disparaîtrait, et que nos désirs s'accompliraient dans toute leur étendue, aussitôt que la situation serait changée.

En effet, citoyens Consuls, il est impossible d'attribuer à d'autres motifs l'opinion du ministre de la

Police générale, qui, reconnaissant, d'un côté, l'iniquité du jugement, dont, dit-il, — on ne peut déguiser ni voiler les motifs, prétend, de l'autre, qu'il faut en laisser subsister les effets *parce que la sagesse,* — ce sont ses propres mots — *ne vous permet pas de vous assimiler les conséquences où le Gouvernement serait entraîné, s'il annulait un seul acte du pouvoir judiciaire.*

Ici le ministre ne laisse que trop entrevoir les vues secrètes, plus prudentielles [1] (?) que légales, qui présidèrent au maintien de l'acte de la Haute Cour. Il sentait la justice de nos réclamations, mais il croyait voir du danger dans leur admission.

Pourquoi représenter au Gouvernement qu'il ne doit pas annuler les actes du pouvoir judiciaire? Ce n'est pas ce que nous lui demandions : nous avions seulement sollicité de nous faire désigner un tribunal patriote, chargé de *reviser* la partie du jugement qui nous condamne, et devant lequel nous puissions ouvrir nos cœurs sans crainte et prouver notre innocence.

C'était à combattre cette proposition que le ministre se serait attaché s'il l'avait crue inadmissible : elle est essentiellement différente de l'*annulation* d'actes judiciaires puisqu'on y demande un tribunal qui examine et juge de nouveau ; elle ne provoque pas même un acte de Gouvernement parce que l'ordre de reviser ne peut émaner que du pouvoir législatif. Elle se réduit à une simple invitation, faite à celui-ci, qui a l'initiative des lois, de faire usage de sa prérogative.

La chose étant réduite à ces termes, il sera impossible de démontrer que la demande en revision est inadmissible, parce que le pouvoir législatif, qui a plusieurs fois exercé le droit d'abolir la procédure et les jugements, a, à plus forte raison, celui d'en

---

1. Mot illisible.

ordonner un plus mûr examen, droit qui ne lui est refusé ni par la Constitution actuelle, ni par celle de l'an III, droit que la bonté de notre cause lui fait un devoir de mettre en usage; droit dont le Directoire exécutif lui-même avait provoqué l'exercice après la journée du 18 fructidor an V, fondé sur les horribles prévarications et l'esprit contre-révolutionnaire des tribunaux du temps où nous fûmes condamnés.

Puis, Buonarroti rappelle les « nombreuses raisons qui déterminèrent le ministre de la Police à proclamer par son rapport l'iniquité de la condamnation et les intolérables absurdités qui dérivent de l'exécution que vous lui donnez ». Le pétitionnaire reproduit ici les arguments développés dans le mémoire juridique qu'il a adressé au Gouvernement, et prie les Consuls de s'y reporter.

Il dit en concluant :

Il est *révoltant* qu'on nous proscrive pour avoir provoqué le renversement de la Constitution de l'an III, dans un temps où cette Constitution est détruite. N'est-il pas contradictoire, n'est-il pas *horrible* que nous soyons punis pour avoir manifesté des vœux impuissants contre cette Constitution, tandis que vous, qui exercez le suprême pouvoir, vous vous honorez de lui en avoir substitué une autre? Nos souffrances ne sont-elles pas votre censure, et comment pouvez-vous étouffer dans votre conscience l'éclat d'une si frappante contradiction?

On pourrait nier qu'il y ait des cas où la prudence exige la punition des innocents. Quinze mois écoulés depuis votre dernier arrêté vous ont donné le temps de vous rassurer sur des craintes de désordres que vos ennemis ont pu chercher à vous inspirer.

Qui êtes-vous? Que sommes-nous?

Le moyen le plus sûr de ne rien craindre est de se montrer toujours juste : nous ne demandons que cela et nous persistons à solliciter l'intervention de votre ministère pour obtenir la revision que nous invoquons depuis si longtemps.

Enfin, dans un mémoire adressé au Premier Consul [1], Buonarroti insiste avec vigueur pour obtenir justice et décider le Gouvernement à prescrire une revision du jugement de la Haute Cour de Vendôme. Nous croyons devoir donner une analyse de ce dernier document qui oppose la clémence des Consuls envers les royalistes de l'Ouest à la sévérité montrée à des républicains, alors que le nouveau Gouvernement se pose en réparateur de toutes les injustices, et que la décision de la Haute Cour fourmille d'illégalités déjà mises en pleine lumière par les mémoires antérieurs, notamment par celui du 22 frimaire.

---

1. Ce mémoire n'a pas été daté. Il comporte sept pages manuscrites et est de la main de Buonarroti. *Reg.* 20 803, f° 210.

*Les soussignés au Premier Consul
de la République française.*

Citoyen,

En adressant, le 22 *frimaire dernier*, aux Consuls provisoires de la République une pétition tendant à faire cesser les effets du jugement qui nous condamne à la déportation, et à obtenir la liberté, nous n'oubliâmes pas de joindre à notre réclamation les preuves complètes de l'injustice et de l'illégalité du dit jugement.

On a violé les formes prescrites par la loi sous peine de nullité. On nous a privés « de tout recours contre les erreurs ou les crimes du tribunal qui nous jugea ».

Le ministre de la Justice, saisi de notre mémoire, a cru devoir écarter notre demande, *et nous a fait dire par le concierge de notre prison* que notre condamnation était *définitive*, et la loi du 3 nivôse dernier, relative aux déportés sans jugement, *ne nous étant pas applicable*, il ne peut modifier ni faire modifier les dispositions du jugement qui nous condamne.

Notre condamnation est dite : *définitive*, mais c'est précisément ce que nous nions et ce qui fait le sujet de la question. Nous le nions parce que, suivant la Constitution d'alors, notre jugement ne pouvait devenir légalement définitif qu'après avoir été confirmé par le Tribunal de Cassation. Or une loi inconstitutionnelle, rendue après le 7 thermidor an IV, exprès pour notre affaire, nous empêcha d'y recourir.

Nous ne pouvions pas invoquer la loi de nivôse dans une pétition antérieure de onze jours !

Nous ne réclamons pas la *modification* de notre condamnation, *mais son annulation pleine et entière*. Notre demande, fortement motivée, exigeait une réponse également motivée. Ne l'ayant pas obtenue, nous regardons la lettre du ministre *comme une méprise de bureau.* Nous persistons à appeler votre attention sur l'injustice du jugement de la Haute Cour séante à Vendôme qui nous condamne à la déportation.

Commencez donc, citoyen Consul, par vous faire représenter notre mémoire du 22 frimaire dernier, dans lequel nous avions tâché d'exposer avec ordre les vices que nous reprochons à la sentence de la Haute Cour; comparez-le avec les pièces de la procédure qui furent déposées aux archives du Corps législatif, et prenez en considération, la demande que nous vous faisons, de nous faire désigner un tribunal patriote, chargé de reviser la partie du jugement qui nous condamne, devant lequel nous puissions ouvrir nos cœurs sans crainte et prouver notre innocence.

Deux de nos co-accusés, condamnés avec nous et par les mêmes motifs, durent à leur contumace d'être traduits devant un tribunal qui les mit en liberté pour les mêmes raisons que nous nous efforçons de vous faire comprendre; leur situation était parfaitement conforme à la nôtre. Les pièces du procès vous le diront. Cependant, ils sont en liberté et nous dans les fers! Est-ce donc que la justice condamne l'un sur les mêmes motifs pour lesquels elle acquitte un autre? Cette circonstance doit suffire à déterminer la revision de notre jugement. Si, en vous proclamant les réparateurs des injustices, vous laissez subsister celle-là, il faudrait avouer *qu'on ne sait pas ce que vous voulez dire.*

.... Pouvez-vous balancer? Nous n'implorons ni indulgence ni oubli : nous invoquons à grands cris *revision et justice.*

.... Il est matériellement faux que *les écrits* pour lesquels nous avons été condamnés puissent être classés au nombre des faits de cette nature proscrits par la loi du 27 germinal an IV. Le motif de notre condamnation ne serait, au fond, qu'une *diversité d'opinion* sur la forme à donner à notre république.

La déclaration du jury dit que nous avons provoqué par des discours et des écrits imprimés, soit distribués, soit affichés (circonstance dont chacun peut connaître la fausseté), le rétablissement de la Constitution de 1793. « Vous savez aussi bien que nous que cette constitution est républicaine ; qu'elle présente une forme possible d'autorité publique. » Seule différence de la Constitution de 1793 avec celle de 1795 : la première veut que nulle loi ne puisse être imposée au peuple sans son consentement explicite, et la deuxième « veut des législateurs indépendants du peuple ».

Nous portons la peine d'une simple opinion républicaine que vous avez assez témoigné vouloir concilier avec votre forme de gouvernement.

Nous avons été « abattus par une tempête que nous appelons contre-révolutionnaire. — Nous vous disons que c'est aux hommes qui propagent les principes dont nous venons de parler que la France doit principalement la chute des Bourbons et le pouvoir d'élever sur les débris de leur puissance un établissement nouveau. — En jetant les regards sur notre vie passée, vous serez forcés de reconnaître que toutes nos facultés furent vouées au succès de la Révolution ; que, dès longtemps, nous soupirions après le soulagement de l'humanité, et qu'enfin notre sang coula pour la patrie ».

Déjà, la loi qui servait de prétexte à notre proscription n'est plus.... Consuls, vous ne voudrez pas que, par un contraste révoltant, la loi que vous vous honorez d'avoir enfreinte, retienne encore des républicains dans les fers ; vous ne voudrez pas que des citoyens obscurs portent la peine de leurs impuissantes opinions, lorsque les vôtres, suivies de faits couronnés par le succès, reçoivent une éclatante récompense. Pourrions-nous douter un moment du succès de notre demande sans révoquer en doute *votre dévouement* pour la République et votre respect pour la Justice? »

On ne peut jeter « un voile indulgent sur les conspirations, constantes et les crimes innombrables des royalistes de l'Ouest » et rester « *de glace et de marbre* » pour les frères infortunés, victimes des factions et convaincus, au pis aller, d'une opinion contraire à celle du jour. Vous pardonnerait-on jamais, Citoyens Consuls, d'avoir été plus sévères pour des républicains, qui n'ont fait qu'émettre quelques pensées que le vent emporte, que pour des royalistes, couverts du sang de milliers de Français? Il est inutile d'ajouter à ce parallèle celui des Fructidoriens, accusés de royalisme et déjà mis en liberté. Il est superflu d'opposer l'objection qu'on voudrait tirer de la prétendue solennité du jugement de la Haute Cour, à la solennité, non moins imposante, avec laquelle fut rendu, après de longs débats, après une longue défense et par une autorité compétente, le décret du 12 germinal an III dont vous venez de faire cesser, en partie, les effets. Ces motifs accessoires pourraient être nécessaires si nous n'avions victorieusement démontré l'iniquité de la partie du jugement de la Haute Cour qui nous condamne, et si, au lieu de demander *revision*, nous invoquions de l'autorité suprême les faveurs qu'elle vient de prodiguer à la Vendée. Ah! Citoyens Consuls, au jour d'indulgence, seriez-vous sourds à la voix de ceux qui demandent justice?

Cependant « les citoyens Consuls », tout en accordant aux condamnés de Vendôme les menues faveurs qui rendaient supportable l'exécution de leur peine, ne consentirent nullement à faciliter une revision de procès. Buonarroti et ses amis restèrent près de trois ans à Oleron. Placés en simple surveillance, ils s'occupèrent à leur guise et menèrent une conduite très édifiante. A Saint-Pierre d'Oleron, Buonarroti se fit maître d'école. C'est ce qui résulte du certificat suivant qui lui fut délivré en l'an XI par la municipalité de cette commune :

A la date du 2 nivôse an XI, le Maire et les adjoints de la Commune de Saint-Pierre d'Oleron certifient et attestent que le nommé Philippe Buonaroti (sic), déporté en cette île par ordre du Gouvernement et faisant sa résidence en cette commune *depuis près de trois ans*, s'y est constamment comporté de manière à fixer l'attention bienveillante des autorités constituées et l'estime générale des habitants, non seulement dans cette commune, mais dans diverses parties de l'île, qu'il s'est plus particulièrement conciliée en se livrant avec empressement, et avec une constance, une activité et un zèle remarquables, à l'éducation de la jeunesse.

Attestons également que *son épouse*, demeurant avec lui depuis la même époque, mérite le même témoignage sous tous les rapports [1].

Et quand Buonarroti quitta l'île en l'an XI, les pères de famille de Saint-Pierre qui lui avaient confié l'éducation de leurs enfants crurent devoir

---

1. *Reg.* 20 803, f° 216.

lui témoigner leur gratitude par le certificat qui suit [1] :

Les principaux propriétaires et autres pères de famille habitants de la commune de Saint-Pierre (île d'Oleron), instruits du départ du citoyen *Buonarotti* (sic), mis en surveillance par le Gouvernement, voulant lui donner un témoignage positif de leur reconnaissance, de leur gratitude pour le zèle et l'intérêt qu'il a constamment mis et développé dans l'éducation soigneuse qu'il a donnée à leurs enfants et à quelques-uns d'entre nous, depuis son arrivée, ont unanimement jugé, sous l'autorisation de l'autorité locale, devoir lui délivrer la présente attestation, comme l'expression de leurs sentiments.

Saint-Pierre d'Oleron, le 22 nivôse an XI [2].

C'est exactement le 16 frimaire an XI qu'un arrêté des Consuls décida le transfert de Buonarroti à l'île d'Elbe. Voici le texte exact de ce document qui figure au registre des délibérations des Consuls [3].

Saint-Cloud, le 16 frimaire de l'an XI
de la République une et indivisible.

Les Consuls de la République,

Arrêtent :

ART. 1er. Le citoyen Buonaroti (sic), condamné à la

---

1. *Reg.* 20 803, f° 217.
2. Cette attestation est revêtue d'une dizaine de signatures, notamment celle de Héraud, trésorier de la marine, et de Barro, officier de santé.
3. *Ibid.*, f° 214.

détention par le Tribunal de Vendôme, sera détenu dans l'île d'Elbe.

Art. 2. Le Grand Juge, ministre de la Justice, est chargé de l'exécution du présent arrêté.

Le Premier Consul. *Signé* : Bonaparte. Pour le Premier Consul, le Secrétaire d'État. *Signé* : B. Maret.

Pour copie conforme : Le Grand Juge, ministre de la Justice : *Signé* : Regnier.

Il est assez piquant de constater que Buonarroti fut envoyé par Bonaparte au lieu même où l'Europe devait envoyer l'Empereur des Français après sa chute. Du reste, il ne fut pas traité comme un criminel dangereux. Il résulte d'un arrêté du Préfet de la Charente-Inférieure, en date du 26 nivôse an XI[1], qu'il ne devait être accompagné que d'*un* gendarme « et qu'il lui serait fourni pendant la route une voiture commode pour lui et son épouse ». En outre, le Préfet de la Charente-Inférieure et le Préfet de la Gironde « instruits de la soumission et de la bonne volonté du citoyen *Buonarroti* (sic) pendant sa détention à l'île d'Oleron, invitèrent les autorités civiles et militaires, chargées de la surveillance de la translation à l'île d'Elbe, d'avoir (sic) pour lui tous les égards que comportait sa situation[2] ».

1. *Reg.* 20 803, f° 220.
2. *Ibid.*, f° 218.

Cette pièce indique par les visas dont elle est revêtue l'itinéraire suivi par le prisonnier : Saintes, Pons, Langon, La Réole, Marmande, Blaye, Bordeaux (2 pluviôse an XI), Aiguillon, Agen (9 pluviôse), Moissac. On avait d'abord songé à envoyer Buonarroti à l'île d'Elbe par la voie de mer, mais la gendarmerie *fit observer* qu'on ne trouva pas de vaisseau dans le département de la Charente-Inférieure; et c'est pour ce motif que l'on dut décider que le déporté serait conduit par terre, de brigade en brigade, par la gendarmerie nationale jusqu'à Toulon où il serait embarqué pour l'île d'Elbe[1]. Mais il n'alla pas si loin !

Un certificat du maire de Sospello (Alpes-Maritimes) qui porte la date du 25 juin 1806, constate que Buonarroti fut mis en surveillance dans cette commune depuis germinal an XI jusqu'en juin 1806, et « qu'il a mérité l'estime des autorités locales et des habitants en se rendant utile à la jeunesse[2] ». Il reprit donc à Sospello le rôle volontaire d'éducateur des enfants qu'il avait joué à Oleron d'une façon si honorable. Une

---

1. Décision du chef de division Guillemard, datée de Saintes, 16 nivôse an XI, 6 janvier 1803. F° 215.
2. *Reg.* F° 226.

lettre que lui adressa le Préfet des Alpes-Maritimes, le 4ᵉ jour complémentaire de l'an XIII[1], porte que ce fonctionnaire avait été chargé par le Conseiller d'État chargé du 3ᵉ arrondissement de la police générale de l'Empire « de prévenir Buonarroti qu'il devait rester *en surveillance* dans la commune de Sospello, la demande qu'il avait faite d'être envoyé à Genève ayant été *ajournée* le 18 fructidor dernier ». Une assez grande liberté était, d'ailleurs, laissée au condamné de la Haute Cour de Vendôme. On lui permettait même des déplacements motivés, par exemple un petit voyage à Nice, en ventôse de l'an XIII, pour « consulter dans cette ville les gens de l'art[2] ». Tout ce que le Préfet se permet de sévère est de déclarer au surveillé « que le style de ses lettres rappelle une époque que nous devons tous, dit-il, *chercher à oublier* ». C'est pourquoi l'administrateur du département écrit à Buonarroti : « Je vous invite, *Monsieur*, à vous conformer, à l'avenir, aux usages reçus en employant le nom de *Monsieur*, et en bannissant la finale de : *Salut et fraternité !* »

Buonarroti obtint, le 23 juin 1806, l'autorisation

---

1. *Reg.* 20 803, f° 224.
2. *Ibid.*, f° 222.

de se rendre à Genève, conformément à son désir, et le passeport qu'on lui délivra[1] invite « les autorités civiles et militaires à laisser passer et circuler librement de Nice à Genève (département du Léman) le sieur Buonarroti, demeurant à Sospello, en *surveillance spéciale* ». Le passeport dont il s'agit avait été délivré « en vertu d'une autorisation de S. E. Monseigneur le ministre de la Police générale, datée du 6 mai 1806 ». L'ex-ami de Babœuf arriva à Genève le 14 juillet de cette même année et fut invité par le Préfet du Léman « à se présenter au maire de Genève pour y demeurer sous sa surveillance, d'après les ordres du ministre de la Police ».

Que fit Buonarroti à Genève ? L'article de la *Biographie universelle* de Thoisnin Desplaces, qui dit, par erreur, que l'apôtre de l'Égalité vit cesser sa surveillance en 1806 et « se *réfugia* à Genève », alors qu'il y fut envoyé par la Police et placé en surveillance, ajoute « qu'il donna des leçons de mathématiques et de musique » ; et la *Biographie nouvelle des contemporains*, d'Arnault, Jay et Jouy, nous donne le même renseignement. On lit dans les mémoires de Barère, publiés par Hippolyte Carnot et David d'Angers, que « pen-

[1]. *Reg.* 20 803, f° 225.

dant le règne de Bonaparte, Buonarroti *fut le plus tranquille citoyen* ».

En dépit de l'antipathie foncière de l'Empereur pour les idéologues — et Buonarroti rentrait en premier chef dans cette catégorie — il est certain que le maître de la France montra une certaine indulgence pour celui qui avait autrefois partagé sa chambre et même son lit [1].

Il est non moins certain que Buonarroti, se rendant bien compte de son impuissance à lutter contre la formidable machine impériale, et peut-être aussi voyant en Napoléon une incarnation, à coup sûr faussée, mais pleine de grandeur, du génie de la Révolution, se résigna à caresser dans l'ombre la chimère d'une rénovation égalitaire, sans passer du rêve aux actes, tant que dura l'épopée césarienne. Il savait gré au vainqueur d'Austerlitz de sa lutte implacable contre les rois. Tout porte à croire que l'Empereur eût été bien aise de rallier à sa politique un homme qu'il avait connu et dont les malheurs lui inspiraient quelques remords. J'inclinerais à penser, sur certains indices, que des tentatives furent

---

1. Voir l'article de B. Hauréau dans le *Journal du Peuple* du 1ᵉʳ octobre 1837; la notice de Lebas dans le *Dictionnaire encyclopédique*, t. II, Vᵒ Babeuf, et Trélat, notice de l'*Almanach populaire de la France*, 1838, p. 87 et 89.

faites par les autorités impériales et par la police pour obtenir de Buonarroti une sorte de renonciation à des doctrines qui inquiétaient le maître [1]. Les registres de la mairie de Genève, sous la date du 9 janvier 1813, contiennent le certificat suivant [2] :

EMPIRE FRANÇAIS, DÉPARTEMENT DU LÉMAN.

Le maire de la Ville de Genève, chevalier de l'Empire et de l'ordre impérial de la Réunion, certifie que, pendant le séjour dans cette ville du sieur Philippe *Buonaroti* (sic), *mis en surveillance*, il ne lui est parvenu aucune plainte *sur la conduite morale* du dit sieur ; que les soins qu'il a pris en donnant des leçons de musique et de langue à la jeunesse ont satisfait les parents qui lui ont remis des élèves.

Déclarons, en outre, *que ce n'est que par suite de sa persistance dans des principes opposés au Gouvernement qu'il a eu l'ordre de quitter Genève et d'aller fixer son domicile ailleurs.*

Signé : MAURICE, maire [3].

---

1. Il est permis encore de supposer que, ces efforts ayant échoué, la police impériale en conçut un certain ressentiment. Ainsi s'expliquerait l'hostilité d'un commissaire de police qui, le 18 mars 1811, envoya un rapport au Préfet du Léman pour dénoncer Buonarroti, par ce motif qu'il était devenu, sous le nom de Camille, vénérable de la loge maçonnique des *Amis sincères* qui cherchait à grouper les révolutionnaires. Le 12 avril suivant, le préfet Capelle fit fermer la loge mais ne procéda à aucune arrestation. Voir G. Weill, *Revue historique* (juillet-août 1901.)

2. *Reg.* 20 803, f° 227.

3. M. Georges Weill, dans son premier article de la *Revue historique* sur Buonarroti (n° de juillet-août 1901) nous apprend que Rovigo proposa de supprimer la surveillance à laquelle

On est donc amené à supposer que Napoléon, se sentant submergé par la coalition européenne, mit volontairement fin à la surveillance policière dont Buonarroti était resté l'objet jusqu'en 1813; et qu'ayant d'autres soucis plus graves, il le laissa libre d'aller porter où il voudrait ses théories et ses rêves. Le 24 avril 1814, Buonarroti est à Grenoble, et le Préfet de l'Isère lui délivre un passeport pour lui et sa femme[1]. Ce passeport porte en marge le signalement suivant : « Buonarroti, *musicien*, voyageant avec *sa femme*, âge cinquante-deux ans. Taille 5 pieds 5 pouces. Cheveux gris, front découvert, avec une cicatrice au côté droit. Yeux gris, nez aquilin, bouche moyenne. Barbe châtain; menton rond, visage allongé, teint ordinaire. Signes particuliers : cicatrice au côté droit du front[2]. »

Buonarroti était soumis (18 déc. 1810), mais que la police de Genève et le Préfet du Léman le signalèrent en 1811 et 1812 comme complice des complots formés contre l'Empereur pour lui substituer Moreau et faire revivre la Constitution de 1793. On l'accuse de grouper huit ou dix Jacobins, de fomenter la haine contre le Gouvernement. Le Préfet demande son arrestation, mais le ministre de la Police refuse. C'est seulement après l'attentat de Mallet qu'il consent à l'envoyer à Grenoble.
1. *Reg.* 20 803, f° 228.
2. La signature originale est orthographiée : BUONAROTI.

CHAPITRE V

BUONARROTI ET LES BOURBONS

BUONARROTI ET LES BOURBONS

Le gouvernement de la Restauration devait évidemment se montrer beaucoup plus dur que le gouvernement impérial pour l'admirateur de Robespierre, pour l'ami des conventionnels régicides [1].

Buonarroti ne pouvait jouir d'une certaine liberté que dans deux pays : la Suisse et la Belgique, car l'Angleterre avait des institutions aristocratiques trop enracinées pour permettre à un apôtre de l'Égalité d'y exercer une propagande

---

[1]. Il faut toutefois observer qu'en 1815, les Bourbons n'avaient guère à craindre une entreprise républicaine. La Chambre introuvable ayant proscrit les conventionnels régicides, le parti libéral lui-même ne songeait nullement à ressusciter la République dont les excès de la Terreur avaient fait un épouvantail. La Fayette le constate dans ses *Mémoires* (t. V, p. 489). Benjamin Constant vint dire publiquement à la tribune (en 1824) que « dans les mœurs de la vieille Europe, la République serait *une chimère et un mal* ». Les rares républicains de principe devaient donc forcément se réfugier dans les sociétés secrètes. En France, la franc-maçonnerie était dirigée par des chefs très sympathiques à la Restauration. Voir Georges Weill, *Hist. du parti rép. en France, de 1814 à 1870*, p. 12.

efficace. Et puis, il faut ajouter que le voisinage de l'Italie, la terre classique des conspirateurs, convenait particulièrement à un vétéran des conspirations. La partie de la vie de notre personnage qui est le moins connue se rapporte précisément à la période comprise entre 1815 et 1830. La *Biographie universelle* de Thoisnin Desplaces, dans l'article signé D. R. R., dit qu'après la levée de sa mise en surveillance, c'est-à-dire après 1806, il se réfugia à Genève où il donna des leçons de musique. Nous avons établi par le certificat du maire de Genève du 9 janvier 1813, qu'il resta dans cette ville au moins jusqu'à la date précitée, et reçut alors « *l'ordre* d'aller fixer son domicile ailleurs ». Mais il est probable qu'il ne s'éloigna guère de la Suisse et de l'Italie puisqu'on le trouve à Grenoble à la fin d'avril 1814. La même *Biographie universelle* ajoute qu'à la suite des événements de 1815, la diplomatie européenne lui enleva cet asile (Genève), et qu'il alla se réfugier en Belgique où il vécut de son métier de compositeur de musique. D'autre part, B. Hauréau dans son feuilleton du *Journal du Peuple*, en date du 1ᵉʳ octobre 1837, affirme aussi que Buonarroti fut chassé de Genève par la diplomatie européenne et alla retrouver en Belgique les conventionnels bannis; c'est auprès d'eux qu'il aurait, en 1828, publié la *Conspiration de Babeuf*. Mais l'époque de l'arrivée de Buonarroti en Belgique reste assez incertaine, et la *Biographie nouvelle des contemporains*, d'Arnault, Jay et Jouy, après avoir dit « qu'en 1814, les magistrats genevois, ne trouvant pas sans doute que cet ami de la Liberté eût été persécuté assez longtemps, voulurent le forcer à chercher un autre asile », ajoute « qu'il parvint heureusement à *éluder* l'exécution de l'ordre arbitraire qui l'expulsait d'un territoire réputé libre d'après les principes de la législation ».

Je serais d'autant plus porté à croire que Buonarroti resta à Genève après les événements de 1815[1] que les *Mémoires d'un prisonnier d'État*, par Alexandre Andryane[2], nous apprennent qu'Andryane connut Buonarroti *à Genève* et fut initié par lui aux plans d'action que formaient dans cette ville les sociétés secrètes qui combattaient

---

1. Selon M. Georges Weill (article cité), Buonarroti, après le retour de l'île d'Elbe, aurait écrit à Fouché, le 26 mai 1815, pour solliciter de l'Empereur et du ministre « la garantie et le passeport nécessaires pour remettre les pieds sur le sol sacré de la patrie ». Il promettait d'être soumis et fidèle à la constitution sanctionnée par la Nation. Il ajoutait : « Y a-t-il rien de plus national et de plus solennel que le vœu dont le retour de Napoléon est la preuve parlante ? » Mais Fouché ne répondit pas.
2. Voir la 2ᵉ édit., 1840, t. I, p. 407.

la coalition des rois. Voici ce curieux passage qui se réfère à l'année 1822 :

> Plein d'enthousiasme pour la grande cause de la liberté et de vénération pour ses véritables défenseurs dont je recherchais la société, à Genève, j'avais appris à connaître et à admirer un de ses plus dévoués partisans dans la personne de Michel Angelo Buonarroti, vieillard à cheveux blancs, républicain indomptable que les persécutions ne purent jamais abattre ni changer, et qui, fier de son indépendance, gagnait sa vie *à Genève* à donner des leçons de musique et d'italien[1]. C'est auprès de ce moderne Procida, dont l'existence entière n'avait été qu'un continuel sacrifice à ses convictions politiques, que je connus tout ce que peuvent, même dans une position inférieure, pour accomplir de grands desseins, une énergique volonté, une persévérance de tous les instants, une invariabilité à toute épreuve dans les mêmes droits, dans le même but. C'est en cherchant à imiter son abnégation, son désintéressement, sa constance que je parvins à me mettre de plus en plus au-dessus des besoins factices du monde et de la vanité. Je me crus donc honoré quand il me proposa de m'initier à une société nombreuse de bons patriotes qui travaillait avec zèle à assurer le triomphe des libertés publiques, sans acception de pays et de religion.
>
> Quoique je fusse loin de partager ses opinions ultra-démocratiques et malgré mon esprit d'indépen-

---

[1]. D'après M. Weill, les relations de Buonarroti et d'Andryane dateraient de 1819. Il cite une lettre d'Andryane à sa famille, datée du 5 juillet 1820, où il décrit le costume du vieux patriote : « chapeau à larges bords, bottes à l'écuyère, gilet à la Robespierre ». C'est Buonarroti qui introduisit Andryane, le 5 octobre 1821, dans la *Société des sublimes maîtres parfaits*. Buonarroti y portait le nom de Polycarpe et avait le titre de *diacre mobile*.

dance, je fus soumis dès lors à son influence, soit que je fusse subjugué par l'ascendant de son caractère, soit que le mystère dont il s'entourait, en parlant à mon imagination, lui *donnât à mes yeux quelque chose d'extraordinaire et de supérieur qui me faisait l'écouter comme le génie de la liberté.*

Je pris part à Genève à des réunions où des hommes graves de tous les rangs discutaient avec talent et profondeur les plus hautes questions publiques, et où l'on s'efforçait de combiner les moyens les plus capables d'étendre dans toute l'Europe les ramifications d'une société dont nous étions le centre et qui comptait déjà dans son sein un grand nombre de personnages marquants. Je fus chargé de plusieurs missions sur lesquelles on fondait de grandes espérances, mais qui demeurèrent infructueuses, parce qu'il y avait alors en France (1822) trop d'intérêts divers et trop de dissensions dans les différents partis contraires aux Bourbons pour qu'on pût espérer d'arriver à un résultat satisfaisant.

Andryane expose ensuite que c'est Buonarroti qui le chargea de transporter en Italie le théâtre de ses opérations secrètes, et que lui, Andryane, accepta cette mission *avec joie*. De nombreuses conférences eurent lieu entre les deux complices et des Italiens qui donnèrent des détails précis sur ce qui s'était fait avant 1821 dans les différentes parties de la péninsule italique. Andryane reçut la liste de principaux révolutionnaires, et on lui affirma que ces différentes personnalités seraient avisées de l'arrivée de l'agent de Buonarroti. C'est ce dernier qui voulut à toute force charger Andryane « d'une quantité considérable de pièces qui furent entassées dans un grand portefeuille avec des lettres de recommandation, dont une adressée par Buonarroti à son frère, avocat à Florence ». Andryane n'emporta pas lui-même le fameux portefeuille, et l'un des affidés devait le lui remettre en Piémont ou en Lombardie. Parti le 18 décembre 1822, Andryane courut de nombreux dangers, à tel point qu'il écrivit à Buonarroti pour lui dire qu'il renonçait à sa mission. Le vieux démocrate fut très étonné et très mécontent. D'ailleurs, les papiers destinés à Andryane furent saisis à Milan par la police autrichienne, mais la plupart étaient indéchiffrables pour d'autres que les initiés.

Dans un article que publia le *Siècle*, le 30 novembre 1837[1], Henri Martin s'occupe des *Mémoires d'un prisonnier d'État au Spielberg*, par A. Andryane, donne des renseignements sur ce personnage qui subit si complètement l'influence de Buonarroti, et confirme les renseignements résumés plus haut.

Appartenant à une famille riche, Andryane

---

1. Cet article est reproduit au registre 20 804 de la Bibliothèque nationale. Papiers de Buonarroti, f° 416.

s'arracha à une vie de plaisirs et « vint s'ensevelir à Genève » pour y faire son apprentissage de conspirateur, au moment où la Sainte-Alliance brisait les constitutions naissantes de l'Italie et poussait Louis XVIII contre l'Espagne. En France, le carbonarisme était impuissant, mais l'Italie offrait un champ d'action aux démocrates, et l'on pouvait organiser dans ce pays une propagande efficace.

M. Andryane, écrit Henri Martin, avait vu et aimé à Genève les proscrits de la Péninsule; il accepta la périlleuse mission de ranimer l'énergie des patriotes italiens, et de réorganiser au delà des monts la charbonnerie dissoute par les catastrophes de 1822. Au milieu d'un hiver rigoureux (décembre 1822) il partit donc pour Milan, laissant, à la frontière, entre des mains sûres, un portefeuille rempli de statuts, de diplômes, de lettres, de chiffres, dangereux attirail que sa première inspiration avait repoussé et *que lui avait imposé* un rigide journaliste de la charbonnerie, le vieux patriote Buonarroti. On devait lui transmettre à Milan ce portefeuille qu'on eût mieux fait de laisser ensevelir dans les gouffres où il avait failli rouler durant la traversée du Saint-Gothard.

La mission d'Andryane en Italie se termina d'une façon tragique. Arrivé à Milan, il avait constaté l'indifférence du peuple, l'abattement des classes éclairées, la terreur qu'inspirait la Commission inquisitoriale de Vérone. Confalioneri et beaucoup d'autres patriotes étaient déjà arrêtés et emprisonnés. N'espérant rien d'une propagande qui se heurtait à une police redoutable et à des autorités formidablement armées, Andryane écrivit à Buonarroti pour le prévenir et l'engager à retarder l'exécution de ses projets. Il le priait, en même temps, de différer l'envoi du dangereux portefeuille. Mais, par une véritable fatalité, l'envoyé qui était porteur de ces papiers croisa celui qui portait le contre-ordre. Andryane fut arrêté peu de jours après, et n'eut que le temps de brûler les documents *de nature à compromettre directement les patriotes italiens*. Il fut plongé, dit Henri Martin, « dans ces prisons de la police milanaise, purifiées depuis quelques années par le passage de tant de magnanimes captifs : les Silvio Pellico, les Maroncelli, les Confalonieri, et bien d'autres ». Après une instruction au cours de laquelle on essaya d'arracher à Andryane des aveux compromettants, il fut transféré dans la prison de Porte-Neuve. Logé à côté de la cellule de Confalonieri, il parvint à organiser avec lui un mode ingénieux de correspondance, en frappant sur le mur un nombre de coups correspondant à la position que chaque lettre occupe dans l'alphabet, et à former ainsi des mots.

Tout cela n'empêcha pas les juges de condamner à mort (*à la potence*) Confalonieri et Andryane. Ces cruelles sentences soulevèrent une émotion considérable. La famille d'Andryane se rendit à Vienne pour solliciter sa grâce. La noblesse milanaise signa une pétition; l'archiduc vice-roi, l'archevêque et son clergé, Marie-Louise s'associèrent à la demande de grâce. L'empereur se laissa fléchir et signa la grâce le 8 janvier 1824. Mais quelle grâce! Dans la nuit du 20 au 21 janvier, les deux condamnés furent conduits dans la chapelle ardente du Palais de Justice où se trouvaient déjà réunis les autres accusés qui avaient été impliqués dans le procès de Confalonieri : le marquis Palaviccini, Castillia, le marquis Borsini, Tonnelli, etc. En présence de la commission inquisitoriale, le greffier lut la sentence de mort « commuée par la haute clémence de S. M en la prison dure (*carcere duro*) pour la vie dans la forteresse du Spielberg ». On fixa aux pieds et aux mains des deux malheureux des chaînes de fer qui leur faisaient deux fois le tour du corps; puis on les attacha au pilori pour être exposés à la vue du peuple; mais tous les hôtels de Milan se fermèrent, en signe de deuil. Andryane devait rester huit années au Spielberg. Quant à Confalonieri, sa détention dura treize années et ne cessa qu'après la mort de l'Empereur François !

Tel était le résultat de l'imprudence de Buonarroti. On comprend dès lors pourquoi il ne se soucia pas de partager le sort d'Andryane, son élève, et préféra mettre une certaine distance entre sa personne et la police autrichienne. Il quitta Genève et se réfugia en Belgique[1] où se trouvaient déjà plusieurs anciens Montagnards de ses amis.

Barère, dans les mémoires publiés par H. Carnot et David d'Angers[2], dit que « la Restauration obligea Buonarroti à se réfugier en pays étranger. *Il vint dans la Belgique.* Je le vis très souvent chez M. Rodier, à Bruxelles. Il était loin d'être fortuné, mais il supportait sa position, voisine de l'indigence, avec une force de caractère bien rare. Il se décida à donner des leçons de musique et de littérature italienne. Il vécut ainsi de son labeur journalier et il employa ses moments de repos à écrire l'histoire impartiale des principes et des projets de Babeuf et de sa société démocratique. Il en composa deux volumes qui furent bien accueillis... chez les Belges ».

1. Suivant M. Weill, ce serait en 1823 que le Gouvernement de Genève, après l'arrestation d'Andryane, aurait expulsé Buonarroti.
2. Paris, Labitte, 1844, t. IV, p. 91-93.

C'est en 1328 que Buonarroti publia, à Bruxelles, la première édition de l'*Histoire de la Conspiration pour l'Égalité, dite de Babeuf*. Barère ajoute que « les Anglais ont fait traduire dans leur langue les deux volumes in-8° de Buonarroti avec un soin extrême; ils les ont fait imprimer et publier par livraisons, et il s'en est vendu à Londres cinquante mille exemplaires en très peu de jours ». Mais, à Paris, il n'en fut pas de même, car l'auteur et son ouvrage[1] « étaient soumis aux inquiétudes d'une police soupçonneuse. »

Il est évident que, de 1815 à 1830, Buonarroti mena une existence mystérieuse et prudente, s'attachant à ne pas attirer l'attention des diverses polices et attendant les événements. Pour cette période, les deux registres qui forment la base essentielle de notre travail, ne contiennent que peu de renseignements et une maigre correspondance.

Un document précis prouve qu'il était encore à

---

1. Il résulte du préambule de l'édition de 1850, publiée par Charavay jeune, rue de Seine, 53, que les deux premières éditions de l'*Histoire de la Conspiration de Babeuf*, par Ph. Buonarroti, parurent à Londres et à Bruxelles en 1828; que la troisième fut publiée à Paris en 1830 par les frères Baudoin dans la collection des *Mémoires sur la Révolution française*, et que ces trois éditions comprenaient chacune 2 vol. in-8°.

Genève en mai 1823. C'est un passeport, daté du 13 mai de la dite année, et qui fut délivré par les « Syndics et le Conseil d'État du canton de Genève (Confédération suisse) à *Philippe Buonarotti (sic)* [1] se rendant *en Angleterre* par Lausanne, Berne et l'Allemagne ». Mais aucune pièce, à notre connaissance, ne mentionne que le chef de la secte des Égaux ait fait un séjour en Angleterre. C'est sans doute par l'intermédiaire des libraires de Bruxelles qu'une traduction de l'*Histoire de la Conspiration de Babeuf* fut publiée à Londres en 1828 [2].

Tandis qu'il était à Bruxelles, occupé à revoir ses notes, quand il avait assuré son pain quotidien par ses leçons de musique ou d'italien, il chercha à établir en droit qu'il ne dépendait que de lui de rentrer en France. On trouve dans ses papiers [3] une consultation qu'il avait demandée à des avocats célèbres du barreau de la Cour de Cassation :

1. Le passeport porte la signature autographe de *Buonarroti*. Reg. 20 803, f° 229.
2. Dans les papiers de Buonarroti (*Reg.* 20 804, f° 435), on trouve un prospectus imprimé qui annonce la publication d'une édition en 4 vol. in-8° sur beau papier satiné des *Mémoires de Gracchus Babeuf, tribun du peuple*, précédés de l'ouvrage ayant pour titre la *Conspiration pour l'Égalité*, dite de Babeuf, par Ph. Buonarroti, orné d'un portrait d'après David, par Régnier fils.
3. *Reg.* 20 803, f° 229.

Isambert, Odilon Barrot, Nicod, et qui porte la date du 5 mars 1826.

Cette consultation[1] porte sur deux questions : la première est celle de savoir « si un condamné à mort qui a été détenu dans une prison pendant vingt ans, à partir de l'arrêt de condamnation, peut être exécuté »? Les avocats se prononcent pour la négative, en vertu de l'article 635 du Code d'Instruction criminelle qui dit que « les peines portées par les arrêts ou jugements rendus en matière criminelle, se prescrivent par vingt années révolues, à compter de la date des arrêts ou jugements ». Or la circonstance que le condamné a été détenu en prison est indifférente, car la détention n'est point la peine prononcée par l'arrêt : elle n'est pas l'exécution de la condamnation. La condamnation qui n'a point été exécutée pendant vingt années ne peut donc plus l'être.

Cette première question ne concerne évidemment pas Buonarroti, qui n'avait jamais été condamné à mort et qui n'avait pas été détenu en

---

1. Au cours de l'année 1828, Portalis, garde des sceaux, aurait émis l'avis que Buonarroti, n'ayant obtenu ni grâce, ni commutation, ne pouvait rentrer en France sans être frappé des peines portées par l'art. 17 du Code pénal. Cet avis aurait été communiqué à l'intéressé par son ami Froussard, le 22 juillet 1828. Georges Weill (article cité).

prison pendant vingt ans. Mais la seconde question l'intéresse personnellement. En voici le libellé :

« *Le condamné à la déportation qui, pendant vingt ans, a été retenu en France par le Gouvernement ou a obtenu de lui l'autorisation d'habiter un lieu déterminé, peut-il être encore déporté?* »

Les avocats se prononcent dans les termes suivants par la négative, et par les mêmes raisons que celles qui ont été résumées plus haut :

La déportation s'exécute par la violence : la force publique saisit le condamné et le transporte hors du territoire et dans un lieu déterminé (art. 17 du Code Pénal). Ainsi, lorsque le condamné est retenu dans l'intérieur de la France, et lorsqu'on lui laisse la faculté d'aller lui-même sans escorte dans un lieu déterminé, *la déportation n'est pas exécutée.*

Un arrêt de la Cour de Toulouse du 21 août 1820 (affaire du sieur Negrié, *Sirey*, t. XX, 2º partie, p. 300) a décidé qu'en matière de déportation, il n'y a vraiment *exécution* que lorsqu'il y a *transport* du condamné hors du territoire français; que l'exécution doit être *corporelle*; que la translation dans la maison centrale du mont Saint-Michel n'est qu'une mesure provisoire administrative qui ne modifie et ne peut modifier en rien la législation existante, surtout relativement à l'état des hommes.

De tout ce qui précède, il résulte que M. Buonarroti, condamné à la déportation en l'an V (1797) et qui n'a jamais été transporté par la force publique hors du territoire français, a prescrit sa peine : car il paraît incontestable que, depuis sa condamnation jusqu'aujourd'hui, c'est-à-dire pendant plus de vingt ans, il n'a point été *réellement déporté* au lieu déterminé par l'arrêt de condamnation. Sa translation successive à l'île Pelée, à l'île de Ré, puis à Toulon, son envoi en surveillance à Grenoble, son séjour à Genève, avec l'autorisation du Gouvernement, son départ de cette ville, *par ordre de la haute police de la Sainte-Alliance*; enfin, sa retraite et son séjour en Belgique ne sont nullement l'exécution de l'arrêt de déportation. On regarde donc comme certain qu'il peut rentrer en France sans crainte d'être saisi par le Gouvernement. On ne pourra lui contester l'exercice des droits civils qui lui ont été accordés en 1793 par un décret de naturalisation de la Convention.

L'opinion ci-dessus, énoncée par MM. Decrusy et Cabet, a été adoptée par MM. Isambert, Odilon Barrot, Nicod, tous trois avocats à la Cour de Cassation, et par d'autres jurisconsultes avec lesquels les questions précédentes ont été discutées.

Mais Buonarroti n'osa pas se risquer, malgré l'autorité de ces juristes réputés, à mettre le pied sur la terre de France, tant que Charles X et la Congrégation détinrent le pouvoir. Les quelques lettres de lui, qui nous ont été conservées pour la période antérieure à la Révolution de 1830, sont datées de Bruxelles [1].

---

1. M. Weill dit qu'en 1827, Buonarroti aurait écrit à M. de Villèle, président du Conseil, pour lui demander de l'autoriser à rentrer en France. Villèle n'aurait pas répondu.

C'est après les élections de 1827 que des barricades furent élevées à Paris — ce qu'on n'avait pas vu depuis la Fronde — et Blanqui reçut là sa première blessure d'insurgé. Les révolutionnaires organisèrent des municipalités secrètes d'arrondissement avec une Commune centrale. Trélat en faisait partie.

Le registre 20 804 nous fournit de curieux échantillons de cette correspondance un peu mystérieuse, parfois chiffrée et pleine de noms supposés, afin de dépister la curiosité de la police.

C'est d'abord une lettre, datée de Bruxelles, 8 avril 1829 [1], et dans laquelle Buonarroti demande à son ami Charles Teste (maison Laforêt, libraire, rue des Filles-Saint-Thomas n° 7, près la Bourse, à Paris) [2] « si l'histoire du Comité de Salut public que *Laurent* nous a promise dans sa réfutation du livre de Montgaillard, a passé?... » Il offre ses services à Teste « dans ce pays — *la Belgique* » — et ajoute : « Je sais que *monsieur Jacob* et monsieur *Charles*, mes bons amis, vous ont entretenu de moi, et je m'estimerais fort heureux si ce qu'ils vous ont dit sur mon compte vous avait inspiré un désir de vous rapprocher de moi égal à celui que j'éprouve de faire votre connaissance personnelle. Sachant que le commerce de la librairie, auquel vous vous êtes consacré, vous met en rapport avec plusieurs maisons de ce pays, je pense que, dans vos voyages, il vous sera facile

---

1. 7° liasse, f° 74.
2. La liaison de Buonarroti avec Ch. Teste était déjà fort intime en 1825, car, dans une lettre du 19 novembre de la dite année, Buonarroti tutoie son correspondant : « Mon bon ami, écrit-il, je suis en peine de *ton* long silence.... »

de vous dérober un moment à vos affaires d'intérêt pour venir causer un moment avec un vieillard qui, ayant conçu pour vous un très vif sentiment d'estime, désire vous le prouver par quelque service réel, ou, tout au moins, par l'expression franche et animée de son amitié. »

Teste répondit certainement en termes sympathiques, car Buonarroti lui récrit, le 20 avril 1829, pour le remercier « de l'empressement avec lequel il a répondu affirmativement à son invitation », et il ajoute : « C'est entendu : au plus tard, à la moitié de septembre. » Buonarroti signe *Laurent* et contrefait son écriture. De plus, dans un post-scriptum, il emploie un chiffre.

Une lettre du 14 janvier 1830 débute ainsi : Euhdu (??). Une autre lettre, datée de Bruxelles 22 février 1830 [1] et adressée à M. Lemaire, rue de la Sourdière, n° 5, à Paris, porte pour signature : « Ton ami L... ». Elle est conçue en termes énigmatiques. Il y est question de la longue absence de M. Jacob qui n'a pas permis à Lemaire de s'occuper plus tôt de la *liquidation* dont Lemaire s'est chargé, « d'un poème que les deux amis ont lu ensemble et dont L... aimerait à entendre expli-

---

[1] 7ᵉ liasse, f° 87.

quer de la bouche de Lemaire les passages difficiles ». Et la lettre se termine ainsi : « Adieu, mon bon ami ; je t'embrasse bras dessus bras dessous, et suis avec toi à la vie et à la mort. »

Ce Lemaire paraît bien être le même homme que Ch. Teste, car L... ou Laurent, *alias* Buonarroti, qui, le 2 avril 1830, avait écrit à Ch. Teste, nommément désigné, pour lui recommander un jeune Allemand, M. Wesselhœst, lequel allait exercer à Paris la profession d'imprimeur, reparle, dans une autre lettre du 10 juin 1830, adressée à *Lemaire*, rue de la Sourdière, de ce même jeune Allemand :

« J'eusse été bien flatté, dit-il, que le jeune Allemand pût profiter de tes lumières et de tes conseils. » Puis, Laurent entretient son correspondant « de Jacob, qui est toujours absent ; d'une certaine *veuve* qui ne pourra donner les renseignements dont Laurent a besoin pour entreprendre *la besogne que nous avons en vue* » ; du *serrurier* qui était autrefois lié avec la famille de cette veuve ; d'un *avocat* que L... n'a pas rencontré chez lui ; d'une publication qui « fera plus de mal que de bien et dont le prospectus a été remis à Lemaire à l'enterrement du *vieillard* ». Il est aussi question dans la même lettre « de Potter et ses compagnons, qu'on n'a pas voulus en France et qui ont pris la route de l'Allemagne prussienne. Peut-être iront-ils en Suisse où il n'est pas sûr qu'ils soient reçus ». Tout cela reste bien obscur pour les non-initiés, et l'on n'a pas la clef de ce langage convenu; mais la *besogne* que les deux amis *ont en vue* paraît bien être la préparation d'une révolution en France.

Dans une lettre du 6 juillet 1830[1] dont le destinataire n'est pas désigné, mais qui doit être encore Ch. Teste (car Buonarroti demande : « Où en es-tu avec la *veuve*; l'as-tu revue depuis la dernière lettre? ») — Buonarroti s'inquiète de savoir « ce que font les Saint-Simoniens? As-tu trouvé quelque chose de raisonnable dans les observations que je te faisais passer sur leur mystère? » Il se préoccupe aussi du résultat des élections. « Résultera-t-il quelque bien des élections? J'en doute : un bon nombre des élus m'épouvantent. Cependant...! » (*sic*).

Nous arrivons au mois de juillet 1830.

Le 6 de ce mois fameux, Buonarroti écrit à Fr...[2] pour s'informer « d'Alexandre *le Bossu*,

1. 7ᵉ liasse, f° 87.
2. *Ibid.*, f° 89.

d'*Adolphe*, qui font les commissions des deux amis, de *Tirgin* qui désespère par ses lenteurs. Tâchons de le réconcilier avec *Charles*. Puissent vos élections vous procurer quelques moments de joie! As-tu revu le jeune Allemand? »

Le 15 juillet, Buonarroti adresse à Fr...[1] ces réflexions : « Tous les vents qui soufflent tantôt d'un côté, tantôt de l'autre, détournent bien des gens des méditations graves d'où peuvent sortir, à la fin, *de grands efforts*. Semblables aux girouettes que le vent agite, ne sachant pas se tenir à une idée fixe, ils changent à tout moment de place, tournent toujours après des chimères et ne parviennent jamais à rien de bon. Qu'une main ferme les pousse, malgré eux, dans la voie de la sagesse ! »

La dernière lettre antérieure à la Révolution de 1830, est adressée de Bruxelles à M. Lemaire, rue de la Sourdière, n° 5, sous la date du 26 juillet[2]. Laurent se plaint de l'*avocat* qui, « d'abord empressé, est devenu froid comme glace; de la sœur de la veuve qui a des motifs pour se refuser à tout entretien avec *le grand homme* (??) dont

---

[1]. 7ᵉ liasse, f° 94. Ce Fr... est évidemment le M. Froussard avec lequel Buonarroti correspondait encore le 10 août 1830. Et ce Froussard est Ch. Teste, comme nous le verrons plus loin.
[2]. *Ibid.*, f° 96.

elle fut l'amie.... Le *serrurier* dont je t'ai parlé fut autrefois lié avec cette famille et possède même la confiance du grand homme en question. Je tiens beaucoup à faire quelque chose pour mettre les vertus de celui-ci au plus grand jour, mais je n'ai pas les matériaux nécessaires pour bien connaître sa vie privée et sa vie antérieure ».

Toute cette correspondance énigmatique ne fournit certes pas de vives lumières sur la part que prit Buonarroti à la chute du gouvernement de Charles X ; mais elle indique suffisamment que, du lieu de son exil, il suivait avec attention la crise politique que traversait la France, et les précautions qu'il prend pour ne pas se compromettre démontrent, à l'évidence, qu'il était mêlé de près aux agitations et aux efforts du parti démocratique.

L'obstiné vieillard restait un révolutionnaire d'instinct et de vocation, et nous allons voir que, jusqu'à son dernier souffle, il demeura fidèle à son idéal égalitaire, sous la monarchie de Juillet comme sous l'Empire et la Restauration.

CHAPITRE VI

LES DERNIÈRES ANNÉES

LES DERNIÈRES ANNÉES

Dès qu'il apprit la défaite de Charles X et de son ministère de combat, Buonarroti fit ses préparatifs pour revenir en France. A la date du 10 août 1830, il obtint un passeport dont voici le libellé [1] :

Bruxelles, 10 août 1830.

Passeport délivré à Philippe Buonarroti, musicien, natif de Florence et demeurant à Bruxelles, avec ses hardes et bagages, *allant à Paris*, par Jean Gisbert, Baron Verstolk de Soolen, commandeur de l'ordre du Lion Belgique, ministre d'État pour les affaires étrangères de S. M. le roi des Pays-Bas, prince d'Orange-Nassau, grand-duc de Luxembourg.

Dix jours après, l'ancien complice de Babeuf est en France. Sous le nom de *Jean-Jacques Raimond*, il obtient du maire de Valenciennes un permis de circulation ainsi conçu [2] :

---

1. *Reg.* 20.803, f° 232.
2. *Ibid.*, f° 233.

Passe provisoire, délivrée par le maire de Valenciennes, le 20 août 1830, au sieur *Jean-Jacques Raimond*, rentier, natif de Genève (Suisse), sur le dépôt d'un passeport de Bruxelles, adressé à M. le ministre de l'Intérieur.

Ainsi Buonarroti éprouve encore le besoin de changer de nom et de dissimuler le lieu de sa naissance. Le maire de Valenciennes, qui avait cependant vu le passeport délivré au voyageur par le Gouvernement des Pays-Bas, puisqu'il l'avait même transmis au ministre de l'Intérieur, se fait le complice de ce changement d'état-civil [1]. D'ailleurs, le passeport de Bruxelles plaçait, lui aussi, la naissance de Buonarroti en un lieu fictif, puisque l'apôtre de l'Egalité était originaire de Pise, et non de Florence. De plus, il était naturalisé Français par décret de la Convention et, par suite, ne pouvait pas plus se réclamer de la nationalité italienne que de la nationalité suisse.

---

1. Plus tard, les autorités supérieures, qui connaissaient parfaitement Buonarroti, lui attribuèrent aussi le nom de *Raymond*.

Par exemple, le préfet de la Seine ou son délégué, lui délivra, le 13 mai 1833, le permis suivant :

« Préfecture du département de la Seine. Le Conseiller de préfecture faisant fonction de secrétaire général, délégué par M. le Préfet, autorise le concierge de la dite maison (maison d'arrêt de Versailles) à laisser communiquer M. *Raymond*, littérateur, demeurant à Paris, rue St-Lazare, n° 124, avec M. Raspail.

« Le présent permis valable pour une fois par semaine jusqu'au jour de sa sortie. A Versailles, le 13 mai 1833. » *Reg.* n° 20 803, f° 235.

Avant de quitter Bruxelles, le vieux démocrate, qui signe habituellement *Laurent*, écrit plusieurs fois à Teste, qualifié de *M. Lemaire*, rue de la Sourdière, n° 5 [1].

Citons d'abord la lettre suivante, adressée, le 4 août 1830, à Lemaire pour se féliciter et féliciter ses amis de la révolution récente. On remarquera que Buonarroti prend cette fois un nom de femme :

Mon cher ami.

L'heureuse révolution opérée par le courage du peuple, est arrivée *comme un coup de foudre* : gloire éternelle aux braves qui ont conduit le peuple à la victoire ! Puisse le sang qui a coulé n'avoir pas été versé inutilement pour les véritables libertés de tous les Français ! C'est plus que jamais le moment de joindre une ferme résolution à une grande prudence.

Dès la première nouvelle du mouvement parisien, l'ami que tu m'adressais par ta lettre du 22 juillet reprenait le chemin de Paris, et je ne l'ai plus vu.

Notre ami de Tours m'a écrit de cette ville, au moment où il recevait la nouvelle des dernières ordonnances ; il appelait de tout son cœur l'événement qui a eu lieu. Cet ami a été touché de l'accueil vraiment fraternel que tu lui as fait, et me charge de t'en témoigner toute sa reconnaissance.

Il me tarde, mon cher Lemaire, de recevoir une lettre de ta main, parce que je crains que ton courage ne t'ait exposé à quelque accident funeste : rassure-

[1]. *Reg.* 20 804, f° 98.

moi promptement et hâte-toi de me donner les détails que tu m'as promis, ainsi que ceux que te fournissent sans doute les nouvelles circonstances où se trouve la Patrie.

Je crois que chez l'avocat tout se réduit maintenant à du bavardage, et il est bon que tu le saches : cet avocat-là ne me paraît pas battre à l'unisson de nous. Maxime est émerveillé de tout ce qui vient de se passer, lui qui, la veille, désespérait de tout ; *il craint maintenant que la poire ne soit mangée par ceux qui ne l'ont pas cueillie.*

Adieu, mon cher ami, songe à ta bonne amie :

GUERETTE.

Le 4 août 1830. Quai Bertaimont, n° 3 [1].

Voici maintenant la lettre du 7 août 1830 :

Mon bon ami.

Le grand mouvement qui a éclaté à Paris me fait vivement désirer que tu m'écrives pour avoir la certitude que tu es en vie. Il me tarde d'avoir la même certitude à l'égard de Jacob.

Si je ne me trompe, *Maximilien* ne tardera pas à revenir, et j'espère qu'il m'apportera de tes nouvelles, jointes aux détails intéressants que tu m'as promis. Voici la *troisième* lettre que je t'ai écrite depuis que j'ai reçu de toi celle que m'apporta Marchais, qui disparut comme un éclair à la première nouvelle des fameuses Ordonnances.

Que dirait *le grand homme* s'il voyait un d'Orléans s'emparer du fruit de tant d'années de travaux et de révolutions? Est-il vrai qu'il n'y eût pas d'autre moyen, d'éviter les déchirements intérieurs et la guerre extérieure? Je suis tenté de croire qu'un motif tout diffé-

1. *Reg.* 20 804.

rent a présidé à cette importante délibération, et je serais charmé d'apprendre ce que tu vas me dire à ce sujet. Je t'embrasse de tout mon cœur.

Signé : LAURENT.

Donc Buonarroti déplore tout de suite l'accaparement par la famille d'Orléans des résultats et des profits de la Révolution de juillet. Est-ce à Robespierre qu'il pensait en évoquant le souvenir du *grand homme* qui eût été bien étonné d'apprendre cet escamotage de la victoire du peuple?

Dans une autre lettre, adressée le 10 août 1830, de Bruxelles, par *Laurent à Monsieur Froussard*[1], chez Monsieur *Casimir Perrier* (sic) rue du Luxembourg, n° 27, à Paris, Buonarroti, en annonçant sa prochaine arrivée à Paris, se préoccupe des moyens de se faire restituer la jouissance de ses droits civiques, car il se savait toujours sous le coup de la condamnation à la déportation, prononcée par la Haute Cour de Vendôme :

Voici le texte de cette lettre[2] :

Il m'eût été agréable de recevoir un mot de toi *par le retour de Maximilien,* qui ne m'a rien apporté non plus

---

1. Le destinataire est évidemment Ch. Teste, car il est question dans cette missive de ce Maximilien dont parlait déjà la lettre du 7 août, adressée à Lemaire, c'est-à-dire à Teste.
2. *Reg.* 20 804, f° 100.

de la part du négligent *Adolphe*. *Nous nous verrons sous peu* (ces mots sont soulignés dans le texte).

Voici, mon cher ami, ce qu'on pourrait faire pour moi sans me nommer [1]. Il faudrait qu'on insérât dans l'acte qui sera probablement rendu pour rappeler les Conventionnels proscrits et quelques autres condamnés, une phrase qui abolirait toutes les condamnations *pour écrits, discours ou provocations révolutionnaires : cela me replacerait dans la jouissance de mes anciens droits*. Peut-être pourrais-tu faire quelque chose dans ce sens-là : je compte sur ton amitié... Je t'embrasse ; sous peu, je serai dans tes bras. *N'en parle pas, à qui que ce soit*. Occupe-toi tout de suite du service que je te demande parce qu'il est possible qu'on propose la chose dans l'intérêt de plusieurs autres personnes.

Après avoir déploré que la famille d'Orléans ait uniquement profité des efforts du parti démocratique et dressé un nouveau trône sur les débris du trône de Charles X, Buonarroti et ses amis caressèrent la douce illusion d'amener la Chambre des censitaires à proclamer le *suffrage universel*. A cet égard, il est encore un précurseur. Voici le texte de la pétition qu'il adressa aux députés de France [2].

Les soussignés, citoyens français, aux membres de la Chambre des députés de France.

Messieurs,

Vivant parmi le peuple dont nous faisons partie, nous connaissons ses besoins et ses vœux. Nous allons

---

1. Ce passage prouve une fois de plus que *Laurent et Buonarroti* ne sont qu'une même personne.
2. Cette pétition est reproduite au registre 20 803, f° 234.

vous dire franchement ce qu'il *faut pour satisfaire aux uns et aux autres*. (Ces derniers mots ont été substitués aux suivants qui sont rayés : « pour rendre le régime que vous avez fait jaillir des journées glorieuses des 28-29-30 juillet l'objet de l'enthousiasme de tous les Français, et surtout de cette classe nombreuse qui nourrit et défend l'État, quoiqu'elle soit condamnée à un travail pénible et à des privations continuelles. »)

1° *Supprimer le cens électoral, et appeler ainsi au droit de suffrage tous les majeurs que la justice n'a ni flétris ni interdits*;

2° Réduire au strict nécessaire les dépenses publiques;

3° Supprimer tous les impôts onéreux au peuple, et en remplacer la partie indispensable *par une contribution progressive sur le superflu.*

Voilà, messieurs, les mesures de toute justice qui, en décuplant les forces de la France, vous attireraient les bénédictions de son immense population, et ôteraient à la malveillance tout moyen de troubler la tranquillité publique. Nous ne pouvons nous le dissimuler : c'est la loi elle-même qui étouffe le patriotisme d'un nombre immense de Français *en les dépouillant de leurs droits politiques, à cause de leur pauvreté* qui est son ouvrage. Ah! messieurs, vous ne persuaderez jamais à l'homme maltraité par la fortune que ses intérêts sont bien soignés par les riches qu'il n'a pas honorés de ses suffrages. Vous ne le convaincrez jamais qu'il est réellement représenté, et que le législateur compatit à ses souffrances, tant qu'il se verra arracher son modique avoir pour alimenter le luxe et l'avarice des courtisans et des fonctionnaires publics. Vous n'obtiendrez jamais qu'il cesse d'accuser la société, les lois et la justice, en se voyant forcé de livrer au fisc une partie de ce qui lui est nécessaire, tandis qu'on ne demande au riche qu'une faible fraction de son superflu. Nous le répétons, messieurs : *Droit égal pour tous de suffrage et d'éligibilité*, réduction réelle du budget, suppression des impôts onéreux au peuple, *contribution progressive sur le superflu*, voilà, messieurs, les grands objets que nous vous prions de prendre en considération. Nous vous en prions au nom de l'Humanité que vous chérissez autant que nous, au nom de ce peuple magnanime que les lois n'ont pas toujours respecté et qui ne demande pas mieux que de voir en vous ses bienfaiteurs.

Ainsi Buonarroti peut revendiquer à son actif le suffrage universel[1] et l'impôt progressif sur le superflu, on dirait aujourd'hui sur le revenu. Il se fait l'avocat des pauvres qui, à cause de leur pauvreté même dont il accuse la loi d'être responsable, sont privés de tout droit politique. Il affirme que jamais les pauvres ne trouveront leurs intérêts bien défendus par des riches, envoyés au Parlement par les suffrages des riches[2]. Et, de fait, si une nouvelle révolution a renversé la monarchie de Juillet, c'est bien à cause de son refus d'élargir le droit de suffrage. Mais, en réclamant « la suppression des impôts onéreux au

1. Dans son *Plan des Républicains*, de juillet 1830, Auguste Fabre n'allait pas si loin ; il se contentait de préconiser le système électoral de 1791, avec droit pour tous ceux qui paieraient une contribution quelconque de participer aux assemblées primaires. En septembre 1830, il ne réclamait pas non plus le suffrage universel direct.
2. C'est encore aujourd'hui la thèse du parti socialiste, systématiquement hostile à tout gouvernement bourgeois.

peuple », les auteurs de la pétition semblent insinuer que ceux qui possèdent ne font pas partie du peuple, et cette division théorique des citoyens français en deux catégories ou deux classes, les riches et les pauvres, paraît absolument contraire aux principes de la Révolution, à l'Égalité, qui est l'idée essentielle de Buonarroti lui-même : elle conduit directement à la guerre sociale et à l'oppression d'une minorité par la masse des travailleurs manuels. Nous nous rapprochons aujourd'hui de ces doctrines, et l'impôt progressif sur le revenu est l'application du système financier de l'ami de Babeuf. Faire payer la totalité des impôts par ceux qui ont du *superflu*, c'est-à-dire un peu plus qu'il n'est nécessaire pour suffire aux besoins essentiels de toute existence humaine, c'est bien là ce que voulait le condamné de Vendôme. S'il vivait encore, il aurait chance d'être nommé ministre des Finances !

Buonarroti, en 1830, ne se préoccupait pas seulement de transformer le gouvernement de Juillet en un régime démocratique : il songeait aussi à révolutionner la Belgique, qui lui avait naguère donné asile, et même à y faire proclamer la République.

Nous avons dit que c'est sous le nom de *Jean-Jacques Raimond* qu'il était rentré en France. Il signe de ce même nom la lettre qu'il adresse de Paris, le 6 octobre 1830, à son ami Charles Teste [1], rue de la Paix, n° 13 [2].

Mon cher ami.

Il y a deux partis dans le gouvernement provisoire de la Belgique : l'un veut la République, et Des Potter paraît en être le chef; l'autre demande la Monarchie. Le premier rallie tous les hommes énergiques et capables; le second, composé d'industriels, de lâches et d'ouvriers trompés. Ce serait un coup de maître que de faire proclamer la République dans ce pays-là! C'est à quoi notre bon Henry travaille sans relâche. Il demande, il conjure qu'on envoie promptement à Bruxelles *une troupe de républicains* résolus et capables qui, se joignant à leurs semblables du pays, pourront par leur éloquence, par leurs conseils et par leur courage faire pencher la balance de notre côté. Je t'écris exprès afin que tu t'occupes sérieusement de ce projet, et que tu tâches de le faire exécuter au plus vite. Il faudra que quelques-uns des *voyageurs* soient munis de bonnes recommandations. Réfléchis, agis et réponds-moi ce que tu auras fait. Je t'embrasse. Jacob part tout à l'heure pour l'Angleterre. Adieu.

Le 26 octobre, Buonarroti parle encore à Teste

---

1. Charles Teste était le frère du ministre qu'un procès de corruption rendit trop célèbre plus tard, en 1847. Comme Buonarroti, Charles Teste donnait des leçons pour vivre. Il fut un moment libraire, et son magasin servait de lieu de réunion aux républicains. On l'appelait la petite Jacobinière. Voir Georges Weill, *Histoire parti républic.*, p. 45.

2. *Reg.* 20 804, f° 102.

du même sujet et s'occupe du rôle de la presse française et belge. Il signe cette fois : *Laurent*[1] :

> Dans la Belgique, les opinions républicaines trouvent beaucoup de partisans dans le peuple, mais elles sont contrariées par les journaux français qui empoisonnent le pays de maximes doctrinaires, de principes mixtes et timides, et de conseils faibles et aristocratiques ; par les discussions des journaux belges, tous infectés de constitutionnalisme, d'industrialisme et de cousinisme ; par les intrigues des riches et des gens de robe.
>
> D'après les instances de notre Henry, je t'engage très positivement :
>
> 1° A déterminer quelques-uns des journaux français qui s'impriment à Paris à proposer ouvertement aux Belges *la République*, et à combattre les idées monarchiques par les fortes raisons dont les bons livres sont remplis : à réfuter et condamner toute idée de noblesse et de pairie héréditaire, idée qui paraît plaire même à quelques-uns de ceux qui, parmi les Belges, professent des opinions républicaines ;
>
> 2° A faire recommander *aux jeunes gens que vous avez envoyés en Belgique* d'y créer de nombreuses sociétés populaires, d'y prêcher la République, la souveraineté du Peuple et de l'Égalité ; de s'emparer de quelques journaux du pays, afin d'y combattre journellement par le raisonnement, par le ridicule *et même par la Religion*[2], toute espèce d'opinion monarchique et nobiliaire ; de faire repousser les exhorta-

---

[1]. *Reg.* 20 804, f° 104.
[2]. Cet appel à la Religion pour combattre les idées monarchiques et nobiliaires ne laisse pas que d'être curieux et imprévu. Buonarroti se rappelait sans doute ce mot que « Jésus a été le premier des sans-culottes. »

tions aristocratiques et astucieuses du ministre français à la Haye;

3° A faire en sorte que les journaux français rassurent les Belges sur la craintre qu'ils ont d'être accablés par des forces étrangères, s'ils proclament la République.

L'urgence de ces mesures est si grande que, de crainte de ne pas te voir aujourd'hui, je m'empresse de t'écrire afin que tu ne perdes pas un instant à faire ce que tu pourras pour seconder les vues de notre ami qui sont aussi les nôtres. Henry voudrait aussi que tu puisses exécuter le voyage dont il avait été question, sans cependant nuire à ce dont tu t'acquittes si bien ici. Je n'en vois guère la possibilité. Nous en reparlerons. N'oublie pas que je t'attends jeudi à midi, et rappelle-le à Jacob, si tu le vois; j'ai bien des choses à vous dire. Je t'embrasse.

Signé : LAURENT.

Cette lettre est suivie d'une note en grosse écriture qui insiste encore sur les affaires de la Belgique et sur la division des partis en ce pays. Elle dit ceci :

Les républicains ont pour eux des Potter et un chef de jeunes gens. Aux autres (*les monarchistes*) se rallient les industriels et les lâches. Henry nous presse d'envoyer au plus vite à Bruxelles une troupe de républicains résolus qui feraient pencher la balance par leurs conseils et par leur prudence. Henry travaille sans relâche dans le sens de la République.

Ainsi Buonarroti est presque un chef de parti. C'est lui qui semble tenir les fils qui font agir les groupements républicains soit en France, soit en Belgique; mais il reste dans l'ombre et se complaît aux mystères des conspirateurs italiens[1]. De même qu'il avait été le théoricien et l'organisateur du mouvement des Égaux, au temps du Directoire, de même il dresse et encourage, sous la monarchie de Juillet, toute une phalange de jeunes démocrates qui prennent de lui le mot d'ordre. On le regarde comme l'héritier des idées de la grande époque révolutionnaire, comme l'apôtre qui possède la vraie tradition démocratique; comme le grand-prêtre d'une religion proscrite qui entretient, presque seul et dans un abri mystérieux, le feu sacré de l'Égalité. Malheureusement, il a pris soin de dissimuler son action et il écrivait peu sur la politique. Il se savait sur-

1. M. Espinas a noté que Buonarroti, « fort engagé dans la Charbonnerie, servit de lien entre les ventes françaises et les ventes italiennes »; que son livre de 1828 sur *la Conspiration de Babeuf* « sema en France des formes de communisme qui transformèrent le parti avancé d'opposition en parti socialiste révolutionnaire.... Il inspira le journal secret du parti, *l'Homme libre*, et donna la première impulsion au mouvement qui aboutit à la Révolution de 1848 ». M. Ranc ajoute que « c'est grâce aux babouvistes que, pendant le premier Empire et la Restauration, la tradition révolutionnaire n'a pas été un instant interrompue ». C'est Buonarroti qui a reconstitué les cadres du parti socialiste avec ses disciples d'Argenson, Teste, Louis Blanc, Cabet, etc.
Ranc, dans la préface de sa nouvelle édition du livre de Buonarroti, dit que Teste eut à son tour pour disciple l'éditeur Charavay.

veillé et ne voulait pas donner prise à la police de Louis-Philippe.

Le « patriarche de la charbonnerie nouvelle, comme dit Louis Blanc[1] », s'était logé rue Saint-Lazare, n° 124, dans une maison d'ouvriers[2]. On trouve dans ses papiers des quittances signées de Mme Boscary, mère, pour l'année 1834 (janvier, avril, juillet, octobre). Le loyer était de 60 francs par trimestre. A la fin de 1834, *Raymond* ou Buonarroti change de domicile et loue à un M. Pouyer, propriétaire, demeurant rue Neuve-des-Mathurins, n° 4, un petit appartement, sis au quatrième étage d'une maison portant le n° 26 de la rue de Tivoli. Le loyer est de 300 francs par an, à partir du 1er janvier 1835. « Le dit appartement consiste, dit le bail, en une antichambre, une cuisine, un cabinet, une première chambre à coucher, une seconde chambre à coucher. » L'acte est signé de *B. Raymond* qui indique son domicile chez M. Voyer d'Argenson, rue du Rocher, n° 38.

Buonarroti habitait encore cette maison de la rue de Tivoli en avril 1835, ainsi que cela résulte d'une quittance de 75 francs pour ce terme

---

1. *Hist. de Dix Ans*, t. IV, p. 194.
2. C'est ce que nous apprend B. Hauréau dans son article du *Radical*, n° du 21 septembre 1837.

d'avril, mais, dès le 15 mai 1835, il donne congé de son nouvel appartement pour fin juillet prochain, et M. Pouyer, son propriétaire, lui accuse réception du congé[1].

Pourquoi abandonna-t-il ce modeste domicile? On peut croire qu'il ne voulut pas le conserver à la suite de la mort de la demoiselle Sarah Desbains, qui est qualifiée « dame de confiance » dans un avertissement de l'administration de l'enregistrement et des domaines en date du 21 septembre 1835. C'éta: cette femme qui soignait le vieillard avec un grand dévouement. Elle mourut le 20 avril 1835, et l'inventaire de ses effets existe au registre 20803[2]. Il est suivi de cette mention : « lesquels effets sont restés aux mains de *son ami*, Philippe Buonarroti, qui les tiendra à la disposition de la nièce de la défunte. Paris, le 20 avril 1835. »

Buonarroti avait cependant une femme, Thérèse Poggi[3], qui l'avait accompagné, nous l'avons

---

1. *Reg.* 20803, f° 264.
2. F° 272.
3. Thérèse Poggi n'était pas la première femme de Buonarroti. Nous avons dit plus haut, d'après un renseignement fourni par M. Georges Weill, dans son article de la *Revue historique* (n° de juillet-août 1901) que l'apôtre de l'Égalité avait abandonné en Toscane une femme légitime, nommée Elisabeth, qui lui avait donné un fils et deux filles. M. G. Weill ajoute qu'à une date

dit, à Vendôme, à Oleron, puis à Genève où elle était restée. Il existe une lettre de Farcy à Buonarroti, datée de Dardagny, près Genève, du 31 août 1835 [1], qui donne sur cette femme quelques détails, d'ailleurs insuffisants :

> Farcy aurait désiré faire une visite à *la femme de Buonarroti* et lui en donner des nouvelles, comme il en demandait ; mais la distance, assez considérable, et les occupations, toujours plus multipliées, de Farcy ne lui ont pas permis de se procurer ce plaisir. *La femme de Buonarroti*, ajoute Farcy, *serait plus satisfaite s'il pouvait*

incertaine, Buonarroti se serait lié en Italie avec une femme Marietta, Italienne ou Corse, qui abandonna sa famille pour vivre avec lui. Une note de la police autrichienne affirmerait même que Buonarroti aurait épousé cette Marietta, conformément à la loi française, et qu'il aurait eu d'elle *des enfants*.

Il est vrai que M. Weill disait lui-même, dans son article de 1901 sur Buonarroti, que « ces assertions paraissent inexactes ». Dans son deuxième article (*Revue historique*, n° de juillet 1905), le même érudit, après avoir pris connaissance des papiers de Buonarroti déposés à la Bibliothèque Nationale, reconnaît qu'il s'est trompé comme tous les biographes sur la question des femmes du personnage, et que ce n'est pas une Marietta, mais une Teresa Poggi qui a suivi l'ami de Babeuf à Vendôme et autres lieux.

Si le vertueux révolutionnaire n'a pas divorcé avec sa première femme Elisabeth, et s'il a épousé Teresa Poggi, il a été bigame, puisque sa première femme vivait encore en 1813, au témoignage du préfet du Léman, Capelle, qui avait vu Elisabeth à Pise, en la qualifiant de « femme aussi vertueuse que recommandable, ornée d'un fils et de deux filles dignes de leur mère ».

Quant à Teresa Poggi, qui était restée à Genève avec son fils Camille, il paraît que ses lettres, écrites en italien, sont remplies d'injures pour l'apôtre de l'Egalité qui l'avait abandonnée pour cette *carogna*, cette *vipera* de Sarah Desbains, et voulait encore être plaint de l'avoir perdue!

1. *Reg.* 20 804, f° 212.

venir se fixer à Genève, mais hélas! il n'y faut pas songer. Notre aristocratie hypocrite est redevenue plus influente que jamais et, le dirai-je, ses principes commencent à infecter les cantons qui avaient fait leur révolution. Je comprends aussi qu'il est difficile, vu le peu de générosité des Gouvernements suisses et ta propre situation, que tu puisses quitter Paris. Écris-moi, mon bon ami, si tu as pu t'arranger à trouver quelqu'un qui prenne soin de ton petit ménage. C'est chose difficile à Paris *et l'âge avancé de ta femme ne lui permet pas sans doute de rompre ses habitudes pour aller le soigner.*

Farcy termine par des offres d'argent. Il invite son vieil ami à tirer sur lui des bons de 50 ou 60 francs, payables sur les banquiers Chevrier et Dion, à Genève. Il ne parle pas de politique et affecte « de s'être voué entièrement à ses pommes de terre ». Quant aux gouvernements ou gouvernants, « ils paraissent, dit Farcy, peu songer à leur propre bonheur et à celui du peuple ».

Les papiers de Buonarroti contiennent de nombreuses lettres en italien qui émanent sans doute de sa femme, et que je laisse aux curieux le soin de déchiffrer ; mais il y en a d'autres qui lui sont adressées par un enfant qui signe *Camille* et l'appelle : « Mon cher papa[1] ».

[1]. Ce serait le fils de Buonarroti et de Thérèse Poggi, bien qu'il paraisse étrange que le jeune apprenti de 1832 fût le fruit des amours de deux personnes aussi mûres.

Il résulte de sa correspondance qu'il avait été placé en apprentissage chez un horloger. Dans une lettre datée de Genève, 27 juillet 1832, et adressée à Jean-Jacques Raimond, rue Saint-Lazare, 124, Camille dit qu'il est placé chez un sieur Martin, lequel est content de lui. Une demoiselle Moulton, « amie de M. le *Polonoi* », a habillé le jeune homme pour l'été et lui a donné six chemises et dix francs. « *Ma bonne maman*, ajoute-t-il, me dit qu'il faut lui écrire et la remercier de ce qu'elle a fait pour lui. Ma bonne chère maman est au lit : elle est troublée d'un tournement de tête et ne peut pas écrire. » Camille, un peu plus tard, dans une lettre du 3 février 1833, nous apprend que Buonarroti a été malade, et que Camille aurait bien voulu être auprès de lui pour le soigner. Il avoue ne pouvoir lire Plutarque, comme Buonarroti le lui avait conseillé, parce qu'il est seul dans un magasin avec son patron, et est occupé par les courses et les commissions. Le 29 septembre de la même année 1833 [1], Camille annonce à son père Raimond qu'il est obligé de quitter sa mère, pas pour longtemps, d'ailleurs, et qu'il viendra lui faire une ou deux visites.

---

1. *Reg.* 20 804, f° 174.

Mlle Moulton, déjà nommée, lui a donné 100 francs, Mlle Berrard 40 et M. Richard 5 francs. Le 15 mars 1833[1], Camille écrit encore de Genève « à son cher père » pour lui donner de ses nouvelles, et il semble résulter de cette lettre qu'il est marié. Voici comment il s'exprime, et nous respectons son orthographe :

> Je t'écrit ces deux mots par où je te dirai que je suis revenu à Genève, après avoir fini mon apprentissage. Je me suis rangé avec *mon beau père* pour apprendre à finir. Je pense que cela ira mieux que quand il voulait me montrer, il y a trois ans, parceque je suis un peu plus grand. Cela fait qu'il me *crint mieux*.... Je langui bien de savoir finir pour me mètre à planter les échappements, qui est une partie très avantageuse ; et après je pourrais aller te voir à Paris, car cela a toujours été mon idée d'y aller faire un tour. Toutes les fois que je vais en ville, je va toujours faire une visite *à ma bonne mamam* qui est toujours bien bonne pour moi. Adieu, cher ami (*sic*). Je t'embrasse de tout mon cœur et je serais pour la vie ton ami *et ton fils*[2].

Le 7 novembre 1836[3], Camille ayant appris

1. *Reg.* 20 804, f° 248.
2. Dans une lettre datée du 18 octobre 1835, Camille donne à Buonarroti des nouvelles de « la bonne maman qui se fait vieille et a de la peine à marcher ». Il ajoute ces mots, qui donnent à penser que Buonarroti et sa femme n'étaient pas les auteurs de ses jours :
« Elle fait tout ce qu'elle peut pour moi. Si *mes parents* avaient été si bons qu'elle pour moi, je ne serais pas emprunté aujourd'hui pour faire une lettre comme je le suis. Adieu, mon bon père. Je t'embrasse de tout mon cœur. Je t'aime comme ma vie. Jamais je ne t'oublierai. »
3. *Ibid.*, f° 286.

que « son cher ami » était bien malade, lui écrit :
« Cela nous a fait bien de la peine, surtout à ma
bonne maman, car elle est dans un âge que tout
lui est sensible…. Ma bonne mère n'est pas malade,
mais elle est faible [1]. Elle finira ce petit billet elle-
même. » Et les derniers mots sont écrits en italien.
Au cours de l'année 1837, cette correspondance
de Camille et de sa bonne maman avec Jacques
Raimond continue. Ces lettres ne présentent pas
un vif intérêt, et il faut en tirer seulement cette
constatation que la santé de Buonarroti et celle de
la bonne maman s'altèrent de plus en plus.

Buonarroti avait d'autres correspondances
intimes, par exemple avec une demoiselle Autran
qui habitait à Genève, Grande-Rue, n° 177.
C'était la nièce de Sarah Desbains qui avait tenu
le ménage de Buonarroti et était morte le
20 avril 1835. Mlle Autran, dans une lettre du
3 juin de cette même année 1835, adressée à
M. Raimond, rue de Rivoli, 26, à Paris [2], déplore
que la santé du vieillard soit redevenue mauvaise.
Ses yeux s'étaient affaiblis et il devait avoir beaucoup de peine « à faire une écriture très fine et très

---

1. Dans une lettre du 12 octobre 1835, Camille avait déjà dit :
« ma bonne maman se fait vieille ; elle a de la peine à marcher ». *Reg.* 20 804, f° 222.
2. *Ibid.*, f° 194.

correcte. Il a perdu celle qui mettait son bonheur à le soulager ». Mlle Autran « envie la position des amis qui restent à Buonarroti et qui viennent à son secours ». Je les trouve, dit-elle, « heureux de vous être utiles ». Elle parle ensuite de Sarah Desbains et de sa modeste succession :

> Ma chère tante n'ayant fait aucune disposition testamentaire, il en résulte que les enfants de son frère (M. Isaïe Desbains et madame Gos, née Desbains) ont autant de droits que mon père et moi aux petits fonds déposés chez Mlle Berger. J'ai communiqué à ces cousin et cousine l'état de la créance Berger, tel qu'il fut envoyé à ma tante en août 1834; mais, persuadée comme je le suis des intentions de la défunte, j'ai cru pouvoir, sans blesser ma conscience, ne point parler des espèces, ni des effets qui sont en votre possession et que vous voulez bien regarder comme m'appartenant.

Mlle Autran ajoute que ces gens sont fort intéressés et ont réclamé communication de la lettre par laquelle Buonarroti annonçait le décès de Sarah Desbains. Elle lui demande la permission de révéler à ses cousins (qui vont réclamer) le *nom supposé de Buonarroti* et son adresse, « afin qu'ils aient la facilité de lui faire leurs réclamations ». Mais Buonarroti défendit formellement à Mlle Autran de révéler aux Desbains son véritable nom. Il préféra envoyer à la nièce de Sarah une somme de 300 francs, et elle en accuse réception le 10 juillet 1835[1], en remerciant le vieillard, « d'autant plus, dit-elle, que Buonarroti doit avoir beaucoup de dépenses à faire pour son déménagement ». Elle ajoute : « Je comprends le regret que vous éprouvez à quitter l'appartement témoin de scènes si douloureuses, et pourtant d'un souvenir si précieux; mais, puisque ma chère tante a habité le logement que vous offre *votre ami*; que, là aussi, tout vous rappellera ses soins et sa tendresse, je suis bien heureuse de ce changement.... Mes parents Desbains ne pourront point s'adresser à vous puisque, *d'après vos ordres*, je leur en refuserai les moyens. D'ailleurs, il paraît bien qu'ils y ont renoncé, car je n'ai plus de leurs nouvelles. »

L'ami de Buonarroti auquel fait allusion Mlle Autran est évidemment M. Voyer d'Argenson, qui donna asile au vieux conspirateur à partir de juillet 1835 dans son hôtel de la rue du Rocher, n° 38[2]. On trouve dans les papiers du condamné

---

1. *Reg.* 20 804, f° 202.
2. On lit dans les *Mémoires* de B. Barère, publiés par H. Carnot et David d'Angers, ce passage : « L'existence de Buonarroti était obscure et irréprochable. Un grand citoyen, connu par ses principes à la Chambre des députés, et pour l'emploi généreux de ses richesses en faveur des gens de lettres et de politique, *Voyer d'Argenson*, appelle M. B. dans son hôtel et lui donne un logement avec des moyens honorables d'existence. Il y est mort au mois de septembre 1837. » T. IV, p. 93.

de Vendôme[1] l'original d'une lettre à Mlle Autran qui atteste la douleur profonde que lui causa la mort de Sarah-Élisabeth Desbains, et les mesures qu'il prit pour ne pas appeler sur le peu qu'elle laissait l'attention du fisc :

> Sachant que vous possédiez la confiance de votre tante, *mon amie*, que j'ai eu le malheur de perdre il y a bientôt six mois, c'est à vous que je dois m'adresser pour ce qui tient aux effets qu'elle a laissés auprès de moi. Il y a des hardes, vieilles et de peu de valeur, qui appartiennent à vous et à vos deux cousins, et dont vous avez le droit de disposer. Ces effets, qui ont pour moi le mérite inappréciable d'avoir servi à celle que je regretterai toute ma vie, ne valent pas grand'chose aux yeux de ceux qui n'en mesurent le prix qu'en argent. Je n'ai pu songer plus tôt à cet affaire, des occupations assez graves, et, par-dessus tout, *la douleur vraiment amère* dans laquelle m'a plongé ce funeste décès, m'ont forcé à en ajourner jusqu'à ce moment le soin auquel je me livre, *le trouble dans le cœur et les larmes aux yeux*.

Et Buonarroti propose de vendre ces hardes ; on pourrait déclarer la succession vacante, car il n'y a point d'héritiers connus, de telle sorte que le domaine entrerait en possession de ces effets. Il faut se hâter car on n'a que six mois pour le paiement des droits.

En réponse à cette lettre, Jenny Autran envoya,

1. *Reg.* 20 804, f° 216.

le 12 octobre 1835, à Raimond[1] un pouvoir « de faire le nécessaire concernant la succession de sa défunte tante Sarah-Elisabeth Desbains, dans l'intérêt de ses héritiers qui n'ont pas fait de déclaration, la succession de sa chère tante ne consistant qu'en quelques hardes de peu de valeur ». Les cousins Desbains se déclarèrent satisfaits des explications données et ne firent aucune démarche ou perquisition pour ce qui leur revenait de l'hoirie Berger.

Mlle Autran continue à correspondre avec Buonarroti. Il résulte d'une lettre d'elle, datée du 20 décembre 1835, qu'à cette époque, le pauvre vieillard était malade, et sa correspondante se désole de ne pouvoir aller le soigner : car elle-même se trouve fort souffrante et se plaint d'écrire avec difficulté. Un peu plus tard, le 18 janvier 1836[2], Jenny Autran donne à Buonarroti une description des embellissements de Genève, et cette comparaison de l'état de la ville en 1836, par comparaison au temps où l'exilé l'habitait, ne manque ni de pittoresque, ni d'intérêt. Voici ce tableau :

---

1. *Reg.* 20 804, f° 220.
2. *Ibid.*, f° 237.

Vous trouverez, cher monsieur, bien des changements dans notre petite Genève : les dômes, soit à Coutance, soit dans les rues basses, sont tous abattus, à l'exception de ceux de la rue des Marchands-Drapiers, c'est-à-dire depuis le fort de l'Ecluse au Terrailler. Les méchantes petites boutiques qui encombraient ces rues-là ont aussi disparu, ce qui a produit un élargissement considérable. La partie qui conduit de la Place Neuve à Bel Air (que l'on appelait, je crois, le Parapet) n'est plus du tout ce que vous l'avez connue : le Musée de Peinture et des Arts, qui se trouve vis-à-vis du théâtre, est un joli petit édifice dont la façade ressemble à celle d'un temple protestant. Immédiatement à côté, commence une suite de belles et hautes maisons symétriques, dont le bas est occupé par de riches magasins et protégé par un large trottoir, pavé de dalles ; un marché couvert, pour les fruits et le jardinage, termine cette belle rue que l'on appelle la *Corraterie*. Cet endroit-là est bien changé, mais on peut encore pourtant s'y reconnaître. On retrouve, de l'autre côté de la rue, le café Perrot le Maréchal dans l'enfoncement avec le gros arbre et la petite fontaine. On voit toujours l'espèce de terrasse, plantée d'arbres, et l'on se voit toujours à Genève, mais il n'en est pas ainsi lorsqu'on parcourt le quai du Rhône qui commence à l'ancien port du Bois et finit à la machine hydraulique. On se persuaderait volontiers qu'on est sous la puissance d'un rêve ! D'un côté, l'on a de jolies maisons, toutes remises à neuf et sur la même ligne ; de l'autre, la vue de ce grand pont de fils de fer qui conduit du port de la Fusterie à l'île où est la statue de Rousseau et au nouveau quartier des Bergues. Ce quartier-là contient plusieurs rues larges et bien pavées ; on y remarque un hôtel très vaste où les étrangers sont parfaitement servis. De ce côté, l'on a aussi profité des fortifications pour faire de charmantes promenades qui sont soignées comme les jardins d'un seigneur.

Les omnibus établis ici ne parcourent pas l'intérieur de la ville, qui offre trop peu d'espace, mais toutes les petites villes ou grands villages des environs : ainsi, l'on en a pour Versoix, Ferney, Saint-Julien, Chene, Vandœuvre, etc., etc. On en compte plus de 12, seument de Genève à Carouge, et ils sont constamment occupés ; ils partent toutes les dix minutes de la Place Neuve, et chacun s'en fait plaisir parce que cela ne coûte que 3 sols. Ces faciles moyens de transport donnent beaucoup de vie et de mouvement à tous les environs.

Il est intéressant de constater que Buonarroti avait pris au sérieux son métier de professeur de musique et qu'il avait eu de nombreuses élèves, car il paraît avoir donné des leçons surtout à des jeunes filles. Dans une lettre du 24 février 1836, Mlle Autran donne à celui qu'elle appelle maintenant — « monsieur et très cher oncle » — parce qu'il avait été l'ami de sa tante, des détails sur quelques-unes de ces élèves à qui Buonarroti avait enseigné la musique pendant son séjour à Genève [1] :

Mlle Durand, votre écolière, qui donnait des leçons de musique et touchait les orgues de la Mugdeleine, a renoncé à tout cela depuis deux ans et s'est mariée à un monsieur Briquet, ministre. Ce jeune homme, qui

---

[1] Reg. 20 804, f° 241.

a huit ou dix ans de moins que sa femme, est, dit-on, fortement instruit et a du mérite ; il tient un nombreux pensionnat de garçons. J'ai connu une demoiselle Gusmann, grande et jolie personne, à peu près de mon âge, qui donnait aussi des leçons en ville. Elle mourut, il y a plusieurs années, d'une maladie de poitrine. Elle a une sœur qui tient un pensionnat de demoiselles. Je ne sais laquelle a été votre élève.

Il est évident que le vieux maître cherchait à se renseigner sur ses anciennes élèves, et demandait à Mlle Autran de s'informer de ce qu'elles étaient devenues. Questionnée ainsi sur une demoiselle Nicole, Mlle Autran répond qu'elle ne l'a jamais connue. Genève était, paraît-il, à cette époque, une ville où l'on s'occupait beaucoup de musique. Mlle Autran, dans sa lettre du 24 février 1836, raconte à son correspondant « qu'on a établi à Genève, depuis six mois environ, un Conservatoire de musique où l'on donne gratis des leçons de chant et de piano. Cela, joint à la foule des maîtres et maîtresses de musique, ferait, je crois, qu'un étranger ne retrouverait pas facilement des écolières. Mais je pense pourtant, ajoute avec politesse Mlle Autran, qu'il n'en serait pas tout à fait ainsi de vous qui êtes connu et aimé dans notre ville. Sans parler de l'estime que chacun a pour vous, on se souvient de vos talents, et je ne doute pas qu'on vous donnât la préférence ».

Il y a tout lieu de supposer que Buonarroti, dans le cas où le Gouvernement français l'obligerait de nouveau à quitter la France, se préoccupait de retrouver à Genève, en donnant des leçons de musique, quelques ressources pour vivre. Il résulte, du reste, d'une lettre que lui adressa Mlle Autran, le 4 juin 1836, que Buonarroti lui avait manifesté l'intention de revenir à Genève, et elle cherche à le détourner de son dessein. Dans cette même lettre, il faut relever ce renseignement curieux : « Le prince de Rohan ne vit plus avec Louise Marat : il lui fait une pension, pour elle et ses enfants, et la tient toujours sous espèce de malveillance : je crois qu'elle est dans les environs de Paris. »

Buonarroti ne ressemblait pas, paraît-il, à la plupart des vieillards, sur qui les deuils des êtres les plus aimés glissent assez rapidement, sans y laisser d'impression profonde. Il ne pouvait, au bout d'un an, se consoler de la disparition de son amie Sarah Desbains. Mlle Autran, dans une lettre du 7 mai 1836, s'apitoie sur la douleur persistante du vieillard trop sensible [1] :

[1] Reg. 20 804, f° 256.

La préoccupation que me donnait la maladie de mon père ne m'a point empêchée de penser tristement à ce malheureux jour du 20 avril. Je me suis retracé ces douloureux moments que vous m'avez si bien peints, et si, d'un côté, j'ai vu la fin des souffrances de ma chère tante et le bonheur qui remplit son âme, dégagée de ce misérable corps, j'ai vu aussi votre isolement, et *votre interminable désolation*. Voilà une année écoulée et ce temps ne vous a point soulagé : il semble que la douleur ait plus de prise sur les grandes âmes dont la force semble alors se tourner contre elles-mêmes. Cependant, vous avez une philosophie trop élevée pour vous laisser aller au découragement....

Ce chagrin qui ne s'apaise pas avec le temps a évidemment exercé une influence déprimante sur la santé de Buonarroti. Il ne tenait plus à vivre et, en juillet 1836, il subit une crise qui inquiéta ses amis. C'est ce qui résulte d'une lettre de Mlle Autran, en date du 13 juillet [1] :

J'ai ressenti un vif chagrin en apprenant *le nouvel accident* qui vous est survenu. Dieu merci! il paraît qu'il n'aura aucune suite fâcheuse ; mais je comprends qu'il a dû causer un juste effroi à vos amis. Certes, vous n'avez pas peur de la mort qui dégagera votre âme d'un corps sujet à mille maux ; mais c'est un devoir de chercher à conserver ses jours lorsque, comme vous, on peut être utile par l'influence de son caractère et de ses idées.

En août 1836, Buonarroti « était revenu à son

---

1. *Reg.* 20 804, f° 268.

état ordinaire[1] ». Mais, en novembre de la même année, le mal reparut, comme nous l'apprennent à la fois les lettres de Camille, du 7 novembre et de Mlle Autran, du 16 novembre. « Vous avez donc eu à subir, écrit cette dernière, une de ces pénibles crises qui doivent tant vous éprouver? » Mais le malade se remit encore et sa correspondante écrit en décembre pour constater avec satisfaction que « la dernière crise de Buonarroti n'a eu aucune suite fâcheuse[2] ».

Nous avons cru intéressant d'analyser cette correspondance intime du vieux démocrate qui éclaire d'un jour nouveau sa sensibilité et l'influence qu'a eue sur sa santé la perte d'une brave femme qui lui donnait des soins dévoués. Pour montrer maintenant quelle admiration affectueuse il inspirait à ses amis, nous citerons encore quelques lettres de son ami le Saint-Simonien Genevoix qui ont été conservées.

La plus ancienne remonte au 28 octobre 1832[3]. Genevoix fait savoir à Buonarroti qu'un sieur Hugues lui a légué 600 francs de pension; que les deux enfants du défunt auront encore de 15 000

---

1. Lettre de Mlle Autran. *Reg.* 20 804, f° 274.
2. *Ibid.*, f° 293.
3. *Ibid.*, f° 162.

à 18 000 francs. Leur tuteur, M. Victor Margot, serait disposé à faire à Buonarroti une avance sur cette pension; mais, dans une autre lettre, datée de Grenoble 9 février 1833, Genevoix ajoute que la liquidation de la succession Hugues présente des difficultés et traîne en longueur. M. Margot se refuse à avancer des fonds[1]. Genevoix est découragé. Le temps n'est plus aux enthousiasmes et aux dévouements désintéressés :

> C'est avec bien du regret que je vous annonce que je ne connais plus ici personne qui puisse se lier d'amitié avec vous. Les amis d'autrefois ne sont plus reconnaissables : l'amour du bien ne les réchauffe plus, usés qu'ils sont d'une si longue lutte. Ils ont fait leur temps. Lucullus est casé, et, quand j'ai voulu, d'après votre lettre, lui rappeler ses anciens dons, il ne s'en est plus souvenu. Dans mes rapports avec la jeunesse nouvelle, je ne trouve rien qui puisse faire hasarder en vous et vous y chercher le correspondant que vous me demandez.

Genevoix, lui, conserve son idéal, « son amour de l'humanité » : il a foi dans le Saint-Simonisme, et il rêve une nouvelle organisation sociale

---

[1]. Il résulte cependant d'une lettre, adressée le 11 juillet 1834, à M. Félix Réal, que « M. Buonarroti a touché 800 francs qui lui ont été avancés par Froussard et qui ont été remboursés à ce dernier par la succession Hugues Blanc ». La lettre ajoute : « C'est au delà de ce qui lui revient et les exécuteurs testamentaires ne peuvent faire plus ». *Reg.* 20 804, f° 182.

pour mettre fin aux misères et aux vices de vingt millions de prolétaires :

Dieu veut, écrit-il, que, sur la route du progrès, il n'y ait point d'efforts inutiles, de pas perdus. Je n'ai point cessé d'être Saint-Simonien : j'ai foi en celui que nous appelons notre Père, et je reçois de lui ma direction : car lui seul entre tous sait le remède aux maux du présent et a le sentiment de l'organisation sociale de l'avenir. L'ancienne politique libérale paraît maintenant tout à fait usée; le journalisme du jour sera bientôt aux abois : c'est une spéculation qui va tomber si une vie nouvelle ne lui est rendue. Je m'attends, sous peu d'années, à voir la politique Saint-Simonienne occuper tous les esprits, car je la crois la seule vraie, par conséquent la seule bonne à pratiquer.... Ne vous prenez-vous point de pitié comme moi à voir les républicains défier en champ clos les carlistes, s'écriant qu'il faut en finir avec ce parti? Il faut avoir un étrange transport au cerveau pour croire qu'en trempant aujourd'hui leur Constitution dans le sang, chacun ne fuira pas devant cet étendard. Et toutes ces belles choses parce que Madame de Berri est enceinte ou non? N'entendent-ils pas l'Humanité crier à la folie?
Quand donc laissera-t-on toutes ces billevesées politiques, véritables jongleries, pour songer enfin qu'il y a en France vingt millions de misérables, livrés à l'abrutissement, à l'abandon, pour lesquels tout le bavardage constitutionnel, libéral ou légitimiste, agréable distraction, manière de tuer le temps de Messieurs les bourgeois, n'est que de la plus amère dérision?

Les deux amis cessèrent de correspondre de 1833 au début de 1837, la dernière année de la vie de

Buonarroti, parce que Genevoix voyagea. Quand il revint à Grenoble, il s'empressa d'écrire à l'apôtre de l'Égalité. Sa lettre est adressée « au citoyen Buonarotti (*sic*) », et demande qu'on envoie la réponse à Augustin *Thévenet*, négociant à Grenoble.

Dans cette lettre, qui est datée du 18 janvier 1837[1], Genevoix se plaint d'abord de n'avoir pas vu Buonarroti depuis longtemps. Il arrive d'un long voyage et se rappelle au souvenir « de celui que ses leçons et son noble exemple enthousiasmèrent de bonne heure de l'amour des hommes. Il y a déjà, dit-il, bien des années que je ne vous embrassai pour la dernière fois dans le canton de Vaud, lorsque la haine que vous portait le despotisme vous força d'aller en Belgique chercher un asile que vous refusait un gouvernement républicain ». Genevoix ajoute qu'il se propose d'aller à Paris « et le jour où il serrera sa main dans celle de Buonarroti sera le plus beau jour de sa vie » !

Il parle ensuite de Hugues Blanc « qu'ils ont tant aimé tous les deux », de sa fille, « que Genevoix a reçue dans ses bras dès sa naissance,

---

1. *Reg.* 20 804, f° 299.

presque au moment où son ami tournait vers lui son dernier regard ». Cet enfant a aujourd'hui cinq ans. Par un fatal concours de circonstances, elle n'aura absolument rien de la fortune de son père. Comme Buonarroti a conservé des papiers provenant de Hugues, Genevoix les réclame pour les garder en dépôt et les remettre plus tard à la fille de l'ami regretté. Il termine en accablant son correspondant de compliments dithyrambiques. « Rien n'est beau, s'écrie-t-il, comme la foi de Buonarroti à la liberté.... Votre vie est grande à mes yeux ! »

Buonarroti répondit à cette lettre, si chaude, le 5 février 1837, et, le 8 mars, Genevoix adresse au vieillard une nouvelle épître :

Il le remercie d'abord de lui avoir envoyé « une intéressante notice sur Maximilien (*Robespierre*) dont il devine le courageux et véridique auteur :

Réhabiliter sa mémoire, encore trop méconnue, est un grand acte de justice et le devoir de tout homme convaincu. Maximilien a toujours été à mes yeux, dit Genevoix, un grand citoyen, un de ces hommes qui apparaissent à ces époques décisives où l'Humanité fait brusquement un pas vers le progrès pour en rendre la marche et plus libre et plus ferme. Les époques vraiment révolutionnaires ne sauraient manquer de ces hommes providentiels que nous appelons génies protecteurs des révolutions. Robespierre fut celui de notre grande révolution; mais il dut tomber, du moment qu'il dépassa les bornes de sa puissance première. Il fut adoré du peuple, et cela était juste. Il l'aima et s'était dévoué exclusivement à sa cause (trop peut-être) et voulait le doter des jouissances du patrimoine des riches : éducation et bien-être.

Seulement, pour opérer une telle révolution, un décret ne suffisait pas. « C'est le fait d'une organisation sociale nouvelle ou, pour mieux dire, religieuse qui viendra, mieux que n'a pu le faire encore le divin christianisme, relier d'un intérêt commun, sous une foi commune, tous les membres de la société. »

Genevoix espère ne point trop s'éloigner de la foi politique ou de la foi *religieuse* de Buonarroti. « J'ai *appris*, dit-il, à comprendre et à aimer *vos idées religieuses*. Parlez-moi longuement de cet important sujet. » Thévenet, l'hôte et l'ami de Genevoix, n'a point oublié les leçons de musique que lui a données Buonarroti à Grenoble.

Je ne sais s'il faut attribuer à Genevoix une lettre du 11 juillet 1837, qui se trouve dans les papiers de Buonarroti et qui est signée « l'Apôtre[1] ». Elle contient ce passage dont le caractère principal n'est certes pas l'optimisme :

1. *Reg.* 20 804, f° 337.

14

Je vois avec peine que vous jetez quelques regards de regret sur la terre d'exil (*la Suisse*). Sans doute elle eut ses charmes, mais ce n'était pas la patrie. La France est belle, bonne, puissante, généreuse. Les hommes seuls la rendent mauvaise, et plus que jamais peut-être. *Je vois l'impossibilité d'un meilleur avenir.* Vos pensées, vos espérances sont celles d'une âme noble et vertueuse, mais que peut aujourd'hui la vertu contre les viles passions qui dégradent l'Humanité? Et ne voyez-vous pas que chacun ne pense ici qu'à *arriver*, terme d'argot qui veut dire : faire fortune?

Il n'y a de dupes en ce monde que ceux qui sacrifient leur existence, leur tranquillité, leur avenir aux égoïstes. Ce sont les plus nombreux, et tout ce qui s'est passé depuis 1830 n'est que la reproduction de toutes les révolutions dont nous parle l'Histoire. Les hommes ont donc presque toujours été les mêmes dans tous les temps et chez tous les peuples.... Voyez le nôtre! Depuis sept ans, a-t-on consacré un souvenir aux grands hommes qui fondèrent la Liberté en France? Tenez, mon respectable ami, après cela il ne faut compter sur rien. J'ai souvent présent à ma pensée ce que disait un homme célèbre dont vous fûtes l'ami et dont vous vénérez la mémoire :

« La vertu est en minorité sur la terre», disait-il, et il avait raison : les événements l'ont prouvé.... Il n'y a plus qu'à gémir et à se couvrir la tête d'un voile.

L'inoffensif rêveur qui, depuis le 9 thermidor jusqu'en 1830, avait vécu en prison ou en exil, semblait faire peur au gouvernement de Juillet. L'amnistie accordée aux condamnés de la Restauration n'avait pas été étendue aux condamnés politiques des époques antérieures. « Ses dernières années, écrit Trélat[1], ne furent pas à l'abri des défiances du pouvoir. En 1832, M. Gisquet, préfet de police, le fit arrêter et l'aurait expulsé de France, à soixante-douze ans, s'il n'eût opposé à cette violence les droits de citoyen français que la Convention lui avait décernés le 27 mai 1793. » Le même Trélat, dans le discours qu'il prononça au cimetière Montmartre, après la mort de son ami, revient sur ce curieux incident et reproduit le *dialogue* de Buonarroti avec l'employé chargé de l'interroger : « Monsieur, vous n'êtes pas Français. — Vous n'étiez pas né, répondit avec douceur le descendant de Michel-Ange ; cherchez dans vos cartons le décret du 27 mai 1793. » Mais le condamné de Vendôme restait toujours frappé de déportation et de mort civile. Voilà pourquoi il prit un nom d'emprunt.

D'ailleurs, on comprend parfaitement que le gouvernement de Louis-Philippe ait suivi avec inquiétude les mouvements des démocrates qui s'agitaient autour de Buonarroti[2]. Plusieurs histo-

1. *Almanach populaire de la France*, 1838, p. 87-89.
2. Dans son livre *le Parti républicain en France sous la monarchie de Juillet*, M. Tchernoff a essayé de préciser l'influence de la doctrine babouviste sur la marche de la pensée républicaine, p. 86. Il distingue en 1830, après la publication du livre de Buonarroti, deux écoles dans le parti républicain : l'une qui avait pour idéal la République parlementaire modérée, et pour

riens ont déjà mis en relief l'importance de son action secrète, non seulement en France, mais à l'étranger.

Nous avons déjà dit qu'en 1821-1822, il avait voulu reconstituer en Italie la Charbonnerie que la Sainte-Alliance avait presque anéantie, et comment il avait été la cause involontaire de l'arrestation du malheureux Andryane, son émissaire auprès des patriotes italiens. Ce douloureux souvenir l'avait rendu prudent, et, quand la répercussion de la Révolution de 1830 se fit sentir en Italie, quand les ennemis du régime monarchique se tournèrent vers le complice de Babeuf comme vers un guide et un oracle, il observa une attitude plutôt froide et réservée. Le fondateur de la *Jeune Italie*, Mazzini[1], par sa tournure

---

but le développement des libertés individuelles. A cette école se rattachaient la Société *Aide-toi*, et l'*Association pour la liberté de la presse*.

La seconde école, qui emprunte à Buonarroti ses tendances démocratiques, se composait surtout de républicains conventionnels, groupés dans la *Société des Amis du peuple*. Encore le manifeste socialiste de Blanqui, au procès des *Amis du peuple* de 1832, n'emploie-t-il pas les formules babouvistes. C'est seulement après la dissolution des sociétés républicaines, en 1834, que les principes de Babeuf se propagèrent, surtout dans les prisons. Ils ne perdirent crédit qu'en 1841, au moment du succès des doctrines icariennes.

1. M. Guizot appelle Mazzini « l'âme de l'Italie révolutionnaire » et il lui attribue l'idée d'organiser sur la frontière franco-suisse un mouvement destiné à passer les Alpes pour soulever

d'esprit mystico-démocratique, semblait cependant avoir des points de contact et des affinités d'esprit avec Buonarroti ; mais il se faisait de grandes illusions sur l'énergie comme sur le nombre des patriotes italiens, et n'attachait pas un grand prix au concours des républicains français. Cependant, lorsque Mazzini se rendit à Genève en 1833 et organisa, de concert avec le général Ramorino, qu'on lui avait adjoint, une expédition destinée à l'affranchissement de l'Italie, les chefs du parti républicain à Paris, sollicités de donner leur appui, se montrèrent, en général, disposés à seconder énergiquement l'expédition de Savoie.

Louis Blanc affirme [1] « qu'elle fut condamnée *comme téméraire et entachée d'alliage aristocratique* par le patriarche de la charbonnerie nouvelle, par Buonarroti ». Et l'historien trace du vieux conspirateur un portrait qui vaut la peine d'être cité :

Qu'on nous permette de ne pas poursuivre, sans avoir peint *cet homme si peu connu et qui est cependant l'une des plus grandes figures de notre époque.*
Né à Pise, Buonarotti [2] descendait de Michel-Ange.

l'Italie, en même temps que les ouvriers de Lyon suspendraient le travail dans tous les ateliers, si on leur refusait une augmentation de salaire.
1. *Histoire de Dix Ans*, t. IV, p. 194.
2. On observera que Louis Blanc estropie le nom du descendant de Michel-Ange.

La gravité de son maintien, l'autorité de sa parole, toujours onctueuse, quoique sévère, son visage noblement altéré par l'habitude des méditations et une longue pratique de la vie, son vaste front, son regard plein de pensées, le fier dessin de ses lèvres, accoutumées à la prudence, tout le rendait semblable aux sages de l'ancienne Grèce. Il en avait la vertu, la pénétration, la bonté. Son austérité même était d'une douceur infinie. Admirable de sérénité, comme tous les hommes dont la conscience est pure, la mort avait passé près de lui sans l'émouvoir, et l'énergie de son âme l'élevait au-dessus des angoisses de la misère. Seulement, il y avait chez lui un peu de cette mélancolie auguste qu'inspire au vrai philosophe le spectacle des choses humaines. Quant à ses opinions, elles étaient d'origine céleste, puisqu'elles tendaient à ramener le culte de la fraternité évangélique; mais elles devaient être difficilement comprises dans un siècle abruti par l'excès de la corruption. Car il est des vérités qui, bien que fort simples, sont d'une nature tellement sublime que, pour les embrasser, l'intelligence de la tête ne suffit pas : il y faut celle du cœur, sans laquelle il n'y aura jamais, même dans les esprits d'élite, que force apparente et trompeuses lueurs.

Buonarroti aimait donc le peuple, mais il l'aimait d'un amour profond, et non de cet amour emporté qui, produit par l'effervescence de la jeunesse, aigri plus tard par les déceptions de l'âge mûr, finit par s'imprégner de fiel, souvent dégénère en ambition et va se perdre dans les violences d'une démagogie sans principes. Buonarotti aimait le peuple; il n'avait cessé de conspirer pour lui, mais avec la défiance d'un observateur expérimenté et le calme d'un philosophe, étudiant les hommes avant de se livrer à eux, armé d'une clairvoyance qui touchait au soupçon, circonspect dans le choix de ses alliés, et tenant à leur nombre beaucoup moins qu'à la sincérité de leur dévoûment.

Témoin de notre première révolution, dont il fut sur le point d'être martyr, camarade de lit de Bonaparte, pendant sa jeunesse, il avait deviné le nouveau César et n'ignorait point par quelle pente on va de la liberté au despotisme, des agitations du forum à la discipline des camps. Il savait aussi que, souvent, aux meilleures causes, ceux qui les servent nuisent plus que ceux qui les combattent. Qu'avec de pareilles façons de voir, Buonarotti ne soit pas devenu en France, où il s'était fixé, le centre d'un parti bruyant, et n'ait fait que traverser, *presque inaperçu*, la scène politique, on le conçoit. Et toutefois, son action était loin d'être sans puissance. Pauvre, et réduit pour vivre à donner quelques leçons de musique, du fond de son obscurité il gouvernait de généreux esprits, faisait mouvoir bien des ressorts cachés, et, dans la sphère où s'exerçait son ascendant, secondé par Voyer d'Argenson et par Teste, tenait les rênes de la propagande, soit qu'il fallût accélérer le mouvement ou le ralentir.

Il refusa son approbation à la campagne révolutionnaire qu'on préparait à Genève, pour deux motifs : connaissant l'Italie, et instruit par ses correspondants de sa situation réelle, il ne voyait dans l'expédition de Savoie qu'une aventure sans issue ; et, d'un autre côté, il se défiait de certains hommes qu'on devait employer au succès de cette expédition. La vérité est que, parmi les complices de Mazzini, tous n'étaient pas guidés comme lui par de saintes croyances et par l'amour de l'humanité [1]. Or Buonarotti pensait que la vérité veut avoir pour défenseurs des soldats dignes

[1]. Buonarroti considérait Mazzini lui-même comme entaché d'aristocratie, à cause de ses relations avec Ciani, Belgiojoso et autres gros capitalistes de la Lombardie.

d'elle, et que ceux-là seuls méritent de servir le peuple qui peuvent lui faire honneur par leur vertu [1].

On sait que les comités italiens et leurs bailleurs de fonds, doutant un peu de l'aptitude de Mazzini

---

[1]. Au tome VIII de l'*Histoire socialiste*, p. 172, M. Eugène Fournière caractérise à son tour l'influence qu'exerça Buonarroti sur les futurs chefs du parti socialiste. Louis Blanc, dans le passage cité au texte, s'est proclamé lui-même son admirateur et son disciple. M. Fournière fait allusion à ce passage enthousiaste et ajoute : « De fait, nulle existence plus digne ne pouvait imposer la vénération que ces paroles expriment. Qui nous redira les entretiens passionnés et graves où le vieillard qui vécut les heures tragiques d'une révolution à laquelle il voulut donner un caractère social, formait la pensée du jeune Blanqui? Celui-là n'était pas un disciple docile et passif, acceptant sans examen la doctrine qu'on lui apportait, et puisa directement dans l'ardente pensée de Jean-Jacques Rousseau. Mais, si Blanqui n'accepte pas le mysticisme de Buonarroti, qui dépasse même l'admiration de Louis Blanc, puisqu'il déclare que ses opinions étaient d'origine céleste, mais devaient être difficilement comprises dans un siècle abruti par l'excès de la corruption, il reçut de lui la triple empreinte qui caractérise toute sa vie : la démocratie, le patriotisme et le communisme. Sans doute Blanqui lut avidement le livre que, deux ans avant la Révolution de Juillet, Buonarroti avait publié à Bruxelles : *la Conjuration de Babeuf*; mais c'est surtout de la bouche du vieux révolutionnaire qu'il reçut la tradition fondée sur l'échafaud du 8 prairial. »

Blanqui ne fit guère son apparition qu'en 1827, lors des troubles qui suivirent les élections : il fut blessé sur une barricade. Il parlait aux Amis du peuple et Henri Heine l'entendit. En janvier 1832, il figura comme accusé au procès des Quinze. Quand on lui demanda sa profession, il répondit : *Prolétaire*. Dans sa plaidoirie, il fut très violent, accusa les riches de rédiger les lois, à la Chambre, de les appliquer par le jury, de les exécuter par la garde nationale; réclama le *suffrage universel*, l'impôt sur le superflu des riches, la création d'une banque nationale, et traita 93 « d'épouvantail bon pour les portières et les joueurs de domino ». Ces violences, malgré le verdict négatif du jury, le firent condamner à la prison. Voir Georges Weill (ouvrage cité), p. 171, et *l'Enfermé*, par Gustave Geffroy (1897).

à diriger des troupes armées, lui avaient imposé la collaboration du général Ramorino dont la guerre de Pologne avait fait l'idole de la jeunesse italienne. Le général reçut une somme de 40 000 francs, avec la mission d'organiser et de commander une colonne révolutionnaire qui devait partir de Nyon, tandis que Mazzini formerait, à Genève, une autre colonne. Mais Ramorino rencontra de nombreux obstacles et, au bout de trois mois, il n'était pas encore prêt. Mazzini voulut à toute force agir sans plus tarder. Il força Ramorino à mettre les deux colonnes en mouvement à la fin de janvier 1834, l'une devant partir de Genève, l'autre de Nyon pour se réunir sur la route de Saint-Julien. Mais la colonne de Nyon fut immédiatement arrêtée par le gouvernement genevois; et la seconde, au lieu de se diriger sur Bonneville, fut acheminée péniblement le long du lac par Ramorino. Mazzini, désespéré, fut pris d'une fièvre intense et tomba sans connaissance. On l'emporta en Suisse sur une charrette, et Ramorino prononça la dissolution de la petite troupe. On l'accusa de trahison et il retourna le reproche à ses accusateurs.

L'Autriche, la Russie, la Prusse, la Sardaigne affectèrent de déclarer la Suisse responsable de cette tentative révolutionnaire, et, en France, le gouvernement royal entama des poursuites contre les journaux républicains, comme le *National* et le *Populaire*. La Chambre autorisa l'envoi en cour d'assises du rédacteur en chef de cette dernière feuille, le député Cabet, qui était très aimé dans les faubourgs de Paris.

Du reste, au début de cette année 1834, on pouvait se croire à la veille d'une reprise de la guerre civile, et les esprits n'étaient pas moins agités du côté des monarchistes conservateurs que du côté des républicains. Tandis que les premiers voulaient museler la presse populaire et supprimer le droit d'association, les autres tendaient ouvertement à rouvrir l'ère des révolutions. L'incident soulevé dans la séance de la Chambre du 26 janvier par une apostrophe de M. Dulong (qui n'admettait pas que les officiers fussent forcés d'obéir jusqu'à se faire *geôliers*), eut pour conséquence le duel du général Bugeaud avec Dulong, duel dont l'issue fut fatale pour Dulong. Lors de ses funérailles, la cour craignit une insurrection et mit sur pied toutes les troupes disponibles.

Puis, ce fut la réglementation de la vente et du criage des journaux sur la voie publique (loi du

16 février) qui provoqua la manifestation du 23 février (place de la Bourse) dont la répression par des agents de police, vêtus de blouses d'ouvriers, souleva de violentes protestations à la Chambre et dans la presse. Enfin, la présentation par le Gouvernement d'un projet de loi contre les associations (qui étendait les prescriptions de l'art. 291 du Code pénal, et donnait compétence, pour cet ordre d'infraction, aux tribunaux correctionnels, substitués au jury) porta au comble la passion des partis. M. Thiers, dans un discours qui trouverait certes son application au temps où nous sommes, combattit énergiquement l'amendement par lequel M. Bérenger remplaçait par le système répressif le système préventif du projet de loi, et permettait aux associations de se former sans autorisation, en réservant à l'autorité le droit de les dissoudre, *si elles devenaient dangereuses*. L'orateur soutint avec éloquence que le droit d'association, laissé à de simples individus, donnerait à l'anarchie le moyen de se discipliner et de mettre en péril l'action du Gouvernement, le droit de dissolution étant, d'ailleurs, chimérique puisque les associations dissoutes reparaîtraient sous un autre nom. M. Thiers, de l'aveu de Louis Blanc, avait raison de dire que sans la loi, telle

qu'elle était présentée, « c'en était fait de la monarchie constitutionnelle ». Mais le vote de cette loi acculait l'opposition aux perspectives des insurrections violentes, car ce que voulait l'opposition, c'était précisément la chute de la monarchie. Déjà la *Société des Droits de l'homme*[1], par ses manifestes et sa propagande, semblait convier le pays à un appel aux armes, et cherchait à se ménager des intelligences dans l'armée.

Buonarroti n'approuvait pas l'audace de cette

---

[1]. La *Société des Droits de l'homme et du citoyen* s'était formée peu de temps après la Révolution de Juillet 1830. A la suite du procès qui lui avait été intenté en décembre 1832, pour délit de réunion de plus de vingt personnes, la *Société des Amis du peuple*, bien que le verdict du jury lui eût été favorable, fut déclarée dissoute. Elle eut pour héritière la *Société des Droits de l'homme* qui se fondit avec la première au début de 1833, sous l'influence de Cavaignac. Un arrêt de la Cour d'assises, du 10 avril 1833, prononça la dissolution de la société ; mais cet arrêt demeura platonique.

Au sein de la *Société des Droits de l'homme*, il y avait deux courants, comme aujourd'hui au Comité radical-socialiste : le courant modéré, représenté par Cavaignac et les anciens adhérents de l'Association des Amis du peuple ; le second par les admirateurs de Saint-Just et de Robespierre. Ces néo-terroristes se teintaient volontiers de mysticisme. Une de leurs brochures contenait cette phrase : « Nous sommes chrétiens selon Jésus de Nazareth, car Jésus n'était qu'un républicain vertueux qui fut inspiré par l'Être suprême en révélant une loi nouvelle dont les bases consistaient à mettre tous les hommes au même niveau. » C'était bien la manière de voir de Buonarroti. (Voir le rapport de Girod de l'Ain à la Cour des Pairs, lors du procès d'avril (L $^{b\,51}$ 2 435) ; 4 volumes. *Déclaration de principes de la Société des Droits de l'homme et du citoyen* (L $^{b\,51}$ 126). Circulaire du Comité (L $^{b\,51}$ 1857) et G. Weill, *ouvrage cité*, qui résume ces documents, p. 98 et suivantes.

Société, qui n'avait pas concerté son action avec celle de la Charbonnerie, et qui commettait l'imprudence de se recruter au grand jour, en faisant connaître à tous les échos les noms de ses chefs[1]. Et, d'autre part, la *Société des Droits de l'homme* n'était pas parfaitement d'accord avec l'*Association pour la défense de la liberté de la presse*, dont le général Lafayette était le chef, et Étienne Arago le secrétaire.

Ce n'est pas à Paris, mais à Lyon que l'explosion se produisit. La cité lyonnaise était étroitement surveillée et contenue par une forte garnison qui n'attendait qu'un signal pour sévir contre le parti républicain[2]. Un grand banquet démocratique, annoncé pour le 5 mai 1833, fut ajourné au 12, après un arrêté préfectoral qui interdisait le banquet sans s'appuyer sur aucun

---

1. Il faut remarquer cependant que Voyer d'Argenson, l'ami de Buonarroti et son bienfaiteur, faisait partie du comité central de la *Société des Droits de l'homme*, ainsi que du Comité d'enquête de l'*Association pour la défense de la liberté de la presse*; qu'en outre, la *Société des Droits de l'homme* avait repris à son compte la Déclaration des Droits de l'homme, présentée à la Convention par Robespierre dont elle essayait la réhabilitation. Cela n'était pas pour déplaire à Buonarroti.
2. Déjà, en novembre 1831, pendant le ministère Casimir Perier, la question des salaires avait provoqué à Lyon de graves désordres. Les ouvriers vaincus avaient gardé un vif ressentiment de leur défaite.

texte de loi. Le Gouvernement fit condamner à 15 mois d'emprisonnement et à 5 000 francs d'amende le rédacteur de *la Glaneuse*, journal subventionné par M. Albert, et le condamné fut conduit à Clairvaux au milieu des voleurs. L'irritation du parti républicain lyonnais se traduisit par la formation d'associations comme la *Société du Progrès*, où se concentrèrent les débris de la Charbonnerie, et comme la *Société des Droits de l'homme*, organisée suivant le type de la Société de Paris, et, à la fin de l'année 1833, cette association lyonnaise dominait plusieurs département : l'Isère, la Drôme, l'Ardèche, la Loire, le Jura, Saône-et-Loire.

Une crise économique vint encore aigrir les esprits au début de 1834. Comme les fabriques de soie traversaient une période difficile, par suite de la rareté des commandes, les patrons crurent devoir réduire les salaires de vingt-cinq centimes par aune, sur le prix des peluches. La Société mutuelliste des ouvriers en soie décida alors la suspension du travail et força au chômage les ouvriers qui voulaient encore travailler. Le conflit tournait à l'état aigu.

Dans cette situation, le Comité lyonnais des Droits de l'homme expédia M. Albert à Paris pour prendre les instructions du Comité parisien, et réclama l'avis des chefs du parti démocratique. Buonarroti adressa au Comité lyonnais une lettre, signée *Maximilien*, et qui préconisait la sagesse et la modération comme les vertus les plus nécessaires aux républicains. Cabet, de son côté, dit à M. Albert, dans une entrevue qui eut lieu aux bureaux du *Populaire* « que la résistance devait être exclusivement légale; que tenter la fortune des armes serait une insigne folie; qu'il fallait plutôt se battre pour qu'on ne se batte pas [1] ».

1. M. J. Prudhommeaux, l'auteur du livre intitulé : *L'Icarie et son fondateur Etienne Cabet* (Paris, Société nouvelle de librairie et d'édition, 1907) a publié dans la *Revue de la Révolution française* (n° du 14 août 1908) un article fort intéressant, sous ce titre : « Babeuf jugé par un communiste de 1840 ».
Il a donné une lettre écrite à Cabet le 20 août 1840 par le citoyen Savary et retrouvée dans les papiers de J.-P. Beluze, gendre de Cabet et décédé à Meudon le 28 février 1908, à l'âge de quatre-vingt-sept ans. Ce Savary, né à Angers le 16 janvier 1810, était l'un des adversaires les plus violents de la monarchie de Juillet. Membre de la Société des Droits de l'homme en 1832, il collabora au *Bon Sens*, et la hardiesse de ses écrits lui valut l'honneur de figurer, en 1835, au nombre des 67 démocrates parisiens chargés de défendre devant la Cour des Pairs les accusés d'avril. Il fut, en 1848, candidat à la députation et adjoint au maire du XII° arrondissement jusqu'au 15 mai. Il rentra dans l'ombre après les journées de Juin.
Or ce Savary avait été très blessé par les appréciations que Cabet avait émises en 1839 dans son *Histoire populaire de la Révolution française* (59° livraison) sur Babeuf et les condamnés de Vendôme. Cabet n'était pas partisan des coups de force et des violences révolutionnaires. Il aurait voulu créer en France un parti de *Communistes légalitaires*, et s'efforça de réaliser son dessein à partir de 1842; mais il ne fut pas suivi par les néo-babouvistes qui obéissaient, depuis 1831, à l'impulsion de la

Garnier-Pagès aussi conseilla le calme, et Armand Carrel n'eut pas besoin d'aller à Lyon avec

Société des Droits de l'homme et reprenaient les traditions de Robespierre, Couthon et Saint-Just. M. Prudhommeaux estime qu'au lendemain des émeutes d'avril 1834, ces néo-babouvistes, « saluant en Babeuf leur héros de prédilection », admirent l'inspiration prolétarienne de sa doctrine de l'Égalité des biens et des jouissances. C'est parfaitement exact, mais il faut faire quelques réserves en ce qui concerne Buonarroti, lequel était assurément, lors des émeutes de 1834, le chef du parti des Égaux.

Savary, dans sa lettre à Cabet, reproche à ce dernier « de professer une opinion désavantageuse à Babeuf et aux autres défenseurs de l'Égalité, ces illustres martyrs » ! Cabet avait constaté que Babeuf fût thermidorien. Rien de plus incontestable assurément ; mais Savary plaide les circonstances atténuantes, sous prétexte que les martyrs de germinal et de prairial ont aussi concouru au renversement de Robespierre et se sont également mépris sur ses intentions. Il ajoute que Maximilien « a expié *son erreur*, en versant son sang pour la continuation de l'œuvre révolutionnaire. » Même argumentation, en ce qui concerne les relations de Babeuf avec des personnages aussi méprisés que Tallien et Fouché. En thermidor, « ils étaient diversement appréciés ». Cabet, comme bien d'autres bons citoyens, ne s'était-il pas d'abord rallié à la monarchie de Juillet, qu'ils combattirent ensuite quand ce régime devint hostile au peuple ? Et Savary invoque, en faveur de Babeuf, objet d'accusations infamantes, le témoignage « de Buonarroti qui hautement se proclame l'ami de Babeuf et nous le peint comme un homme sensible, infatigable ami de la justice, probe, désintéressé et pauvre.... »

Cabet répondit, le 25 août 1840, en termes assez hautains et assez brefs. Il dit en substance : « Vous ne partagez pas mon opinion ; voilà tout ! J'espère que vous la partageriez si nous pouvions causer. En attendant, je conserve mon opinion personnelle. Vous vous croyez infaillible. Je ne suis pas de force à répondre. » L'entrevue, qui eut lieu le 11 janvier 1841, entre Cabet et Savary ne changea rien à leurs idées respectives ; mais Cabet, en réprouvant les tentatives violentes (en 1840), restait fidèle à ses opinions de 1834, et il était intéressant de constater, avec Louis Blanc, que le fondateur de l'Icarie se trouva d'accord avec Buonarroti, le chef des Égaux, pour blâmer l'insurrection des ouvriers lyonnais.

Godefroy Cavaignac[1], comme il l'avait proposé à Albert. Les mutuellistes de Lyon reprirent le travail le 22 février 1834.

Mais, brusquement, la loi contre les associations[2] réveilla les colères endormies, et le Gouvernement commit l'imprudence, après la reprise des travaux, de faire emprisonner six mutuellistes, comme chefs de la coalition. Leur procès fut fixé au 5 avril, puis renvoyé au 9, à la suite d'une première manifestation populaire sur la place Saint-Jean où se trouvait situé le tribunal correctionnel. Le 9, vers dix heures et demie, le tribunal ouvrit sa séance, et Jules Favre plaidait pour les accusés quand on entendit un coup de feu; peu après, un homme blessé à mort fut apporté dans la cour. C'était un agent de police qui faisait une

---

1. Godefroy Cavaignac, né en 1801, était le fils du conventionnel. Il se signala déjà au collège Sainte-Barbe par son humeur batailleuse; puis alla rejoindre son père à Bruxelles, au milieu du petit groupe des régicides. Revenu à Paris, il s'affilia à la Charbonnerie et à la Société *Aide-toi, le ciel t'aidera*. Il fit ses premières armes politiques en 1831, lors du procès intenté à plusieurs républicains, et fit une harangue où il prédisait le triomphe de la République. Il était riche et sa maison servait de centre à l'élite de la jeunesse républicaine.

2. La loi sur les associations du 10 avril 1834 soumettait à la nécessité de l'autorisation du Gouvernement, et d'une autorisation toujours révocable, toutes les associations formées selon les termes du Code Pénal « pour s'occuper d'objets religieux, littéraires, *politiques ou autres*. » M. Guizot reconnaît, au t. III, p. 230 de ses *Mémoires*, que « c'était une loi de circonstance... ».

barricade et sur lequel un gendarme avait tiré[1].

Il y avait à Lyon dix mille hommes qui avaient reçu la consigne de faire feu sur quiconque paraîtrait dans les rues. Dès que les barricades se formèrent et que les ouvriers prirent une attitude menaçante, la troupe commença, sur divers points, la fusillade, notamment au pont au Change, dans la rue Saint-Pierre-le-Vieux et passage de l'Orgue.

Le lendemain, 10 avril, la lutte recommença avec violence au faubourg de Vaise, à la Guillotière, autour du collège en feu et de l'Hôtel de Ville. Place des Cordeliers, au centre de la ville, Lagrange dirigeait la résistance. Le colonel Monnier tomba devant la barricade de la rue Saint-Marcel, et les soldats furieux montèrent dans les maisons voisines où ils tuèrent des gens inoffensifs. En réalité, il n'y avait, d'après L. Blanc, que deux à trois cents insurgés en armes[2]. Aussi,

---

[1]. Il faut bien reconnaître que le mouvement avait un caractère nettement politique, car, le 8 avril, une proclamation, très républicaine et très violente, contre le roi et ses ministres fut répandue à profusion dans les rues de Lyon. On en trouvera le texte dans l'annexe XII du t. III des *Mémoires* de M. Guizot : *Récit de l'insurrection de Lyon en avril 1834, écrit en mai par un témoin oculaire.* Ce récit ressemble à un rapport officiel ou à un document de police.

[2]. Le témoin oculaire cité par M. Guizot évalue à douze cents les insurgés de la Croix-Rousse, dont sept cents seulement, il est vrai, avaient des fusils. Les manifestants auraient perdu cinq cents hommes, tués ou blessés.

dans la journée du 12, la troupe n'eut-elle que peu de peine à occuper la Guillotière, le faubourg de Vaise et le quartier des Cordeliers. L'église Sainte-Bonaventure fut le théâtre de la dernière scène de carnage, malgré l'intervention des prêtres qui réclamaient la grâce des vaincus. Le 14, la ville était entièrement pacifiée. On estime que les troupes avaient 5 officiers et 49 soldats tués, 24 officiers et 298 soldats blessés [1].

La propagande du *Comité des Droits de l'homme* s'était exercée aussi sur l'armée ou, du moins, elle avait secondé les projets de quelques sous-officiers républicains de la garnison de Lunéville (Thomas, Bernard, Tricotel, de Regnier, Lapotaire, Birth, Caillé, Stillar) qui ne visaient à rien moins qu'à soulever les trois régiments de cuirassiers de cette ville pour marcher sur Nancy, y proclamer la république, et revenir ensuite sur Paris, en soulevant le peuple et les troupes au passage! Le 16 avril 1834, c'est-à-dire quelques jours à peine après la répression de l'insurrection de Lyon, Thomas et Bernard réunirent au Champ de Mars, à huit heures du soir, environ quatre-vingts sous-officiers et soldats, et les détermi-

---

1. Sur l'insurrection lyonnaise, voir G. Weill, *ouvrage cité*.

nèrent à commencer le mouvement à minuit. Mais, quand ils revinrent dans leurs quartiers, ils furent enveloppés et, pour la plupart, arrêtés. Ils avaient été dénoncés au général Gusler, et il n'en pouvait être autrement, car trop de gens avaient été mis au courant du complot. Sur divers points de la province, quelques troubles furent également signalés à cette époque, notamment à Arbois; mais ils s'apaisèrent d'eux-mêmes, car les révolutionnaires reconnurent que le succès était impossible.

A Paris [1], M. Thiers, après avoir agité le spectre rouge pour effrayer la bourgeoisie, supprima la *Tribune* et enleva à M. Mie son brevet d'imprimeur. Armand Carrel n'osa pas insérer au *National* un manifeste du *Comité des Droits de l'homme*, destiné à soutenir les insurgés lyonnais. Comme les membres du comité des Droits de l'homme étaient connus, il fut facile d'en arrêter plusieurs. Une poignée de citoyens ayant osé descendre dans

---

[1] Un gentilhomme breton, neveu par sa mère de La Tour d'Auvergne, le premier grenadier de France, et qui avait servi quinze ans dans l'armée, M. de Kersausie, s'était affilié à la *Société des Droits de l'homme* et était aussi carbonaro. Sous le titre de *Société d'action*, il avait réuni 1 200 hommes déterminés, auxquels il donnait isolément le mot d'ordre. C'était bien un imitateur des procédés de Babeuf. Il échappa aux arrestations ordonnées par M. Thiers, ainsi que Godefroy Cavaignac.

la rue et construire quelques barricades dans les rues Beauboug, Geoffroy-Langevin, Aubry-le-Boucher, aux Ours, Maubuée, Transnonain, Grenier-Saint-Lazare, une armée de 40 000 hommes, avec 36 canons, fut mise en mouvement pour réduire ces audacieux. Le combat commença le 13 avril, dans la soirée. Un officier d'état-major de la Garde nationale fut tué, un colonel de la 4ᵉ légion, M. Chapuis, blessé grièvement. Le lendemain, eut lieu l'affaire de la rue Transnonain. La troupe, arrivant par la rue de Montmorency et par la rue Transnonain, enleva une barricade, monta dans une maison et tua quelques personnes : les nommés Guitard, Larivière, Brefford, Lepère et... *Robiquet* [1]. Les soldats exaspérés massacrèrent encore d'autres citoyens inoffensifs qui s'étaient renfermés chez eux, dans la crainte des insurgés et non des troupes. Sous prétexte qu'on avait tiré sur eux de l'immeuble portant le n° 12 et tué un capitaine qu'on transportait blessé sur une civière, ils frappèrent au hasard, même des femmes, des vieillards et des enfants! M. Guizot lui-même a

---

1. Cet homonyme m'est aussi inconnu que le gendarme *Robiquet* qui fut chargé de garder Fouquier-Tinville, après son arrestation.

déploré « ce massacre *indistinct* et cruel [1] ».

Le Gouvernement profita de ces événements tragiques pour ériger la Chambre des Pairs en Cour de justice, et la charger de juger tous les auteurs d'un prétendu complot dont les troubles qui avaient éclaté en ce mois d'avril, sur différents points de la France, n'auraient été que des manifestations diverses. On n'osa pas inculper M. Voyer d'Argenson, le protecteur de Buonarroti, le gendre de M. de Lascours, pair de France. Quant à Lafayette, il s'éteignit le 20 mai, et la dynastie d'Orléans, qui lui devait le trône, ne le pleura pas, car elle redoutait ce survivant de la Révolution dont le nom pouvait servir de ralliement aux républicains [2]. Ses funérailles ne donnèrent lieu à aucuns désordres.

Ce qu'on appela *le procès d'avril* prit des pro-

1. Voir le mémoire de Madame d'Aubignée dans l'*Histoire de Dix Ans*, t. IV, p. 301.
Nous avons emprunté à Louis Blanc la plupart des faits relatifs aux insurrections de 1834, mais nous faisons toutes réserves sur les tendances du récit de l'historien, évidemment trop favorable aux insurgés. Après tout, le Gouvernement ne faisait que se défendre, ce qui est le droit de tout Gouvernement.
2. La Chambre des députés, qui touchait au terme de ses pouvoirs, fut dissoute le 24 mai 1834, après avoir voté la loi qui réglait à quelles conditions des armes et des munitions de guerre pourraient être possédées, et quelles peines encourraient les contrevenants. Les élections furent très favorables au Gouvernement, et l'opposition y perdit plus du tiers de son effectif.

portions colossales. On arrêta deux mille personnes et l'on interrogea quatre mille témoins; les commissaires instructeurs entassèrent dix-sept mille pièces. La Chambre des Pairs, constituée par ordonnance du roi en Cour de justice, aurait pu avoir des doutes sur sa compétence que la presse d'opposition contestait avec énergie [1]. En effet, l'art. 28 de la Charte ne permettait à la Chambre des Pairs de connaître que des crimes de haute trahison et des attentats à la sûreté de l'État *qui seraient définis par la loi*. Or cette loi n'existait pas. Mais la Chambre des Pairs se déclara compétente dans l'arrêt de mise en accusation du 6 février 1835, proclama connexes les faits qui s'étaient passés sur les différents points du territoire, ordonna la mise en liberté de certains prévenus et la mise en accusation de ceux contre lesquels il existait des charges suffisantes. Le jour de l'ouverture des débats était laissé à la désignation du président de « la Cour des Pairs ».

Le 20 mars 1835, M. Pasquier, président de la Cour des Pairs, décida que des avocats d'office seraient imposés aux accusés, ce qui souleva les protestations les plus vives, tant de la part de

---

[1]. Voir l'article du *National* en date du 10 décembre 1834.

ces derniers que de la part du barreau. Le Conseil de l'ordre, dont le bâtonnier était Philippe Dupin, prit, le 6 avril, une délibération portant que « si les accusés persistaient dans leur résistance, il serait impossible d'engager avec eux une lutte sans convenance et sans dignité. » Le barreau de Rouen, à la même date, protesta avec plus d'énergie encore contre la décision de M. Pasquier, et presque tous les barreaux de France prirent la même attitude. La Cour des Pairs fut forcée de déclarer qu'elle ne contraindrait personne à plaider d'office.

Les accusés auraient pu se borner à se laisser juger sans défense. C'est ce que voulaient les accusés parisiens, et aussi les sous-officiers de Lunéville; mais les Lyonnais tenaient à des débats qui devaient détruire les calomnies répandues contre les insurgés de Lyon. Jules Favre, membre du barreau lyonnais, insista très vivement dans ce sens et eut de violentes discussions avec Armand Carrel et Michel de Bourges : l'avis de l'immense majorité des défenseurs fut qu'on ne devait accepter les débats que si la défense était entièrement libre.

Lorsque le procès commença, le 5 mai 1835, les Parisiens refusèrent de répondre à l'interrogatoire, et les Lyonnais répondirent. La Cour rendit un arrêt pour repousser 13 citoyens, non inscrits au tableau des avocats ou des avoués [1]. Telle fut la violence des protestations des accusés, dans les audiences des 6 et 7 mai, que le procès sembla devenir impossible. La Cour finit par décider qu'en cas de tumulte, les accusés pourraient être amenés séparément devant les Pairs, et qu'on pourrait lire l'acte d'accusation même en l'absence de ceux des prévenus qui se seraient fait exclure de l'audience.

Un certain nombre de défenseurs — vingt-cinq ou trente — se réunirent rue des Maçons-Sorbonne et entendirent la lecture d'une lettre aux accusés, rédigée par Michel de Bourges. Elle parut le lendemain dans *la Tribune*, et *le Réformateur*, avec les signatures des défenseurs. Seulement, les vingt-cinq ou trente défenseurs présents rue des Maçons-Sorbonne atteignaient le chiffre de 91 dans *la Tribune*, et celui de 109 dans *le Réformateur*, parce que les assistants avaient signé pour leurs amis. Comme la lettre était de la dernière violence et se terminait par ces mots : « L'infamie du juge fait la gloire de l'accusé », elle fut

---

[1]. Parmi ces citoyens figuraient Voyer d'Argenson, Trélat, Lamennais, Raspail, Pierre Leroux, Carnot, de Cormenin.

immédiatement dénoncée, le 12 mai, à la Chambre des Pairs par M. de Montebello. Or, parmi les prétendus signataires, se trouvaient MM. de Cormenin et Audry de Puyraveau, députés. La Pairie demanda à la Chambre l'autorisation de les poursuivre. Devant la commission, M. de Cormenin dit qu'il n'avait pas signé la lettre, qu'il n'avait pas davantage autorisé quelqu'un à signer de son nom; M. Audry de Puyraveau refusa de répondre, bien qu'il n'eût pas signé la lettre. M. de Cormenin, assez malmené par les républicains, prit sa revanche en protestant, le 22 mai, à la tribune de la Chambre contre l'éventualité de faire subir à un député la juridiction prévôtale de la Chambre des Pairs. Arago tonna aussi contre les corps politiques qui prétendent juger des délits politiques. M. Audry de Puyraveau, l'un des auteurs de la Révolution de 1830, fut néanmoins traduit devant les Pairs; mais il écrivit qu'il ne comparaîtrait que par la force, et l'on n'insista pas.

Il était nécessaire de rappeler ces faits avant de préciser quel fut le rôle de Buonarroti dans cette affaire des accusés d'avril, et aussi pour donner une idée sommaire du progrès des idées républicaines et socialistes sous le Gouvernement de Juillet.

On a dit plus haut comment Buonarroti prit le prénom de Robespierre pour adresser aux Lyonnais, prêts à se soulever, des conseils de sagesse et de prudence. Certes, la suite avait prouvé à quel point il avait raison en prévoyant l'insuccès de cette émeute qui devait faire tant de victimes et motiver un sursaut de réaction. Mais, le mouvement une fois réprimé, Buonarroti ne se déroba pas à ce qu'il considérait comme un devoir de solidarité républicaine. Un de ses amis, Recurt, figurait parmi les inculpés contre lesquels l'arrêt de mise en accusation de la Cour des Pairs avait relevé « des charges suffisantes de s'être rendus complices d'un attentat ou tentative d'attentat, dont le but était soit de détruire ou de changer la forme du gouvernement, soit d'exciter les citoyens ou habitants à s'armer contre l'autorité royale; soit d'exciter la guerre civile en armant ou en portant les citoyens ou habitants à s'armer les uns contre les autres ». Crimes prévus par les articles 59, 60, 87, 88, 89 et 91 du Code pénal. Il accepta d'être son défenseur[1]. Et, en

---

1. Voir l'arrêt de mise en accusation. Louis Blanc, *ouvrage cité*, t. IV, p. 527, annexe n° 10.

effet, Buonarroti figure sur la liste des défenseurs choisis par les accusés parisiens. Mais il n'admit pas, avec sa loyauté simpliste, qu'on eût fait figurer sa signature au bas de la lettre de Michel de Bourges, adressée aux accusés et adoptée dans la réunion présidée par Trélat [1], qui, on le sait, finit, par assumer seul, avec Michel de Bourges [2], la responsabilité de la lettre; et la Cour de Paris condamna, pour ce fait, M. Trélat à trois ans d'emprisonnement et 10 000 francs d'amende, et Michel de Bourges à un mois d'emprisonnement et 10 000 francs d'amende [3]. La réunion des défen-

---

1. Ulysse Trélat avait été chirurgien militaire à la fin de l'Empire, et engagé volontaire pendant les Cent-Jours. Adhérent, parmi les premiers, à la Charbonnerie, il faisait partie de la Haute Vente. C'était un philanthrope, « un saint », suivant le mot de Michel de Bourges. Président des Amis du peuple après la Révolution de Juillet, il fut impliqué, en cette qualité, dans le procès de 1831. Voir sur Trélat : Béranger, *Correspondance*; George Sand, *Histoire de ma vie*, t. X, p. 71; Notice de la *Revue républicaine*, et Georges Weill, *Hist. du parti rép.*, p. 53; Tchernoff, *Le Parti républicain sous la monarchie de Juillet*, p. 247.

2. Michel de Bourges avait été commis, soldat, maître d'études, avant d'être avocat. C'était une singulière figure. A trente-cinq ans, il avait l'air d'un vieillard, par suite de sa calvitie et de son apparence chétive; mais ce corps frêle recélait le feu sacré de l'éloquence. Même contraste dans sa nature morale. D'une grande douceur de caractère, il réclamait par saillies impétueuses la guillotine et les procédés terroristes. Il a montré en 1848 la profondeur de ses illusions. Sur Michel de Bourges, voir Pinard, *Le barreau au XIXe siècle*; George Sand, *Hist. de ma vie*, t. X, p. 22, 41, 96; *le Temps* du 3 novembre 1897, à propos de l'inauguration de sa statue, et G. Weill, *ouvrage cité*, p. 86.

3. Mais les deux accusés avaient prononcé deux harangues formidables. Trélat notamment avait dit : « Messieurs les Pairs,

seurs avait, d'ailleurs, conformément à l'avis d'Armand Carrel, décidé qu'on nierait unanimement l'authencité des signatures, ce qui n'était peut-être pas très crâne.

Buonarroti écrivit, « *à ceux qui ont accusé Recurt* », la lettre suivante, qui se retrouve dans ses papiers[1] :

Recurt, un homme par vous accusé, m'a honoré de sa confiance; j'ai accepté et suis prêt à l'aider de mes faibles conseils, dans l'adversité qu'il n'a pas méritée. Recurt est mon ami; il m'a prêté une main secourable dans mes malheurs. Voilà comment je me trouve au nombre des conseils des citoyens que vous avez accusés[2].

je ne me suis pas défendu. Vous êtes mes ennemis politiques : vous n'êtes pas mes juges.... Il y a un monde entre nous. Condamnez-moi, mais vous ne me jugerez pas, car vous ne pouvez me comprendre. »

Et Michel de Bourges, termina son discours par ces mots :

« Si vous jugiez les accusés en leur absence, écoutez ce qui se passerait. Avant qu'il fût dix ans, le jardin du Luxembourg serait agrandi de tout l'espace occupé par votre palais, et, sur les ruines de votre salle de justice, le peuple planterait un poteau où se liraient ces paroles : *L'infamie du juge fait la gloire de l'accusé*.... Si l'amende m'atteint, je mettrai ma fortune à la disposition du fisc, heureux de consacrer encore à la défense des accusés ce que j'ai pu gagner dans l'exercice de ma profession. Quant à la prison, je me rappelle le mot de cet autre républicain qui sut mourir à Utique : J'aime mieux être en prison que de siéger ici, à côté de toi, César. »

1. *Reg.* 20 803, f° 239.
2. Recurt, très populaire au faubourg Saint-Antoine, était l'un des membres du Comité de l'Association libre pour l'éducation du peuple, démembrement de l'Association polytechnique. Cette association libre, fondée en 1831, et dissoute en 1832, après l'émeute des 5 et 6 juin, se reconstitua au début de 1833. Son

Quant à la lettre pour laquelle je suis inculpé, je ne puis voir dans cette inculpation que l'effet d'une méprise à laquelle je n'ai aucunement donné lieu. Mon nom a paru à la suite de deux actes attribués par les journaux aux défenseurs et conseils des accusés d'avril; une protestation et la lettre dont il s'agit. L'un et l'autre ne m'ont été connus que par les journaux, et, postérieurement, par leur publication : j'en ignorais absolument la pensée, je n'en avais entendu parler dans aucune circonstance, et je n'y ai pas apposé ma signature qui ne m'a été demandée par personne. A la suite de la première publication, je me plaignis de ce qu'on y avait fait figurer mon nom à mon insu : les citoyens Blanqui, Davignon et Michelet sont témoins. Après la seconde, j'ai réclamé par écrit la rectification de l'erreur. Je me résume : *ma religion est l'Égalité*, ma vie en a été, je crois, le témoignage; la déclaration incriminée m'a été absolument étrangère. Jugez.

Ce qui était au fond de cette rectification très sèche, c'était une désapprobation de manifestations oratoires qui n'étaient nullement dans le caractère de l'apôtre de l'Égalité : c'était peut-être la répudiation de l'origine mesquine et mercantile de l'insurrection de Lyon : une réduction de vingt-cinq centimes par aune sur le prix des peluches! Il ne s'agissait plus de transformer l'ordre social et de rendre les hommes tous égaux!

président était Dupont (de l'Eure), ses vice-présidents Arago et Cormenin. Dans le comité, figuraient Odilon Barrot, Nicod, Audry de Puyraveau, d'Argenson, La Fayette, Charles Teste, Carrel.

Buonarroti ne se contenta pas d'écrire à la Cour des Pairs : il adressa « aux défenseurs et conseils des accusés d'avril » une demande de rectification, celle probablement à laquelle il fait allusion dans le document qui précède.

Voici cette lettre [1] :

Paris, le 11 mai 1835.

Citoyens,

C'est sans doute par erreur que mon nom se trouve au bas de votre protestation et de la déclaration par vous adressée aux accusés que nous sommes appelés à aider de nos conseils. N'ayant pas signé ces pièces, dont je n'avais aucune connaissance avant de les avoir lues dans les journaux, j'ai été d'autant plus étonné de me voir cité dans la seconde que le citoyen Blanqui vous a rendu compte *de mon mécontentement*, à l'égard de l'apposition de mon nom à la suite de la première.

Plein de confiance *dans votre moralité* et *dans votre amour de la vérité*, je vous prie de faire rectifier de suite vous-mêmes l'erreur dont je me plains, et de faire biffer mon nom, inscrit mal à propos au bas des pièces susdites.

Bien décidé à mourir tel que j'ai vécu, je confesserai en toute occasion *la religion sainte de l'Égalité*, et je m'empresserai toujours de donner à ceux qui la défendent *avec sagesse*, courage et persévérance les témoignages de respect qui sont en mon pouvoir. Salut et fraternité.

Il ne faut pas oublier, du reste, qu'en mai 1835, Buonarroti, déjà très affaibli, venait de perdre sa

---

1. *Reg.* 20 803, f° 240.

garde-malade et amie dévouée, Sarah Desbains, morte le 20 avril, et qu'il regardait passer les choses et les hommes avec une sorte de lassitude désenchantée. Dans ses lettres à Mlle Autran, il parle « de sa douleur vraiment amère ». Et cette douleur ne s'était pas apaisée en mai 1836 [1], d'autant plus que sa femme, retenue au loin par « son âge avancé », ne pouvait aller le soigner. Depuis juillet 1835, il se laisse transporter chez Voyer d'Argenson, rue du Rocher, où il demeure comme une relique et un débris du temps passé [2].

1. Lettre de Mlle Autran du 7 mai 1836.
2. M. Eugène Fournière, dans son chapitre sur le règne de Louis-Philippe (*Hist. socialiste*, t. VIII) dit que Voyer d'Argenson, descendant d'une grande famille parlementaire et disciple de Buonarroti, quoique de moindre envergure que Blanqui et surtout plus docile, posa à la Chambre la question sociale dès les premiers jours du régime, en réclamant l'impôt sur le revenu et l'assistance aux ouvriers sans travail. Dans une brochure intitulée : *Boutades d'un homme riche, à sentiments populaires*, il développa la pensée révolutionnaire de Babeuf. Il incitait les pauvres à ne pas permettre aux riches de faire les lois et de rejeter sur les prolétaires toute la charge.
Dans son *Histoire du parti républicain en France* (de 1814 à 1870), p. 19, M. Georges Weill donne quelques détails sur Voyer d'Argenson.
Préfet de l'Empire, il avait tenu tête à Napoléon, à propos d'un verdict que l'Empereur fit casser. Membre de la Chambre introuvable, il osa seul dénoncer à la tribune les atrocités commises à Nîmes contre les protestants. En 1817, il prédit une nouvelle ère, et préconisa l'abaissement du cens de 300 francs et l'accroissement du nombre des électeurs; en 1819, il annonça à la Chambre que la France serait bientôt obligée de créer, comme l'avait fait l'Angleterre, une taxe des pauvres. En 1828, il réclama, pour abriter les ouvriers, des Bourses du travail,

Sa vie morale est brisée ; sa vie politique semble terminée, et il murmure, ainsi qu'un refrain, son acte de foi à la Sainte Égalité, sans se faire la moindre illusion sur la possibilité de réaliser son rêve. Quant au procès des accusés d'avril, tout le monde sentait la nécessité de le terminer coûte que coûte, surtout après l'évasion curieuse des détenus de Sainte-Pélagie, dans la soirée du 12 juillet. L'arrêt général de la Cour des Pairs,

alors qu'on ne voulait instituer que des Bourses du Commerce. Il railla Guizot et les philanthropes qui s'opposaient à toute modification dans la répartition des richesses. (Voir *Discours et Opinions* de Voyer d'Argenson (1845).

Il y a une forte contradiction entre les déclamations de Voyer d'Argenson, qui affirmait qu'en France « une immense quantité d'hommes était condamnée aux travaux forcés » et l'esprit de la majorité des ouvriers. Après Waterloo, les masses reprochaient beaucoup moins aux Bourbons leur politique économique et sociale que la tare qui venait de la protection humiliante de nos vainqueurs. M. Weill a cité (*Ibid.*, p. 27) deux brochures émanant d'ouvriers où cette vérité est mise en relief.

La première, écrite par un ouvrier imprimeur et datant de 1831, contient cette phrase : « Nous avons chassé le Gouvernement des Bourbons non pas parce qu'il nous rendait malheureux, *car le peuple ne fut jamais plus heureux que de 1816 à 1829*, mais parce qu'il nous avait été imposé par des prétendus vainqueurs, par la force étrangère et les traîtres de l'intérieur. » (*Étrennes d'un prolétaire*. L^b 51 1 127). La seconde brochure a pour auteur l'ouvrier Drevet et n'a été publiée qu'en 1858, sous ce titre : *Mystères de l'Hôtel de ville*; mais elle contient des souvenirs de Drevet relatifs à la période de la Restauration. Il raconte que, vers 1828, dans les réunions qu'il fréquentait assidûment, les orateurs ne manquaient pas de terminer leurs harangues par un couplet contre les traîtres de 1815 et la revendication de la frontière du Rhin : « Ce fleuve, disaient-ils, doit seul limiter notre puissance! » Hélas! les ouvriers de 1910 pincent d'autres guitares, beaucoup moins patriotiques.

relatif aux accusés de Lyon, fut rendu le 13 août 1835 [1] ; l'arrêt concernant les huit sous-officiers de Lyon ne devait être prononcé qu'en décembre. Bien que les accusés eussent toujours parlé comme s'ils s'attendaient à monter sur l'échafaud, aucune condamnation à mort ne fut prononcée, et la déportation fut la peine la plus grave.

Il serait oiseux de s'appesantir sur les deux dernières années de Buonarroti. Ses forces diminuaient de jour en jour et il était devenu presque aveugle. Des crises répétées faisaient pressentir sa fin prochaine. La mort vint enfin le délivrer de ses souffrances, le 16 septembre 1837. Tout le parti démocratique vint comtempler une dernière fois « sa tête si belle où s'était conservé le caractère des grandes proportions de Michel-Ange. Il paraissait dormir : on ne trouvait sur son visage rien de triste après la mort. Jamais on ne vit plus beau type [2] ». Ses dernières paroles, si l'on en

---

[1]. L'attentat de Fieschi est du 28 juillet. Il eut pour conséquence le vote des lois dites de septembre qui rétablissaient la censure, aggravaient la peine de la déportation, changeaient la majorité nécessaire pour les condamnations prononcées par le jury, édictaient les peines les plus graves contre l'offense à la personne du roi et les attaques contre le principe du gouvernement.

[2]. Notice de Trélat, *loc. citato*.

Une note qui se trouve au f° 282 du registre 20 803 nous

croit Trélat, furent les suivantes : « Je vais aller rejoindre bientôt les hommes vertueux qui ont donné de si bons exemples. »

Le National du 18 septembre publia cette note :

Le convoi de Philippe Buonarroti, ancien commissaire extraordinaire du Comité de Salut public, aura lieu demain lundi. On se réunira à quatre heures moins un quart à la maison mortuaire, rue du Rocher 38, pour se rendre de là au cimetière Montmartre.

Le deuil fut conduit par Ch. Teste qui « n'avait quitté Buonarroti ni jour, ni nuit jusqu'à son dernier soupir[1] ». On évalue à plus de quinze cents le nombre des personnes qui suivirent le convoi. Au cimetière Montmartre, Trélat prononça un discours ému qui résumait à grands traits la biographie de l'Apôtre de l'Égalité[2]. Après ce discours, un ouvrier tenant une couronne de chêne, s'avança près de la tombe et prononça les paroles suivantes : « Buonarroti, grand citoyen, ami de l'Égalité, le peuple te

apprend qu'on mit en vente, au prix de 8 francs, un médaillon de Buonarroti, chez Durand et C¹ᵉ, rue des Trois-Bornes, n° 15, au bout de la rue d'Angoulême. Un autre fut édité chez Richard, rue des Ursulines-Saint-Jacques, n° 4 ou 13 (*sic*) *en chambre*. Prix 5 francs.
1. *Le National* du 19 septembre 1837.
2. On en trouve le texte dans *le Radical* du 21 septembre 1837.

décerne cette couronne : l'Histoire et la Postérité consacreront cette ovation. »

Les amis du défunt ne l'abandonnèrent pas après l'avoir conduit à sa dernière demeure. Son corps avait été déposé dans un caveau provisoire et les démocrates voulaient ouvrir une souscription pour élever un monument au condamné de Vendôme ; mais Teste[1] s'y opposa parce que cette mise en scène « contrastait trop, suivant lui, avec la simplicité de ses mœurs et la modestie de son caractère ». D'ailleurs, le cadavre de Buonarroti ne resta pas dans ce caveau provisoire, et ses admirateurs ou amis prirent soin de le transférer dans une sépulture définitive ; mais l'initiative prise par Teste pour inscrire certaines phrases sur la dalle fnéraire souleva toutes les colères administratives.

---

1. D'après M. Fournière (*Hist. du règne de Louis-Philippe*, p. 174), Charles Teste, ami de Voyer d'Argenson, avait été poursuivi en même temps que lui pour la brochure intitulée *Boutades d'un homme riche* qu'il avait imprimée. En 1830, il était de ceux qui avaient essayé d'empêcher La Fayette d'ouvrir à Louis-Philippe l'accès du trône. C'était, comme Buonarroti, Voyer d'Argenson et Blanqui, un fervent partisan des idées communistes.

Ajoutons que Teste voulait donner à sa Constitution républicaine (projet de 1833. Lb^{51} 4776) une base religieuse (Louis Blanc, *Hist. de Dix Ans*, t. V, p. 102). Il affirmait que « tous les biens mobiliers et immobiliers, renfermés dans le territoire national ou possédés ailleurs par les membres de la société, appartiennent au peuple, qui seul peut en régler la répartition par les lois ».

Voici le texte de l'inscription que Teste s'était chargé de rédiger[1] :

PHILIPPE BUONARROTI
né à Pise (Toscane)
le 11 novembre 1761 ;
Naturalisé français par décret de la
Convention nationale
le 27 mai 1793 ;
Décédé à Paris, le 16 septembre 1837.

Sur l'un des côtés :

Ma vie orageuse, troublée, remplie de sacrifices et de douleurs, empreinte de la soif ardente du bonheur des autres, c'est là ce que vous avez à juger....
(Défense : Haute Cour de Vendôme, le 21 floréal an V de la République.)

Et sur l'autre côté :

Condamné à la déportation, frappé de mort civile, dans les cachots, en exil, au travers des plus cruelles persécutions, il n'en poursuivit pas moins son œuvre. Rien ne put ébranler son courage. Il vécut pour l'Humanité.

Il faut croire que le trône de Louis-Philippe se trouvait menacé par ces quelques lignes, qu'on jugerait aujourd'hui bien inoffensives : car il résulte d'une lettre adressée le 5 février 1839 à « Monsieur Teste, rue des Dames, à Batignolles-

---

1. *Reg.* 20 803, f° 285 et 286.

Monceaux », par le conservateur du cimetière Montmartre[1] que ce fonctionnaire prie Teste de passer à l'Hôtel de Ville (bureau des inhumations) — « relativement à l'inscription qui doit être gravée sur le monument de feu M. Buonarroti ».

Teste, agacé des longs retards apportés par l'administration dans l'étude de cette grave affaire, prend la plume et adresse au Préfet de la Seine le 9 février 1839[2] une lettre explicative.

Il confesse d'abord sa tendre affection pour Buonarroti; il constate que son ami, « ayant exercé les plus hautes fonctions, est mort pauvre; quelques amis ont fourni aux frais de la sépulture[3] ». Tout d'abord, Teste s'était opposé au

---

1. *Reg.* 20 803, f° 287. Aux f°ˢ 290-291-293 du même registre, on trouve trois projets de monument, dessinés au crayon pour le tombeau de Buonarroti.
2. *Ibid.*, f° 294.
3. Une note non datée qui figure au registre 20 803, f° 279, prouve que Buonarroti laissait cependant quelques modestes économies.
A son décès, on trouva pour 5 752 fr. 10 de valeurs mobilières, et notamment : 55 napoléons en or, 130 francs de monnaie d'argent, deux billets de banque de 1 000 francs, sans parler d'une montre en or et d'une montre en argent.
La note donnait les indications suivantes sur l'emploi à faire de cet argent : « Il faudra prendre là-dessus : 1° à Dargis et sa femme 500 francs; 2° à Théodore, sa note 1 026 francs; 3° à Recurt... (pas de chiffre), à Duringe (pas de chiffre); *pour le terrain de la sépulture* 500 francs; pour le petit monument (pas de chiffre).

projet d'ouvrir une souscription pour élever un monument au mort « parce que ce projet contrastait trop avec la simplicité de ses mœurs et la modestie de son caractère. Je me suis uni, dit-il, avec deux ou trois de ses plus intimes amis, et nous avons résolu d'aller poser simplement, sans publicité aucune et dans le plus religieux recueillement, *une seule pierre* sur la tombe définitive. C'est moi, monsieur le Préfet, qui me suis chargé *de la rédiger* (sic). La vie d'un tel homme a été si pleine et si pure que j'aurais pu, dans cette rédaction, trouver matière à faire de l'effet. J'aurais pu dire, par exemple, que ce fut presque uniquement à son dévouement et à ses généreux efforts que la France a dû, dans le temps, la conservation de l'île de Corse; que ce fut à ce grand service et à d'autres de cette nature qu'il dut sa naturalisation; que néanmoins, le Gouvernement directorial, moins Français que lui, le repoussa plus tard.

« Je me suis bien gardé de ce rapprochement qui pourtant n'eût été qu'une citation historique. J'ai mis au contraire le plus grand soin, monsieur le Préfet, à me borner à indiquer les vertus et les souffrances de mon ami, et à éloigner de ma rédaction toute excitation aux passions. Aussi ne croyais-je pas éprouver la moindre difficulté au visa dont on devait revêtir ce projet d'inscription dans vos bureaux. Il en a été autrement; je ne vois pas pourquoi et, malgré les longues conversations que j'ai eues, ces jours derniers, avec MM. de Branville et Willot, chefs des bureaux des inhumations, je cherche encore un motif plausible à ce refus.

« C'est pourquoi, monsieur le Préfet, je viens soumettre de nouveau à votre examen la copie figurative ci-jointe de ces mêmes inscriptions, en vous priant de vouloir bien les faire viser ou de m'indiquer ce que l'on y trouve d'offensant à la morale et aux convenances, dans les termes de l'arrêté qui les soumet à ce visa.

« Cependant comme, en terminant notre conversation à ce sujet, M. Willot m'a engagé à faire quelques légers changements de mots à la troisième partie, à sa sollicitation et pour vous prouver combien mes intentions sont pacifiques, je consens à ce que cette portion subisse la variante que j'ai mise au-dessous; mais je réclame de vous, monsieur le Préfet, la levée de tous ces petits obstacles qui ressemblent plutôt à une véritable tracasserie qu'à un rappel aux convenances. »

La négociation continue. Le 20 mars 1839, Teste récrit au Préfet de la Seine.

Il rappelle ses démarches antérieures, ses conversations avec le chef de bureau Willot, l'adhésion qu'il a donnée à un changement de mots dans l'inscription funéraire. Or quatre mois se sont écoulés, et le Préfet n'a pas encore pris de décision, en dépit de *dix* visites dans les bureaux pour obtenir une solution; « mais on n'en finit pas!... Tantôt cette affaire importante fait l'objet, dit-on, des délibérations d'un grand conseil des ministres, tantôt, c'est celui de l'Intérieur qui doit décider; tantôt, ce sont les messieurs de Jussieu frères qui s'en occupent et qui appliquent leur haute intelligence à l'examen de cette grave question! »

Teste devient ironique et acerbe :

Veuillez bien, monsieur le Préfet, supposer, pour un instant seulement, qu'au lieu d'occuper le poste éminent de premier administrateur du département de la Seine, vous ne soyez tout simplement que l'un des nombreux administrés qui l'habitent. Supposez encore que l'achat d'un terrain ait été fait par vous depuis plusieurs mois pour y faire déposer la dépouille mortelle de feu Monsieur votre père; que la sépulture soit construite; qu'il n'y manque plus que son recouvrement, et qu'elle soit enfin prête à recevoir les restes qui vous sont chers. Dites-moi, monsieur le Préfet, trouveriez-vous bien que celui qui exercerait les fonctions qui vous sont confiées vous fît attendre pendant près de quatre mois le simple visa exigé pour l'inscription que vous désireriez mettre sur sa tombe? Je ne le crois pas. Vous regarderiez, j'en suis sûr, ce vrai déni de justice; vous regarderiez cet arrêt, cet empêchement comme une révoltante exaction....

Et Teste menace, si l'on continue « à s'acharner sur le cadavre d'un respectable vieillard », à refuser le visa de l'inscription pour la troisième partie, de se borner aux deux premières, et de faire connaître l'empêchement qu'il a éprouvé pour l'autre. Il conclut par cette adjuration émue :
« N'étouffez pas la voix d'un fils qui veut honorer son père! »

M. de Rambuteau se décida enfin à écrire officiellement à Charles Teste, le 12 avril 1839, pour lui notifier les décisions qu'il croyait devoir prendre[1] :

Monsieur.

J'ai soumis à M. le ministre de l'Intérieur la proposition que vous m'avez faite, par une lettre du 9 février dernier, d'apporter quelques changements au 3e paragraphe de l'inscription que vous destinez à désigner la sépulture de M. *Philippe Buonarotti* (sic) au cimetière du Nord. M. le ministre m'annonce, sous la date du 11 de ce mois, qu'il a jugé convenable de faire droit à

---

[1]. Reg. 20 803, f° 209.

votre demande, et de n'exiger d'autre retranchement que celui des deux propositions suivantes qui terminent l'éloge de Buonarotti :

« *Rien ne put ébranler son courage. Il vécut pour l'Humanité.* »

Ces modifications lui semblent exigées par les intérêts de l'ordre et des convenances publiques. J'ai, en conséquence, Monsieur, l'honneur de vous renvoyer l'inscription que vous m'aviez soumise, visée conformément à cette décision.

Le Pair de France, Préfet,

Comte de Rambuteau.

Ainsi se termina cette épineuse et mesquine négociation. On conviendra que le Gouvernement du roi Louis-Philippe se montrait bien susceptible, en se trouvant compromis par ces deux phrases : « Rien ne put ébranler son courage. Il vécut pour l'Humanité ! »

Le cadavre de Buonarroti, qui avait été déposé dans un caveau provisoire [1] fut exhumé, ainsi que cela résulte du certificat suivant :

Nous soussignés, amis intimes de Philippe Buonarroti, réunis aujourd'hui pour assister à l'exhumation de sa dépouille mortelle, déposée d'abord dans une sépulture provisoire, constatons qu'elle a été transportée aujourd'hui dans le monument élevé à sa mémoire, dans lequel nous déposons le présent certi-

[1]. Victor Bouton, dans ses *Profils révolutionnaires*, prétend que Charles Teste a été mis dans la même tombe que d'Argenson.

ficat, ainsi qu'un exemplaire de son *Histoire de la Conspiration des Égaux*, voulant par là préserver, autant que possible, cette œuvre de la pensée des outrages dont elle a été l'objet, et la transmettre à la postérité la plus reculée comme une preuve de son constant amour pour le peuple, de la force de son caractère, de l'élévation de ses idées et de la pureté de son âme.

ANNEXES

ANNEXES

Nous croyons intéressant de reproduire ci-dessous quelques pièces et quelques notes qui se trouvent dans les deux registres des Papiers de Buonarroti, et que nous n'avons pu que citer ou analyser sommairement dans le corps de notre étude.

Il est souvent difficile de préciser quel fut le rédacteur ou le principal rédacteur des nombreuses proclamations élaborées par le Directoire secret de Salut public, au début de germinal an IV. Cependant, Buonarroti lui-même, dans son *Histoire de la conspiration de Babeuf*, attribue à Félix Lepeletier la paternité de la pièce : *Soldat, arrête et lis*[1]... et à

---

1. Cette pièce se trouve reproduite à la p. 139 des manuscrits de Buonarroti, *B. Nat.*, n° 20 803.
Elle débute par des déclamations contre le Gouvernement directorial : « Un Gouvernement pervers, insidieux, etc., » et par un éloge pompeux des patriotes qui ont agi en hommes libres et qu'on traite en vain d'*anarchistes*, alors que ce sont « des amis de l'Égalité ». Puis, cet appel à l'armée cherche à détourner les soldats de « soutenir la tyrannie.... Non, soldats citoyens, vous ne tirerez pas sur vos frères, ainsi qu'en germinal et en prairial. On n'égarera pas vos coups; portez-les sur la tyrannie.... Si enfin arrive le jour d'une juste vengeance, vous saurez qui s'oppose encore à votre rentrée dans vos foyers où vous fonderiez avec nous l'Égalité et le Bonheur commun ».

Sylvain Maréchal celle du célèbre *Manifeste des Égaux* (qui est reproduit par Buonarroti dans son livre, par Advielle, en son chapitre VII, et qui se trouve encore aux *Archives nationales*, F⁷ 4 277 [1]). Il n'est pas moins certain qu'on ne doive attribuer au dénonciateur Grisel la lettre de *Franc-libre à son ami La Terreur*, du 24 germinal an IV, d'abord parce que Buonarroti la lui attribue, et ensuite parce que Grisel, dans sa lettre du 26 germinal « aux frères républicains du directoire insurrecteur [2] », s'intitule lui-même *Franc-libre*.

I

Commentaire de l'analyse de la doctrine de Babeuf.

Quant à l'*Analyse de la doctrine de Babeuf*, elle eut plus d'importance que le *Manifeste des Égaux*, par ce motif que le Directoire secret ne fit donner à ce dernier document aucune publicité, à cause de la désapprobation soulevée chez la plupart des chefs du mouvement par la phrase : « Disparaissez, révoltante distinction de gouvernants et de gouvernés ! » Au contraire, nous savons que le Directoire secret fit distribuer à un grand nombre d'exemplaires l'*Analyse de la doctrine de Babeuf* [3].

1. « Peuple de France, pendant quinze siècles tu as vécu esclave et, par conséquent, malheureux, etc. »
2. *Arch. nat.*, F⁷, 4 277.
3. Le carton F⁷ 4 277 des Archives nationales contient un rapport de l'agent babouviste du XII⁰ arrondissement, daté du

Ce document résumait la doctrine de Babeuf en douze aphorismes que M. Advielle a déjà reproduits. Cet érudit rappelle qu'au cours du procès de Vendôme, Babeuf a déclaré n'en être pas l'auteur, mais en avoir approuvé les termes. J'inclinerais à croire que le rédacteur principal fut Buonarroti. En tous cas, le 2ᵉ registre de ses papiers (n° 20 804 des manuscrits de la Nationale) contient un long commentaire, écrit de sa main, sur chacun des articles de l'Analyse.

Il serait excessif de le reproduire intégralement, mais nous *résumerons* très fidèlement, sous chaque article de l'*Analyse de la doctrine de Babeuf*, ce que Buonarroti appelle des *Preuves*. Une note *effacée* du manuscrit dit que le commentaire dont il s'agit est « un résumé des discussions qui eurent lieu, au Directoire secret, sur cette pièce ».

ARTICLE 1. — *La nature a donné à chaque homme un droit égal à la jouissance de tous les biens.*

PREUVES. — Avant leur premier rapprochement, tous les hommes étaient également maîtres des productions que la nature répandait avec profusion autour d'eux.... Les guerres, les violences, le dépérissement de l'espèce, la tyrannie des uns, l'oppression

23 germinal an IV, qui constate que deux affiches de l'*Analyse des principes de Babeuf* ont échappé aux déchireurs, et « ont produit plus d'effet, à elles deux, que les 18 à la fois, vu que beaucoup de personnes qui n'avaient pu les lire qu'à moitié, à d'autres endroits, se sont pleinement satisfaites à ceux-ci. Un déchireur a reçu d'un franc républicain un soufflet et un coup de pied par le cul, à la porte Marceau. En général, ils ont fait le meilleur effet possible, et *la distribution des petits exemplaires* a suppléé à la curiosité de ceux qui n'avaient pu lire les affiches ».

des autres, telles sont les causes qui ont établi l'inégalité de ce droit. Puis, les institutions civiles, politiques, religieuses ont consacré l'injustice. De nouveaux besoins se sont révélés ; on a vu se développer les raffinements dans les jouissances, le goût des distinctions et, par suite, des précautions et des efforts pour les conserver. De là des lois barbares, des fables religieuses, une morale servile.

Art. 2. — *Le but de la Société est de tendre à cette égalité, souvent attaquée par le fort et le méchant dans l'état de nature, et d'augmenter par le concours de tous les jouissances communes.*

Preuves. — On entend par Société « l'association réglée par des conventions, et, par *l'état de nature*, celui de société casuelle et imparfaite dans laquelle se trouvèrent nécessairement les hommes avant de se soumettre à des lois.... La conservation de l'égalité est le but de l'association parce que ce n'est que par elle que les hommes réunis peuvent être heureux. En réunissant leurs forces, les hommes voulurent assurément se procurer le plus grand nombre possible de jouissances dont ils avaient l'idée par le moins possible de peine. L'abondance des choses nécessaires assure les jouissances, et elle est elle-même assurée par le travail des associés qui n'est pour chacun d'eux le moindre possible que lorsqu'il est réparti sur tous ».

Art. 3. — *La nature a imposé à chacun l'obligation de travailler ; nul n'a pu sans crime se soustraire au travail.*

PREUVES. — C'est une nécessité pour chacun d'assurer sa subsistance. L'activité que le travail occasionne est une source de santé ou d'amusement. La conservation de la société dépend du travail de chacun de ses membres, et « la peine de chacun n'est la moindre possible que lorsque tous y participent ».

ART. 4. — *Les travaux et les jouissances doivent être communs.*

PREUVES. — Tous doivent supporter une égale portion de travail et en retirer une égale quantité de jouissances. Par communauté de travail, il ne faut pas entendre que « tous les citoyens doivent être astreints aux mêmes occupations; mais les différents travaux doivent être répartis de manière à ne laisser un seul valide oisif.... L'augmentation du nombre des travailleurs garantit l'abondance publique, tout en diminuant la peine individuelle ». Chaque citoyen a le droit de recevoir de la Patrie de quoi satisfaire aux besoins naturels et « au petit nombre de besoins factices que tous peuvent satisfaire ». Il est inutile « d'accroître l'éclat des arts et le clinquant du luxe. Qu'est-ce que cela auprès du bonheur de vivre sous les lois d'égalité? »

ART. 5. — *Il y a oppression quand l'un s'épuise par le travail et manque de tout, tandis que l'autre nage dans l'opulence sans rien faire.*

PREUVES. — Inégalité et oppression sont synonymes. L'inégalité blesse la loi naturelle « à laquelle il est absurde d'opposer les lois humaines ». *Opprimer* signifie : restreindre les facultés de quelqu'un ou augmenter ses charges.

Art. 6. — *Nul n'a pu sans crime s'approprier exclusivement les biens de la terre ou de l'industrie.*

Preuves. — L'inégalité a pour cause unique « l'appropriation exclusive ». Donc, criminels sont ceux qui « introduisirent la distinction du Tien et du Mien. » Du partage des *terres*[1] naquit « le droit exclusif de propriété ». Le propriétaire « devint maître absolu de tout ce qu'il pouvait retirer des champs qui lui étaient échus et de l'industrie qu'il pouvait exercer ». L'économie ou l'adresse des uns, « la prodigalité ou la simplicité des autres réunirent les propriétés en un petit nombre de familles.... Les salariés devinrent beaucoup plus nombreux que les *salarians*. Ceux-ci furent à la merci des premiers, qui, fiers de leur opulence, les réduisirent à une vie très frugale.... L'oisif vécut, par une révoltante injustice, des sueurs de l'homme laborieux, accablé sous le fardeau des fatigues et des privations.,... Le

---

1. On voit qu'il s'agit ici de la propriété territoriale. M. Espinas a très clairement démontré, dans son beau livre *la Philosophie sociale et la Révolution* (p. 85 et suivantes) que les doctrines sociales de la fin du xviiiᵉ siècle visaient surtout un changement dans le régime de la propriété des terres. Cependant, les prédicateurs, à partir du xviiᵉ siècle, développent cette thèse générale que la richesse est coupable : car c'est le péché qui a introduit dans le monde, avec la société civile, la propriété personnelle et l'inégalité des conditions. Dans la société chrétienne, le pauvre représente le Christ. Rousseau, Morelly, Mably n'ont pas été des novateurs autant qu'on pourrait le croire, car Massillon avait déjà formulé toutes leurs idées essentielles en revendiquant les droits du pauvre.

malheur et l'esclavage découlent de l'inégalité, et celle-ci de la propriété. La *propriété* est donc le plus grand fléau de la Société : *c'est un véritable délit public.* » La propriété n'a pas le caractère « d'un droit antérieur à la société qui a été instituée pour la défendre ». Il est admissible que « l'homme actif reçoive de la Société ce qu'elle peut lui donner sans se détruire; mais sa récompense sera uniquement la reconnaissance publique. » Sans doute, il faut reconnaître « qu'il y a des mauvais sujets qui doivent imputer à leurs propres vices la misère où ils sont réduits »; mais il y a aussi beaucoup de malheureux, *laboureux* (sic) ou manufacturiers qui « vivent à l'eau, alors qu'un infâme libertin jouit en paix de l'héritage d'un père inhumain. »

ART. 7. — *Dans une véritable société il ne doit y avoir ni riches, ni pauvres.*

Pas d'observation.

ART. 8. — *Les riches qui ne veulent pas renoncer au superflu en faveur des indigents sont les ennemis du peuple.*

Pas d'observation.

ART. 9. — *Nul ne peut, par l'accumulation de tous les moyens, priver un autre de l'instruction nécessaire pour son bonheur. L'instruction doit être commune.*

Cette *accumulation* enlève aux hommes de peine jusqu'à la possibilité d'acquérir les connaissances nécessaires à tout bon citoyen.... Il faut une instruction au peuple pour qu'il ne soit pas la proie des rusés et des prétendus savants. Il lui importe de bien connaître ses droits et ses devoirs.

Art. 10. — *Le but de la révolution est de détruire l'inégalité et de rétablir le bonheur de tous.*

Une révolution politique ne doit pas avoir pour but de rendre les citoyens plus malheureux ou de les mettre dans un état d'où leur ruine totale doit nécessairement dériver.

Art. 11. — *La Révolution n'est pas finie parce que les riches absorbent tous les biens et commandent exclusivement, tandis que les pauvres travaillent en véritables esclaves, languissent dans la misère et ne sont rien dans l'État.*

Pas d'observation.

Art. 12. — *La Constitution de 1793 est la véritable loi des Français.*

Le peuple a solennellement accepté cette Constitution de 93 : la Convention n'avait pas le droit de la changer. Elle a fait fusiller le peuple au 1er prairial an III. Bourbotte, Deroy, Duquesnoi, Goujon, Romme et Soubrany ont été mis à mort. On a rappelé les émigrés depuis le 9 thermidor. On a mis en prison un grand nombre d'hommes populaires. La Constitution de 1795 n'a pas même obtenu la quatrième partie des suffrages qu'avait obtenus celle de 93. Elle a violé les droits inaliénables que consacrait celle de 93 : à savoir les droits de s'assembler, de pétitionner, de s'instruire, de ne pas mourir de faim. Ceux qui ont porté la main sur cette Constitution de 93 sont coupables de lèse-majesté. Tous les pouvoirs émanés de la Constitution de 95 sont illégaux et contre-révolutionnaires.

II

Fragment de décret économique.

Buonarroti était évidemment le théoricien, le véritable législateur du parti des Égaux. On ne peut lui reprocher, comme à certains collectivistes de nos jours, de laisser dans un vague prudent les mesures qu'il se propose de donner pour fondements à la société de ses rêves.

On lira avec intérêt le *Fragment de décret économique* qui se trouve dans ses papiers (2ᵉ liasse du manuscrit de la Nationale, n° 20 803, p. 116 et suivantes). Cette organisation supprime notamment le droit de succession *ab intestat*, établit des magistrats électifs, astreint tous les membres de la communauté nationale au travail de l'agriculture et des arts utiles, avec une durée fixe d'heures de travail; proscrit l'usage de la monnaie, ordonne la distribution des aliments, défend le commerce avec les peuples étrangers, supprime la dette nationale et astreint tout le monde « à une égale et honnête médiocrité ».

ARTICLE 1. — Il sera établi dans la République une grande communauté nationale.

ART. 2. — La communauté nationale a la propriété des biens ci-dessous, savoir :

Les biens qui, étant déclarés nationaux, n'étaient pas vendus au 9 thermidor de l'an II;

Les biens des ennemis de la Révolution dont les décrets des 8 et 13 ventôse de l'an II avaient investi les malheureux;

Les biens échus ou à échoir à la République par suite de condamnations judiciaires;

Les édifices actuellement occupés pour le service public;

Les biens dont les communes jouissaient avant la loi du 10 juin 1793;

Les biens affectés aux hospices et établissements d'instruction publique;

Les logements occupés par les citoyens pauvres, en exécution de la proclamation de la Convention nationale;

Les biens de ceux qui en feront abandon à la République;

Les biens usurpés par ceux qui se sont enrichis dans l'exercice des fonctions publiques;

Les biens dont les propriétaires négligent la culture.

ART. 3. — Le droit de succession *ab intestat* ou par succession est aboli : tous les biens actuellement possédés par des particuliers écherront, à leur décès, à la communauté nationale.

ART. 4. — Seront considérés comme possesseurs actuels les enfants d'un père aujourd'hui vivant qui ne sont pas appelés par la loi à faire partie des armées.

ART. 5. — Tout Français, de l'un ou de l'autre sexe, qui fait abandon à la Patrie de tous ses biens et lui consacre sa personne et le travail dont il est capable, est membre de la grande communauté nationale.

ART. 6. — Les vieillards qui ont atteint leur soixantième année et les infirmes, s'ils sont pauvres, sont de droit membres de la communauté nationale.

ART. 6 *bis*. — Sont également membres de la communauté nationale les jeunes gens élevés dans les maisons nationales d'éducation.

ART. 7. — Les biens de la communauté nationale sont exploités en commun par tous les membres valides.

ART. 8. — La grande communauté nationale entretient tous ses membres dans une égale et honnête médiocrité; elle leur fournit tout ce dont ils ont besoin.

ART. 9. — La République invite les bons citoyens à

contribuer au succès de la réforme par un abandon volontaire de leurs biens à la communauté.

ART. 10. — A dater du 1er vendémiaire an V, nul ne pourra être fonctionnaire, civil ou militaire, s'il n'est pas membre de la dite communauté.

ART. 11. — La grande communauté nationale est administrée par des magistrats locaux, au choix de ses membres, d'après les lois et sous la direction de l'administration suprême.

DES TRAVAUX COMMUNS.

1

Tout membre de la communauté nationale lui doit le travail de l'agriculture et des arts utiles dont il est capable.

2

Sont exceptés les vieillards, âgés de soixante ans, et les infirmes.

3

Les citoyens qui, par l'abandon volontaire de leurs biens, deviendront membres de la communauté nationale, ne seront soumis à aucun travail pénible, s'ils ont atteint leur quarantième année, et s'ils n'exerçaient pas un art mécanique avant la publication du présent décret.

4

Dans chaque commune, les citoyens seront distribués par classes : il y a autant de classes que d'arts utiles; chaque classe est composée de tous ceux qui professent le même art.

5

Il y a auprès de chaque classe des magistrats nommés par ceux qui la composent : ces magistrats dirigent les travaux, veillent sur leur égale répartition, exécutent les ordres de l'administration municipale et donnent l'exemple du zèle et de l'activité.

6

La loi détermine pour chaque saison la durée journalière des travaux des membres de la communauté nationale.

7

Il y a auprès de chaque administration municipale un conseil, composé de vieillards délégués par chaque classe de travailleurs : ce conseil éclaire l'administration sur tout ce qui concerne la distribution, l'adoucissement et l'amélioration des travaux.

8

L'administration suprême appliquera aux travaux de la communauté nationale l'usage des machines et des procédés propres à diminuer la peine des hommes.

9

L'administration municipale a constamment sous les yeux l'état des travailleurs de chaque classe, et celui de la tâche à laquelle ils sont soumis ; elle en instruit régulièrement l'administration suprême.

10

Le déplacement des travailleurs d'une commune à l'autre est ordonné par l'administration suprême, d'après la connaissance des forces et des besoins de la communauté.

11

L'administration suprême astreint à des travaux forcés, sous la surveillance des communes qu'elle désigne, les individus des deux sexes dont l'incivisme, l'oisiveté, le luxe et les dérèglements donnent à la société des exemples pernicieux. Leurs biens sont acquis à la communauté nationale.

12

Les magistrats de chaque classe font déposer dans les magasins de la communauté nationale les fruits de la terre et les produits des arts susceptibles de conservation.

13

Le recensement de ces objets est régulièrement communiqué à l'administration suprême.

14

Les magistrats attachés à la classe d'agriculture veillent à la propagation et amélioration des animaux propres à la nourriture, habillement, au transport et au soulagement des travaux des hommes.

DE LA DISTRIBUTION ET USAGE DES BIENS DE LA COMMUNAUTÉ.

ARTICLE 1. — Nul membre de la communauté nationale ne peut jouir que de ce que la loi lui donne par la tradition réelle du magistrat.

ART. 2. — La communauté nationale assure dès à présent à chacun de ses membres :

Un logement sain, commode et proprement meublé;

Des habillements de travail et de repos, de fil ou de laine, conformes au costume national;

Le blanchissage, l'éclairage et le chauffage;

Une quantité suffisante d'aliments en pain, viande, volailles, poisson, œufs, beurre ou huile, vin et autres boissons usitées dans les différentes régions; légumes, fruits, assaisonnements et autres objets dont la réunion constitue une médiocre et frugale aisance;

Les secours de l'art de guérir.

ART. 3. — Il y aura dans chaque commune, à des époques déterminées, des repas communs auxquels tous les membres de la communauté seront tenus d'assister.

ART. 4. — L'entretien des fonctionnaires publics et des

militaires est égal à celui des membres de la communauté nationale.

Art. 5. — Tout membre de la communauté nationale qui reçoit un salaire ou conserve de la monnaie *sera puni de mort.*

Art. 6. — Les membres de la communauté nationale ne pourront recevoir la ration commune que dans l'arrondissement où ils sont domiciliés, sauf les déplacements autorisés par l'administration.

Art. 7. — Le domicile des citoyens actuels est dans la commune où ils en jouissent, à la publication du présent décret. Celui des jeunes gens élevés dans les maisons nationales d'éducation est dans la commune de leur naissance.

Art. 8. — Il y a dans chaque commune des magistrats chargés de distribuer, à domicile, aux membres de la communauté nationale, les productions de l'agriculture et des arts.

Art. 9. — La loi détermine les règles de cette distribution.

DE L'ADMINISTRATION DE LA COMMUNAUTÉ NATIONALE.

Article 1. — La communauté nationale est sous la direction légale de l'administration suprême de l'État.

Art. 2. — Sous le rapport de l'administration de la communauté, la République est divisée en régions.

Art. 3. — Une région comprend tous les départements contigus dont les productions sont à peu près les mêmes.

Art. 4. — Il y a dans chaque région une administration intermédiaire à laquelle les administrations départementales sont subordonnées.

Art. 5. — Des lignes télégraphiques accélèrent la correspondance entre les administrations départementales et les administrations intermédiaires, entre celles-ci et l'administration suprême.

Art. 6. — L'administration suprême déterminera, d'après

la loi, la nature et la quantité des distributions à faire aux membres de la communauté de chaque région.

Art. 7. — D'après cette détermination, les administrations départementales font connaître aux administrations intermédiaires le déficit ou le superflu de leurs arrondissements respectifs.

Art. 8. — Les administrations intermédiaires comblent, si faire se peut, le déficit d'un département par le superflu d'un autre ; ordonnent les versements et transports nécessaires et rendent compte à l'administration suprême de leurs besoins ou de leur superflu.

Art. 9. — L'administration suprême pourvoit aux besoins d'une région qui manque par le superflu de celles qui ont trop ou par des échanges avec l'étranger.

Art. 10. — Avant tout, l'administration suprême fait prélever, tous les ans, et déposer dans les magasins militaires le dixième de toutes les récoltes de la communauté.

Art. 11. — Elle pourvoit à ce que le superflu de la République soit soigneusement conservé pour les journées de disette.

DU COMMERCE.

Article 1. — *Tout commerce particulier avec les peuples étrangers est défendu* : les marchandises qui en proviendraient seront confisquées au profit de la communauté nationale ; les contrevenants seront punis.

Art. 2. — La République procure à la communauté nationale les objets dont elle manque, en échangeant son superflu en productions de l'agriculture et des arts contre celui des peuples étrangers.

Art. 3. — A cet effet, des entrepôts communs sont établis sur les fournitures de terre et de mer.

Art. 4. — L'administration suprême traite avec les étrangers au moyen de ses agents ; elle fait déposer le superflu qu'elle veut échanger dans les entrepôts où elle reçoit des étrangers les objets convenus.

Art. 5. — Les agents de l'administration suprême dans

les entrepôts de commerce sont souvent changés ; les prévaricateurs sont sévèrement punis.

DES TRANSPORTS.

Article 1. — Il y a dans chaque commune des magistrats chargés de diriger les transports des biens communaux d'une commune à l'autre.

Art. 2. — Chaque commune est pourvue de moyens suffisants de transport, soit par mer, soit par eau.

Art. 3. — Les membres de la communauté nationale sont appelés, à tour de rôle, à conduire et surveiller les objets transportés d'une commune à l'autre.

Art. 4. — Tous les ans, les administrations intermédiaires chargent un certain nombre de jeunes gens, pris dans tous les départements qui leur sont subordonnés, des transports les plus éloignés.

Art. 5. — Les citoyens chargés d'un transport quelconque sont entretenus dans la commune où ils se trouvent.

Art. 6. — L'administration suprême fait transporter de commune en commune par la voie la plus courte, sous la surveillance des administrations inférieures, les objets par lesquels elle comble le déficit des régions qui éprouvent des besoins.

DES CONTRIBUTIONS.

Article 1. — Les individus non participants à la communauté nationale sont les seuls contribuables.

Art. 2. — Ils doivent les contributions précédemment établies.

Art. 3. — Les contributions seront partagées en nature et versées dans les magasins de la communauté nationale.

Art. 4 — Le total des cotes des contribuables pour l'année courante est double de celui de l'année dernière.

Art. 5. — Ce total sera réparti par département, progressivement, sur tous les contribuables.

Art. 6. — Les non participants pourront être requis, en

cas de besoin, de verser dans les magasins de la communauté nationale, et à valoir sur les contributions à venir, leur superflu en denrées ou objets manufacturés.

DES DETTES.

ARTICLE 1. — La dette nationale est éteinte pour tous les Français.

ART. 2. — La République remboursera aux étrangers le capital des rentes perpétuelles qu'elle leur doit. En attendant, elle sert ces rentes, ainsi que les rentes viagères constituées sur des têtes étrangères.

ART. 3. — Les dettes de tout Français qui devient membre de la communauté nationale envers un autre Français sont éteintes.

ART. 4. — La République se charge des dettes des membres de la communauté nationale envers des étrangers.

ART. 5. — Toute fraude, à cet égard, est punie de l'esclavage perpétuel.

DES MONNAIES.

ARTICLE 1. — La République ne fabrique plus de monnaies.

ART. 2. — Les matières monnayées qui écherront à la communauté nationale seront employées à acheter des peuples étrangers les objets dont elle aura besoin.

ART. 3. — Tout individu participant à la communauté qui sera convaincu d'avoir offert des matières monnayées à un de ses membres *sera puni de mort.*

ART. 4. — Il ne sera introduit dans la République ni or, ni argent.

. . . .

Ici s'arrête le manuscrit. En dessous, on lit :
Des travaux publics, et ces mots sont rayés.

III

Observations sur la communauté des biens et des travaux.

Si l'on désire plus de détails sur les idées de Buonarroti, en ce qui touche le principe d'Égalité, qui est la base de tout son système, on peut se reporter aux observations autographes qu'il développe dans un manuscrit du Registre 20 804 (p. 10 et suivantes).

Comme pour ses observations sur l'*Analyse de la Doctrine de Babeuf*, nous nous bornerons à en donner la substance, sous forme de résumé très fidèle, avec citations textuelles pour les passages principaux.

La communauté des biens et des travaux n'est pas chose impossible puisqu'on l'a réalisée au Paraguay, au Pérou, chez les Spartiates, chez les premiers chrétiens et *dans la plupart des communautés du Catholicisme*[1]. Mably a dit que « les hommes pour-

---

[1]. Ainsi Buonarroti lui-même compare l'organisation de sa société future des Égaux à l'organisation d'une communauté catholique, à une congrégation de moines. C'est bien ce que lui ont reproché des républicains, très sympathiques d'ailleurs, à sa personne et admirateurs de ses vertus.

Ph. Lebas, par exemple, dans la notice du *Dictionnaire encyclopédique* (V° Babeuf) assimile la théorie des Égaux à celle des moines du Moyen âge qui vivaient en commun. « Au lieu, dit Lebas, d'une centaine de religieux, réunis sous une règle dure et inflexible pour préparer leur bonheur spirituel, on aurait une société entière qui s'enfermerait, en quelque sorte, dans un cloître pour assurer son bonheur matériel. Les anabaptistes

ront jouir de l'Egalité du bonheur lorsque le riche ne trouvera aucun avantage à être riche, et que le pauvre ne cherchera pas à le devenir…. Pour rendre la richesse à charge aux riches, il faut surtout leur ôter la possibilité d'en abuser, *et faire tomber sur eux la plus forte partie des dépenses publiques*…. Pour que le pauvre ne cherche pas à devenir riche, il faut qu'il trouve le bonheur sans le secours de la richesse ».

Buonarroti consacre une longue note à l'exposé des tentatives de l'Écossais Robert Owen qui, « après avoir établi, à ses frais, dans son pays, quelques communautés, fondées sur le principe de l'égale distribution des jouissances et des peines, vient de former, aux États-Unis, divers établissements semblables où plusieurs milliers d'hommes vivent paisiblement sous le régime de la parfaite égalité…. » Tandis que Babeuf avait tenté de réunir un peuple nombreux dans *une seule et grande communauté*, Owen « voulait multiplier les *petites communautés* qui, réunies ensuite par un lien général, deviendraient autant d'individus d'une grande famille. Babeuf voulait que ses amis s'emparassent de l'autorité suprême, par l'influence de laquelle il espérait effectuer la réforme qu'ils avaient projetée. Owen compte réussir par la prédication et par l'exemple [1]. »

avaient déjà prêché ces doctrines *qui sont la négation de la liberté humaine* ». Voir cette citation de Lebas au *Reg.* 20 804, p. 460. On a souvent dit que les communistes étaient des cléricaux.

1. M. E. Fournière, dans ses *Théories socialistes au XIX° siècle*, a relevé une grande différence entre les tendances de Robert

Buonarroti s'attache ensuite à réfuter les principales objections qui peuvent être faites aux systèmes d'Owen et de Babeuf, et le lecteur appréciera s'il y a réussi :

PREMIÈRE OBJECTION : « *Les différences physiques qui existent entre les hommes ne permettent pas d'établir, dans la répartition des travaux et des objets de consommation, cette parfaite égalité qui est le but de la communauté.* »

RÉPONSE :

L'égalité doit se mesurer par la *capacité du travaillant* et par le besoin du consommateur, et non par l'intensité du travail et par la quantité des objets consommés.... Le but de la communauté en question est l'égalité des jouissances et des peines, et nullement celle des choses à consommer ou de la tâche du travailleur.

DEUXIÈME OBJECTION : « *La bonté inégale des objets de la même espèce, comme fruits, légumes, laitage, viandes, boissons, introduirait dans la distribution une inégalité qui engendrerait la jalousie et les altercations, et ferait de la Société un séjour de discorde et d'inimitié.* »

RÉPONSE :

Les hommes ne sont pas naturellement portés à

Owen et celles des socialistes déistes ou mystiques, comme Buonarroti, Saint-Simon ou Pierre Leroux : c'est que Robert Owen était athée.

l'envie et à la haine. « Otez aux hommes la propriété individuelle et vous calmerez leurs passions les plus funestes ; vous leur enlèverez à peu près tout moyen de se nuire.... En morale, en politique et en économie, l'Égalité n'est pas l'identité mathématique, et elle n'est pas altérée par les petites différences. »

Troisième objection : « *La Société se chargeant de pourvoir aux besoins de chacun, personne n'éprouverait la nécessité de travailler pour se procurer la subsistance, et les hommes, naturellement enclins à la paresse, se livreraient à une insouciance générale qui rendrait tout travail impossible.* »

Réponse :
L'homme a besoin de mouvement. Pour dissiper l'ennui, il cherchera le travail. Ce qu'il craint, c'est un travail excessif dont il porte exclusivement le fardeau. Dans la communauté où tous travaillent, la tâche de chacun est douce. Le paresseux serait l'objet d'une flétrissure générale. La loi punirait l'oisiveté des peines qu'on inflige aujourd'hui aux voleurs.

Quatrième objection : « *Par le même motif, il n'y aurait plus aucun progrès de l'esprit et de l'industrie.* »

Réponse :
Si les *productions frivoles* disparaissaient sans retour, ce ne serait pas un mal ; mais il n'en serait pas de même pour les études ou recherches tendant à affermir l'amour de la Patrie et à améliorer le sort de

tous. On s'y livrerait avec zèle et on serait encouragé par la reconnaissance publique.

Cinquième objection : « *Le régime régulier et minutieux de la communauté ferait de la société civile un couvent de moines et nuirait à la liberté.* »

Réponse :

Les moines, propriétaires (*sic*) ou mendiants ne se livrent à aucune occupation de l'agriculture ou de l'industrie, tandis que, dans la communauté de Babeuf et d'Owen, chacun sert le public par son travail. Les moines sont célibataires et, dans la communauté, on ne renonce pas à l'union conjugale. Les moines obéissent aveuglément à leurs chefs et, dans la communauté, on n'est jamais soumis qu'à la loi, que tous concourent à former, à modifier et à anéantir. Les moines oisifs font retentir l'air d'inutiles prières, tandis que, sous le régime de l'égalité, on rend à la divinité, par l'exercice de la vraie charité, le seul culte digne d'elle. Les moines enfin sont astreints à conformer toutes leurs actions à une règle sévère; au contraire, les hommes de la communauté disposent de leur temps, *à un court travail près*, au gré de leurs penchants et de leur volonté.... Il y aura certainement plus de liberté, dans un pays où tous travailleront *trois ou quatre heures par jour*, que dans celui où les quatre cinquièmes de la population sont astreints à un travail de dix ou douze heures, afin que l'autre cinquième nage dans les voluptés et se déprave par l'oisiveté.

Sixième objection : « *La vie commune ramènerait la société à l'état de barbarie.* »

Réponse :

Les sciences et les arts, ne servant plus d'aliment à l'avarice et à la vanité, se dépouilleraient, dans le système de la communauté, de tout ce qui n'est ni vrai, ni profitable pour tous.

L'éducation commune, l'échange non interrompu des secours et des bienfaits feraient naître dans les sentiments cette fraternité qui adoucit les manières et tempère l'impétuosité des caractères. Par la suppression de la misère et de la bassesse, *suites inévitables de la propriété individuelle*, seraient bannies de la société la dissimulation et l'hypocrisie qui en font un champ de bataille, un enfer véritable. On serait bon sans fard, et fier sans brutalité. Loin de retomber dans la barbarie, nous entreverrions alors la possibilité d'atteindre, par l'établissement de la communauté, un bonheur durable et une civilisation réelle et parfaite.

IV

De l'impôt [1].

Buonarroti, dans une note spéciale, s'attache à préciser le système fiscal qu'il voudrait substituer au système financier établi par la Constituante. Il préconise *l'impôt progressif*, au lieu de *l'impôt proportionnel*, et se prononce en faveur d'un impôt unique qui pèserait exclusivement sur la richesse acquise et atteindrait toutes les sources de revenus. En ce sens, il est un précurseur!

Nous croyons inutile d'insister sur l'intérêt de ces théories dont les législateurs contemporains se rapprochent de jour en jour pour se concilier les sympathies de ceux qui ne possèdent presque rien.

Le réformateur égalitaire prétend « corriger tout

---

1. *Reg.* 20804, p. 14 à 18.

ce qui entretient et augmente l'effrayante inégalité des jouissances et des peines ». Il voudrait modifier « la répartition du travail et de la richesse, qui aujourd'hui est tout à l'avantage du petit nombre et au détriment du grand ». Suivant lui, l'assiette de l'impôt est mauvaise : il y a une injustice énorme dans la répartition des impôts directs, aussi bien que dans celle des contributions indirectes.

Buonarroti s'élève contre l'usage « *de proportionner l'impôt au revenu* [1] », usage qui enlève au petit propriétaire, au petit commerçant le nécessaire, « tandis qu'on laisse à l'homme opulent un superflu énorme ». Cette répartition n'est pas proportionnelle aux facultés individuelles, et viole tous les principes de justice et de sens commun. « *La fraction à percevoir doit augmenter en proportion du superflu....* Celui, par exemple, dont le revenu n'excède que de 1000 francs ce qui lui est rigoureusement nécessaire, ne doit contribuer que pour un vingtième

---

[1]. M. Espinas (*Philosophie sociale du XVIIIe siècle*, p. 147) a relevé ce détail curieux que c'est Robespierre qui a forcé la Convention à revenir sur son décret du 9 juin 1793, portant que « tout homme qui n'a aucune propriété ne paye aucune contribution, pour la jouissance de ses droits, et que l'absolu nécessaire à la subsistance des citoyens serait exempt de toute contribution. »

Le 17 juin, l'article, renvoyé devant le Comité du Salut Public pour en faire un article de la Constitution, revint en discussion, et Robespierre le combattit, par ce motif qu'un citoyen exempté de toute contribution, serait réduit au rôle d'ilote, de *parasite* dans le corps politique. Et c'est ce qui fait que la Constitution de 1793 se borne, en son article 21, à poser le principe que « la société doit la subsistance aux citoyens malheureux ».

de ce même revenu, tandis que l'on percevrait peut-être *la moitié du revenu de celui qui possède un superflu de 100 000 francs.* »

La même injustice se retrouve dans l'assiette des droits d'enregistrement « qui frappent également les petites et les grandes successions, la vente ou l'achat d'une chaumière et d'un château, les plaideurs riches et les plaideurs indigents ». Il en est de même pour les impôts sur les boissons et sur les objets de consommation. Le renchérissement du pain dérive de la prohibition des céréales étrangères ou des droits qui gênent leur introduction. Le théoricien babouviste préférerait *un impôt unique.*

C'est ici, écrit-il, le lieu de prendre en considération cette grande et patriotique idée de *l'impôt progressif,* dans lequel, s'il était assis, la très grande majorité des Français trouveraient leur compte, parce que son plus grand poids porterait exclusivement sur ces fortunes colossales que la généralité ne serait pas fâchée de voir réduites à une échelle plus modeste et plus rapprochée de cette égalité qui plaît à tout le monde.

Cet impôt est fondé sur les bases suivantes :
1° Le simple nécessaire doit être ménagé.
2° Le superflu doit être atteint.
3° L'impôt doit porter *sur tous les revenus* d'un contribuable, quelle qu'en soit la source.
4° La quotité de cet impôt doit augmenter avec le superflu, et de manière à ménager les fortunes médiocres et à atteindre fortement les grandes.

Un exemple fera mieux comprendre la nature et les effets de l'impôt dont il s'agit :
Revenu annuel de 1 000 francs. Impôt : 10 francs ou le 1/100

Revenu de 10 000 francs. Impôt : 1 000 francs ou le 1/10.
Revenu de 100 000 francs. Impôt : 20 000 francs ou le 1/5.
Revenu de 1 000 000 francs. Impôt : 500 000 francs ou la 1/2.

Buonarroti veut bien ajouter que cet exemple ne doit pas être pris à la lettre. Il le donne uniquement pour expliquer en quoi consiste *la loi de progression* : il estime qu'il faudrait graduer soigneusement les cotes de chacune des quantités intermédiaires avec les revenus ci-dessus, indiqués hypothétiquement, et coordonner le tout de manière à obtenir une recette égale à la dépense présumée, sans jamais perdre de vue le grand principe qui veut qu'on soulage les classes malheureuses ou peu aisées, *ni craindre de puiser l'argent là où il abonde*. L'impôt progressif est, à ses yeux, une *capitation*, substituée à la multiplicité des taxes.

Dans le système que nous proposons, écrit-il, il n'y aurait pour chaque contribuable qu'un rôle, compréhensif de tous les revenus, sur la totalité desquels l'impôt serait assis : Produits territoriaux, baux, loyers, ventes, bénéfices dans le commerce et dans l'industrie; tout y serait cumulé *par la notoriété et par la déclaration des contribuables*, par la vérification des titres, par la notoriété et par le jugement des jurés locaux, chargés d'en opérer la répartition et de réunir les différents revenus possédés par le même homme sur plusieurs points de l'État.

Le réformateur (dont le dernier projet relatif à l'impôt sur le revenu paraît s'être directement inspiré) rappelle comme précédent la levée par la Convention d'un emprunt forcé considérable.

Il s'attache ensuite à réfuter les objections qu'on peut faire.

Première objection : « *L'impôt progressif, en enlevant aux hommes la possibilité illimitée d'acquérir, éteindrait en eux l'amour de la Patrie.* »

Réponse :

Par cet impôt, on n'enlève pas la totalité des biens; en les limitant, on n'en détruit pas la possibilité, et le grand nombre s'attacherait davantage à la Patrie. Jamais l'amour de la Patrie n'a été la passion dominante chez les riches.

Deuxième objection : « *Il détache le citoyen de l'exercice de l'industrie et du commerce en étouffant en lui l'espérance d'un grand bénéfice.* »

Réponse :

Tant qu'on ne pourra se procurer l'existence sans travailler, tant que tous ne posséderont des terres suffisantes à leur assurer la subsistance, il faudra que beaucoup de gens se livrent au trafic ou exercent un métier; d'ailleurs, nous venons de le dire, l'impôt progressif restreint les bénéfices, mais ne les anéantit pas, et n'éteint même pas la possibilité de les accroître; on aurait soin, en l'assurant, de laisser toujours une porte ouverte à l'espérance.

Troisième objection : « *Il est, dit-on, contraire au pacte social; il viole le droit de propriété, dont le maintien est une condition essentielle de ce pacte* ».

Le manuscrit ne donne pas de réponse à cette troisième objection : la page s'est sans doute égarée!

Il est curieux de remarquer avec quel scepticisme Buonarroti juge la compétence du peuple à faire aboutir des réformes. A son avis, il ne faut pas lui confier le libre choix des autorités qui accompliront la révolution sociale. « Le peuple, dit-il, *ne se doute pas de la nécessité des réformes.* » Il ne peut donc désigner les hommes propres à les proposer et à les consommer. Donc au commencement d'une révolution, l'autorité suprême ne doit pas être déléguée par le choix libre du peuple.

Qui doit donc désigner les réformateurs? « Ceux qui sont embrasés de l'amour de l'Égalité et ont le courage de se dévouer pour en assurer l'établissement. *Le peuple est incapable de se régénérer par lui-même, et de désigner les personnes qui doivent diriger la régénération.* »

Et cependant il avait dit un peu plus haut « que la Liberté consiste dans la soumission de tous à la *volonté générale* ».

V

Idées sur la Réforme sociale.

A qui voudrait connaître avec exactitude les idées de Buonarroti sur la réforme sociale, on peut signaler encore deux documents. C'est, en premier lieu, les développements qu'il donne au début, puis dans le corps de son *Histoire de la conspiration de Babeuf*.

Bien évidemment, il s'inspire d'abord de Rousseau, et ensuite de Robespierre. « Rousseau, dit-il, a proclamé les droits inséparables de la nature humaine, et placé la prospérité de la société dans le bonheur de chacun de ses membres, et sa force dans l'attachement de tous aux lois.... La liberté réside pour lui dans la puissance souveraine qui est le peuple entier.... Cet ordre social soumet à la volonté du peuple les actions et les *propriétés particulières*... fait de tous les citoyens une seule et paisible famille. C'est la doctrine des vrais sages de l'antiquité : Minos, Platon, Lycurgue, *Jésus-Christ* ; puis, de Thomas Morus[1], Montesquieu[2], Mably. » Buonarroti qualifie l'*ordre* des économistes d'égoïsme ou d'aristocratie, celui de Rousseau d'*ordre d'égalité*. Ce sont, d'après lui, les amis de l'Égalité qui ont triomphé de l'*ordre égoïste*, et enrayé, au 31 mai 93, « la marche tortueuse de la Gironde », et brisé la faction des dantonistes, « mélange de vanité, d'intrigue, d'audace, de fausseté, de vénalité et de corruption. Mais, au 9 thermidor, tout a été perdu. » Nous reviendrons plus loin sur la manière dont Buonarroti apprécie le processus de la Révolution. Allons directement au début de

---

1. Morus, dans son livre de l'*Utopie*, qui lui valut la bienveillance de Henri VIII, préconisa la communauté des biens et le bonheur égal de tous, assuré par le souverain, par l'État-Providence. Il se rattache à la théologie chrétienne qui proclame que Dieu veut le bonheur de tous les hommes, même dans la vie terrestre.

2. Montesquieu est un des vrais pères du socialisme, et Rousseau, comme Mably, n'ont fait que s'inspirer de ses rêves de cité idéale où sera reproduite la communauté des biens de la République de Platon, où la vertu et l'amour de l'égalité seront le ressort essentiel de la vie sociale. Voir les *Lettres persanes* et l'*Esprit des lois*.

l'an IV et aux travaux du *Comité secret* d'insurrection, constitué par Babeuf et Buonarroti.

Le cheval de bataille des conspirateurs, c'était la lutte contre la *propriété individuelle*, contre l'inégalité des fortunes et des conditions [1]. A leurs yeux, la propriété individuelle équivalait « à l'exploitation de la multitude par les plus adroits et les plus heureux », toute la politique des aristocrates, avant et après la Révolution, « tendant à appauvrir, diviser, dégoûter, effrayer et comprimer la classe laborieuse ».

Buonarroti et ses amis estimaient que le partage des terres et les lois somptuaires « n'opposent que de faibles remparts à un torrent impétueux; que les réquisitions, les taxes ne sauraient faire partie de l'ordre habituel de la Société parce qu'elles tarissent les sources de la production ». L'impôt progressif serait un moyen efficace de morceler les terres, d'empêcher l'accumulation des richesses, de bannir l'oisiveté et le luxe si l'estimation exacte des fortunes qu'il exige n'était pas très difficile à atteindre : on peut très bien évaluer le revenu des immeubles, mais comment apprécier les capitaux qu'il est facile de dérober à tous les yeux? Cette manière d'asseoir l'impôt serait

---

1. Si l'on veut résumer l'idée essentielle qui domine toutes les conceptions de Buonarroti, on arrive à constater que c'est la guerre à la *propriété privée*. Après avoir cité cette formule de Buonarroti : « La propriété est un véritable délit public », M. L. Tchernoff ajoute que c'est presque la formule de Proudhon : « La propriété, c'est le vol ». Voir *le Parti républicain sous la monarchie de Juillet*, p. 83.

tout au plus un acheminement au bien ; elle pallierait le mal, mais n'en couperait pas la racine. »

Quel était donc l'idéal à poursuivre? Quelle devait être la tâche « d'un législateur vertueux »? Voici :

La loi de la nature fait dépendre la production du travail. Ce travail est évidemment, pour chaque citoyen, une condition essentielle du pacte social, et, comme chacun, en entrant dans la société, y apporte une mise égale (la totalité de ses forces et de ses moyens) il s'ensuit que les charges, les productions et les avantages doivent être également partagés.... Ceux qui raisonnaient ainsi voyaient dans la *communauté des biens et des travaux*, c'est-à-dire, dans l'égale répartition des charges et des jouissances, le véritable objet de la perfection de l'ordre social.

D'ailleurs, Babeuf et Buonarroti, ainsi que les autres membres du Comité secret, savaient très bien que la Constitution de 1793 et la Déclaration des droits, « en définissant le droit de propriété, le consacraient dans toute son effrayante latitude ». Les décrets des 8 et 14 ventôse de l'an II avaient bien promis au peuple un milliard de biens nationaux et les biens des ennemis de la patrie; mais, après thermidor, on avait autorisé l'achat des biens nationaux sans enchères, sans publicité, par simple soumission, et leur paiement en assignats qui n'avaient presque plus de valeur. Ainsi s'était évanouie la masse des biens nationaux. « Les plus petits propriétaires s'étaient rattachés à leurs possessions, auxquelles ils avaient été naguère prêts à renoncer. » Les membres du comité « étaient convaincus que toute vue d'intérêt commun avait disparu de la législation, abandonnée désormais à l'égoïsme le plus effréné. » Ils sentaient, par conséquent, « combien il était difficile de substituer, immédiatement et d'un seul jet, à la *législation des propriétés*, celle, incomparablement plus douce et plus équitable, de l'*Égalité des biens et des travaux*. »

Mais, après la destruction de la Constitution de l'an III et le rétablissement de celle de 1793, « *l'autorité provisoire des insurgents* » comptait « préparer l'adoption de la véritable Égalité, en la montrant au peuple comme le seul moyen de tarir à jamais toutes les sources des maux publics. »

C'est probablement Buonarroti qui fut chargé par les conjurés de fixer les bases du nouvel ordre social, à créer après le triomphe de l'insurrection. On trouve aux Archives nationales parmi les papiers et documents du Comité secret[1] une pièce sans date qui débute ainsi :

Transporte-toi au moment où tous les moyens militaires sont pris, où toutes les mesures de l'insurrection sont prêtes, et où il est question de la faire éclater tel jour. Fais le premier déclaratoire ou manifeste de cette insurrection court, hardi, positif, en forme d'arrêté avec considérants.

Suit le canevas de ce manifeste. C'est le résumé de ce que Buonarroti appelle le *fameux acte insurrecteur*, dont voici les premiers mots : *Des démocrates français, considérant que l'oppression et la misère du peuple sont à leur comble; que cet état de tyrannie et*

---

1. F7 4277.

de malheur est du fait du gouvernement actuel, etc.... Et il en reproduit le texte dans son *Histoire de la conspiration*. On retrouve le même document dans ses papiers, et l'écriture paraît être de sa main. (*Registre 20 803, 20ᵉ pièce de la 21ᵉ liasse.*) Nous croyons inutile de réimprimer ce manifeste, qui contient beaucoup de phrases déclamatoires et peu d'idées. Au point de vue de l'organisation future, il suffit de retenir l'article 2 : « Le but de l'insurrection est le rétablissement de la Constitution de 1793, de la Liberté, de l'Égalité et du Bonheur de tous. »

Il est plus intéressant de condenser, d'après les développements de Buonarroti dans son *Histoire de la conspiration de Babeuf*, les idées essentielles qu'il avait fait approuver par ses complices.

Le Comité s'était demandé si la propriété individuelle devait être abolie ou simplement modifiée. Personnellement, Buonarroti se prononce pour l'abolition de cette propriété individuelle, et pour l'établissement de la communauté des biens et des travaux. Ces travaux ne pouvant être que distincts, il convient de distribuer les citoyens en plusieurs classes, « à chacune desquelles la loi attribuera un genre particulier de travail, selon les besoins de la nature et d'après le principe suprême de l'Égalité ». Cette distribution se fera dans les maisons d'éducation publique. Buonarroti n'est pas l'ennemi des machines qui « doivent adoucir le travail des hommes et diminuer leurs peines, tout en augmentant l'abondance des choses nécessaires et agréables ». Il ajoute, il est vrai, cette observation : « Aujourd'hui, en supprimant une grande masse de travail manuel, elles (*les machines*) enlèvent le pain à une foule d'hommes, dans l'intérêt de quelques spéculateurs insatiables dont elles augmentent le gain. »

On a déjà vu, par la lecture du décret économique, comment les Babouvistes entendaient réaliser « l'emploi utile de toutes les terres, et l'abolition de l'oisiveté », par conséquent « un grand adoucissement dans le travail individuel ». Les produits de la terre et de l'industrie devaient être déposés dans des magasins publics d'où ils sortiraient pour être distribués avec égalité aux citoyens, sous la surveillance de magistrats qui en seraient comptables Les pays qui auraient du superflu fourniraient à ceux qui manqueraient du nécessaire. Une magistrature supérieure comparerait la richesse du tout avec les besoins de chaque partie, indiquerait les matières à déplacer et désignerait les lieux d'où il faudrait les enlever, et ceux où l'on devrait les transporter. Des agents inférieurs seraient chargés de surveiller et d'effectuer les transports.

A l'obligation de travailler, imposée aux valides, correspondent, écrit Buonarroti, le droit à une existence heureuse, et celui d'être exempté du travail et d'être mieux soigné, lorsque les infirmités ou l'affaiblissement des organes rendent le travail pénible, ou impossible. Ainsi, dans l'ordre de la communauté, le repos et le soulagement des vieillards et des infirmes sont placés au rang des principaux devoirs de la société.... Un des effets de ces institutions eût été, ce semble, d'y attacher si fortement les citoyens que l'amour de la Patrie serait devenu leur passion prédominante. Par l'éducation, le législateur eût pu subordonner à ce sentiment toutes les affections de famille et de parenté.

Il paraît que, dans une des réunions des conjurés, on fit formellement la proposition de défendre aux enfants de porter le nom d'un père qui ne se serait pas distingué par de grandes vertus.

Les Babouvistes désirent favoriser la repopulation de la France : « Tout, dit Buonarroti, dans cet ordre social, favorise la multiplication de l'espèce ; la communauté écarte les causes qui rendent les approches des sexes moins fréquentes ; elle donne aux âmes une tranquillité qui nous est inconnue ; elle fortifie les corps par une activité douce et variée. »

La désertion des campagnes au profit des agglomérations urbaines est un fléau qu'il faut combattre par des moyens énergiques : « Plus de capitales, *plus de grandes villes*[1], multiplicité des villages, dans les lieux les plus sains et les plus commodes » ; développement des routes, des canaux, etc. « Quand il n'y aurait plus de palais, il n'y aurait plus de masures ; les maisons seraient simples, et la magnificence de l'architecture et des arts, qui en rehaussent l'éclat, serait réservée aux magasins publics, aux amphi-

---

1. En cela, Buonarroti s'inspire directement de Rousseau qui, dans *la Constitution de la Corse*, s'élève contre l'existence des villes : « Elles sont nuisibles dit-il, au système que nous avons adopté. » Il traite de *bourgeois* « tout homme qui ne conduit pas la charrue ».

théâtres, aux places, aux marchés, aux archives, aux bibliothèques, et surtout aux lieux consacrés aux délibérations des magistrats et à l'exercice de la souveraineté populaire. »

Le Comité insurrecteur paraît avoir attaché une grande importance à ce qui frappe les yeux : « L'égalité et la simplicité des habillements et des meubles n'excluent pas l'élégance et la propreté. » Dans les ateliers, on portera les mêmes costumes que dans les assemblées et dans les fêtes. Les réformateurs eussent même désiré « que le peuple français adoptât *un costume* qui le distinguât de tous les autres peuples ».

On sait que Buonarroti voyait d'assez mauvais œil l'éclat et la prospérité des arts proprement dits; mais il admet « que, dans les moments de loisir, le peuple s'occupe de la culture de l'esprit, de l'éducation de la jeunesse, du maniement des armes, des évolutions militaires, *des honneurs à rendre à la Divinité*, de l'apothéose des grands hommes, des jeux publics, de l'embellissement des fêtes, du perfectionnement des *arts utiles*, de l'étude des lois, d'administration et des délibérations du peuple ».

Les citoyens resteraient libres de choisir leurs occupations, mais il n'y aurait ni privilèges, ni *distinctions*. Cependant, cette liberté de vivre à sa guise comporte, dans les projets des Égaux, une restriction très grave : car ils ne voulaient admettre à l'exercice du droit de suffrage que ceux qui « auraient vécu un certain temps dans les camps et dans les travaux militaires ». A des jours marqués et, *dans une solennité*, les citoyens « qui auraient parcouru les différents degrés d'instruction, *civile et militaire*, prescrits par les lois, viendraient demander leur inscription sur un registre ». Quant à ceux qui se refuseraient de déclarer qu'ils consentent à faire partie de la société française, aux conditions dont ils auraient été instruits dans le cours de leur éducation... *on les exclurait de la République.*

Les Babouvistes sont partisans du service militaire universel et obligatoire.

L'armée nationale doit se composer de *tous* les Français en état de porter les armes. Les lois détermineront l'âge auquel cette capacité est présumée commencer et finir.... *Les chefs sont nommés pour peu de temps par le peuple....* La perpétuité des grades militaires est un des plus grands fléaux de la liberté publique, et c'est par elle qu'un certain despotisme s'élève sur la ruine des lois. Les officiers, jadis bons citoyens, se voyant placés à jamais au-dessus du simple soldat, séparent insensiblement leurs intérêts de ceux du peuple, se créent de nouveaux besoins, se font des services qu'ils rendent à la Patrie des titres pour s'emparer des idées, des trésors et de la puissance; ne portent plus les armes que comme on exerce un métier, et finissent par former dans l'état un corps aristocratique qui, pour plaire à ses chefs, auxquels il doit tout, accrédite la doctrine de l'obéissance aveugle, et s'efforce d'étouffer dans ses subordonnés jusqu'au souvenir de leurs droits.

Pour le temps de paix, Buonarroti est un précurseur de l'appel des réservistes. Il veut qu'on fortifie le moral et le physique des citoyens par de fréquentes assemblées, par des évolutions militaires, des courses de natation et d'équitation; qu'on forme de grands campements; qu'on distribue des prix pour le zèle et pour la valeur. « Les rôles, les armes, les habillements et instruments militaires étant toujours en bon état sur tous les points de la République, la levée du peuple entier n'offre pas plus de difficultés que la marche d'un régiment. » En cas de levée générale, ceux qui, par leur âge, ne prendront pas les armes fourniront une demi-heure ou une heure de plus de travail pour entretenir l'agriculture et l'industrie. Les Égaux ne veulent pas de guerre de provocation et de conquête, mais « seulement pour repousser l'invasion ou pour soutenir un voisin injustement opprimé ».

En ce qui concerne les Cultes, ils estiment « que la République française, ne reconnaissant aucune révélation, n'eût adopté aucun culte particulier; mais elle eût fait de l'Égalité le seul dogme agréable à la Divinité, et elle eût fortement gravé dans les cœurs des bons citoyens l'expérience d'une heureuse immortalité ».

Les Babouvistes se défiaient beaucoup des influences étrangères; ils voulaient élever entre la France et les nations voisines une sorte de muraille de la Chine, ouverte seulement, par de petites portes, pour les frères et amis qui professeraient la bonne doctrine ou voudraient la connaître :

Pour écarter la contagion des pernicieux exemples qui pourraient énerver la force des mœurs et l'amour de l'Égalité, on *aurait élevé entre la France et ses voisins des barrières hérissées d'obstacles*. Cependant, elles n'eussent pas été impénétrables : l'amour de l'humanité les eût ouvertes aux amis malheureux de la liberté, aux bienfaiteurs des nations, attirés par le désir de connaître les institutions françaises, et aux hommes las de servage qui seraient venus avec un cœur pur pour chercher dans notre République l'égalité et le bonheur.

Le Comité insurrecteur ne paraît avoir eu que des idées assez nébuleuses et confuses sur le mode d'organisation et de fonctionnement du pouvoir législatif. A côté d'une assemblée centrale législative, composée, conformément aux prescriptions de la Constitution de 93, de délégués nommés directement par le peuple, avec la double mission de proposer la loi et de rendre des décrets pour en assurer l'exécution, ainsi que pour diriger et surveiller le Gouvernement, ils auraient voulu créer des arrondissements aussi étendus que possible, et former, dans chacun de ces arrondissements, une *assemblée de souveraineté*, composée de tous les citoyens, et un Sénat où prendraient place des vieillards, nommés par l'assemblée susdite. Ils rêvaient aussi la création d'un *corps de conservateurs de la volonté nationale*, institution nouvelle destinée à recueillir les actes des assemblées de souveraineté, et à proclamer la volonté du souverain, « espèce de tribunal chargé de veiller à ce que les législateurs, abusant du droit de rendre des décrets, n'empiètent pas sur la puissance législative ». L'action des *conservateurs* eût été nécessaire pour provoquer le jugement du peuple, si les législateurs rendaient des décrets contraires aux lois existantes. C'est dans le même esprit que certains des conjurés songeaient à créer un *Conseil d'Anciens*, « chargé uniquement d'éclairer par ses avis l'Assemblée centrale des législateurs », et un *Tribunal suprême*, « chargé de maintenir partout l'unité de la législation ». C'est, en somme, ce qu'on a fait aux États-Unis d'Amérique. Enfin, les corps municipaux se seraient occupés « de l'économie nationale, de former et de surveiller l'ordre militaire ». En résumé, le Comité était partisan d'une sorte de décentralisation, et non d'une assemblée unique et toute-puissante comme la Convention. Et presque tous les Français eussent été associés à la vie publique, car Buonarroti dit : « Tout citoyen est ou a été fonctionnaire ». C'est l'Étatisme dans toute sa beauté.

L'*Éducation* devait être divisée en deux branches : l'une pour les garçons, l'autre pour les filles[1]. Cette éducation aurait été *nationale, commune et égale*. Dans chaque arrondissement, on aurait créé une maison d'éducation pour les garçons, une autre pour

---

1. Il faut remarquer que Babeuf n'entendait pas fournir aux Français un autre enseignement que celui des écoles primaires. Les écoles d'enseignement supérieur lui semblaient des institutions aristocratiques. De plus, dans son système, la communauté s'emparait de l'enfant et le séparait de la famille. « Plus d'éducation domestique, disait-il ; plus d'éducation paternelle. » L'individu était revendiqué par Babeuf depuis sa naissance jusqu'à sa mort.
Il convient aussi de noter que les Babouvistes n'admettent pas la co-éducation des garçons et des filles. Ils tendent à retarder le mélange des sexes, afin de ménager leur vigueur.

les filles, autant que possible « en bel air » à la campagne, près des rivières et loin des villes. Le programme à suivre eût été : 1° Force et agilité des corps; 2° Bonté et énergie du cœur; 3° Développement de l'esprit. Les citoyens ont pour devoir d'aimer l'Égalité, la Liberté et la Patrie qu'ils sont appelés à servir et à défendre. Les cours auraient pour objets : l'histoire, la science des nombres, la topographie, l'histoire naturelle, la statistique, la danse, la musique. Des maisons d'éducation, les jeunes gens passeront aux camps établis près des frontières.

Tout en inscrivant la *Liberté* en tête de leur programme politique et social, les Babouvistes lui laissaient bien peu de place dans leur Communauté. Ils n'admettaient nullement la liberté de la presse, dont pourtant ils s'étaient amplement servis pour leur propagande. Et voici, à cet égard, leurs principes : « 1° Nul ne peut émettre des opinions directement contraires aux principes sacrés de l'Égalité et de la souveraineté du peuple; 2° Tout écrit sur la forme du Gouvernement et sur son administration doit être imprimé et envoyé à toutes les Bibliothèques, sur la demande d'une assemblée de souveraineté ou d'un nombre déterminé d'électeurs au-dessus de trente ans; 3° Aucun écrit touchant une prétendue révélation quelconque ne peut être publié; 4° Tout écrit est imprimé et distribué, si les Conservateurs de la volonté nationale jugent que sa publication peut être utile à la République ».

VI

Le décret de police.

Le Comité avait décidé de publier, après le succès de l'insurrection, une série de décrets : décret militaire, décret sur l'éducation, décret sur les fêtes nationales, décret économique, décret de police.

Il est très probable que Buonarroti a rédigé le décret économique et le décret de police. Nous avons cité plus haut le décret ou fragment de décret économique qu'il avait conservé dans ses papiers.

Voici le deuxième, qui se trouve à la page 124 du registre 20803 et paraît écrit de sa main; on remarquera que ce décret est surtout dirigé contre les étrangers :

FRAGMENT D'UN PROJET DE DÉCRET DE POLICE.

ARTICLE 1. — Les individus qui ne font rien pour la Patrie ne peuvent exercer aucun droit politique : ce sont *des étrangers* auxquels la République accorde l'hospitalité.

ART. 2. — Ne font rien pour la Patrie ceux qui ne la servent pas par un travail utile.

ART. 3. — La loi considère comme travaux utiles :
Ceux de l'agriculture, de la pastorale, de la pêche et de la navigation; ceux des arts mécaniques et manuels; ceux de la vente au détail; ceux du transport des hommes et des choses; ceux de la guerre; ceux de l'enseignement et des sciences.

ART. 4. — Néanmoins, les travaux de l'enseignement et des sciences ne seront pas réputés utiles si ceux qui les exercent ne rapportent pas dans le délai de .... un certificat de civisme, délivré dans les formes qui seront réglées.

Art. 5. — L'exercice des droits politiques est conservé aux citoyens dont les travaux utiles ont été suspendus par les infirmités ou les circonstances de la révolution.

Art. 6. — L'entrée des assemblées politiques est interdite aux étrangers.

Art. 7. — Les étrangers sont sous la surveillance directe de l'administration suprême qui peut les reléguer hors de leur domicile ordinaire et les envoyer dans les lieux de correction.

Art. 8. — Tout étranger admis à jouir de l'hospitalité devient aspirant aux droits de cité. S'il entre dans la communauté nationale, il exerce ces droits aussitôt qu'il peut représenter un certificat de civisme.

Art. 9. — La loi détermine l'époque à laquelle nul ne pourra exercer les droits de cité s'il n'est pas membre de la communauté nationale.

Art. 10. — Tous les citoyens seront armés.

Art. 11. — Les étrangers déposeront, *sous peine de mort*, les armes dont ils sont possesseurs entre les mains des Comités révolutionnaires.

Art. 12. — Le premier décadi qui suivra la promulgation du présent décret, les citoyens s'assembleront pour réorganiser la garde nationale.

Art. 13. — Il sera formé sous le plus bref délai, aux environs de Toulon, Valence, Grenoble, Mâcon, Metz, Valenciennes, Saint-Omer, Angers, Rennes, Clermont, Angoulême et Toulouse, des camps destinés à maintenir la tranquillité, protéger les républicains et favoriser la réforme.

Art. 14. — A cet effet, les Comités révolutionnaires désigneront et feront partir sur-le-champ aux lieux qui leur seront indiqués quatre républicains par compagnie de garde nationale, complètement armés, équipés et pourvus d'effets de campement.

Art. 15. — Les dispositions du décret militaire sont applicables aux camps ci-dessus.

Art. 16. — Les camps seront dissous aussitôt que les nouvelles lois seront paisiblement exécutées.

Art. 17. — Les îles Marguerite et Honoré, d'Hyères, d'Oleron, de Ré, seront converties en lieux de correction où seront envoyés, pour être astreints à des travaux communs, les étrangers suspects et les individus arrêtés par suite de la proclamation de la Convention nationale.

Art. 18. — Les îles seront rendues inaccessibles : il y aura des administrations directement soumises au Gouvernement.

Art. 19. — Ceux d'entre les détenus qui donneront des preuves d'amendement, d'activité dans les travaux et de bonne conduite, pourront rentrer dans la République et y acquérir les droits de cité [1].

. . . .

VII

Réponse de Buonarroti à M. V.

Une lettre, signée M. V. et datée du 30 pluviôse an IV, avait été adressée à Gracchus Babeuf, « tribun du peuple »; elle fut imprimée chez Lebois, imprimeur de l'*Ami du peuple*.

Au registre 20 803 de la Bibliothèque nationale, p. 140, on trouve le texte de cette lettre. Son rédacteur dit qu'il est presque sexagénaire, qu'il n'a rien ou presque rien en propriété, et est surchargé de six enfants, trop jeunes encore pour travailler. Il ne sait pas de métier et n'est ni commerçant, ni courtier, ni agioteur, ni banquier, pas même commis de bureau.

[1]. Les points figurent au texte qui est ici reproduit intégralement.

Partisan de l'*Égalité* réelle, il voudrait bien la croire possible, mais il expose ses doutes et développe ses objections, en priant le tribun d'y répondre.

Voici le texte de cette lettre du partisan très sceptique de l'Égalité réelle :

Combien de motifs pressants, dit-il, de désirer l'égalité réelle ! où hélas est-elle possible ?... Toujours le mot, jamais la chose. J'ai lu, qu'il y a eu des partages de terres, mais cela n'a pas duré. Et pourquoi ? C'est cela qu'il faut approfondir. Il ne s'agit donc pas seulement de partage, mais encore qu'il soit durable Les terres ne sont pas tout ce qu'il faudrait partager, et je n'ai lu nulle part qu'on ait tenté de partager des productions de l'esprit et de l'invention ailleurs que dans des communautés religieuses ou à peu près telles. Nous diviserons-nous en petites communautés ? Supposons que cela soit et que je porte, par exemple, un charmant tableau, une machine parfaite, mon invention excellente, mes découvertes en physique, en chimie, en « hidrolie » (*sic*), en histoire naturelle, mon poème, ma musique, une *volubilité* sur le violon, la harpe et le clavecin, les sons harmonieux de ma voix, etc., etc., au magasin général de l'Égalité réelle, avec mon voisin le savetier, pour recevoir trois bons égaux de viande, de pain, de liqueur, etc. [1] Ce

---

1. M. E. Fournière, dans ses *Théories socialistes du XIXᵉ siècle*, (p. 126 et suivantes), fait remarquer avec raison que la notion d'égalité sociale, posée par Jean-Jacques Rousseau et abaissant le niveau commun « aux plus essentielles satisfactions physiques, au lieu de s'élever au point où l'avaient porté les mieux pourvus, sous tous les rapports physiques, intellectuels et esthétiques », a été prise à la letttre par Babeuf. Il déclare que « ce qui n'est pas communicable à tous doit être sévèrement retranché (*Syst. polit. des Égaux*, p. 16). De même, Babeuf, à Vendôme, ne dissimulait pas qu'il s'abritait derrière l'autorité de Jean-Jacques » et présentait la phrase du *Manifeste des Egaux* : « *Périssent, s'il le faut, tous les arts, pourvu que nous ayons l'Égalité réelle,* » comme une réminiscence des maximes de Rousseau.

n'est pas tout : il faut que cela soit durable ; il faut que cela n'anéantisse pas le goût, le génie et la passion du beau et de la perfection dans les arts et métiers. Mais, supposons que je sois capable de l'abnégation d'un moine, par mes goûts et mes penchants les plus doux pour l'égalité réelle de mon voisin savetier, ne faudra-t-il pas des supérieurs, des prieurs, des abbés, des directeurs exécutifs (*ici quelques mots illisibles*); ne faudra-t-il pas des lois? C'est-à-dire des conventions mutuelles? Ne faudra-t-il pas confier aux chefs parfaitement désintéressés une force égale en action à la réaction qu'il faut toujours calculer ? Et calculer bien juste, aussi juste que le poids d'un tourne-broche ou que le ressort d'une montre? Quelle multitude de réflexions ne viennent pas s'offrir ici !

J'entends citer J.-J. Rousseau et Mably : le premier a dit positivement que, pour vivre sous une démocratie pure, il fallait être des demi-dieux. Le second est bien loin de croire à la possibilité de l'égalité réelle, sur un sol d'une étendue aussi considérable et aussi peuplé que le nôtre. Quand j'y songe, et j'y songe souvent, ma tête s'y perd. Tribun ! donne-nous un plan ; prouve-nous bien clairement la possibilité de l'Égalité réelle; qu'elle peut être durable! Et donne-nous bien positivement le moyen d'y parvenir, c'est-à-dire que nous ne soyons pas des années dans l'anarchie, et qu'après des démarches et des sacrifices douloureux et inutiles, nous ne soyons pas plus mal que nous ne sommes dans ce moment.

Signé : M... V.

De l'Imprimerie de l'Ami du Peuple (R.-F. Lebois, *rue et maison ci-devant Sorbonne*, n° 382, section Chalier. Quartier Jasques).

Babeuf ne se soucia pas sans doute d'entamer une polémique avec le citoyen M. V. et chargea Buonarroti de réfuter ses objections. Et nous croyons intéressant d'analyser la réponse de Buonarroti qui se trouve dans ses papiers.

Ce manuscrit autographe est signé P. B., et ces initiales sont suivies des mots raturés « c'est-à-dire Philippe Buonarroti ». La date du document (qui comprend douze pages) est : 28 germinal an IV. (*Registre* 20 803, p. 129). Il porte pour épigraphe : « *Dans une véritable société, il ne doit y avoir ni riches ni pauvres. Les riches qui ne veulent pas renoncer au superflu en faveur des indigents sont les ennemis du peuple. Le but de la Révolution est de détruire l'inégalité et de rétablir le bonheur de tous.* Art 7, 8 et 10 de l'Analyse de la doctrine du Tribun, affichée et proclamée le 20 de ce mois de germinal [1] ». Buonarroti dit dans son *Histoire de la conspiration* que la lettre en réponse à M. V. fut distribuée le 29 germinal. Cette pièce joua donc un rôle important dans la propagande du parti des Égaux. Il importe, sinon de la reproduire intégralement, du moins d'en donner une analyse complète, avec citation des passages essentiels :

La chute du système barbare des *propriétés particulières*

[1]. Buonarroti laisse un peu dans le vague les moyens que les Babouvistes voulaient employer pour réaliser leur idéal. M. E. Fournière a très bien mis en relief (*Théories socialistes*, p. 178) que, dans le *Manifeste des Égaux*, Sylvain Maréchal préconisait la lutte des classes, et que la Force était recommandée par les Égaux comme le moyen unique de faire prévaloir leurs principes. « Le peuple marche sur le corps des nouveaux tyrans, des nouveaux tartufes politiques, comme il a marché sur le corps des rois ; l'égalité réelle doit être obtenue *n'importe à quel prix*. Malheur à qui ferait résistance à nos vœux, etc. ! » C'est la révolte des pauvres contre les riches. Saint-Just ne parlait pas autrement, et Blanqui reprendra sa doctrine.

ramènera bientôt sur la terre le bonheur de l'âge d'or et la fraternité de fait que l'ambition et l'avidité ont entièrement bannis de nos monstrueuses sociétés. Le temps est venu d'attaquer avec les foudres de la raison la cause toujours existante de tous les maux, de toutes les tyrannies : *la richesse individuelle*. La doctrine que nous prêchons a pour elle les froids calculs de la philosophie, l'autorité des grands hommes de l'antiquité et de nos siècles [1].

Buonarroti estime que M. V. a déplacé la question lorsqu'il a déclaré que les Babouvistes veulent un partage des biens.

Le système de l'Égalité exclut tout partage, et c'est même à ce partage que nos sociétés, résultats des besoins, des passions et de l'ignorance de nos pères, doivent toutes les tyrannies et tous les maux dont nous sommes les victimes. Avant que chacun de nos aïeux ait pu dire qu'un champ lui appartenait, il a fallu qu'une convention, expresse ou tacite, lui en assurât la jouissance....

L'auteur de la réponse à M. V. attribue à cette convention tous les vices de l'état social. D'après lui, on ne peut appeler libres ceux qui travaillent jusqu'à épuisement « par espoir de jouir ».

L'Égalité réelle a pour conditions essentielles : *Travaux communs*; *Jouissance commune.* — 1° Le travail commun augmenterait infiniment les richesses de la société qui, dans l'état actuel, ne peut compter que sur le travail utile d'une petite partie de ses membres ; 2° Le travail, réparti sur tous les sociétaires valides, délivrerait d'un fardeau insupportable ceux que nous avons condamnés exclusivement à la fatigue, et n'en transporterait aux autres qu'une portion

---

1. Platon, Rousseau, Mably, Helvétius, l'auteur de *Télémaque*, Diderot. (*Note du manuscrit.*)

très faible qui bientôt deviendrait pour tous une source de plaisir et d'amusement.

Croire que retourner à l'Égalité serait devenir sauvage et brutal, c'est ne pas en concevoir la constitution. La nature donne à chacun un estomac et des sens pareils. Donc il n'y a rien de plus naturel que de faire sortir le vin, les habits, la viande du même magasin. « Les arts recevraient, dans notre système d'Égalité, des accroissements d'utilité générale et une empreinte sublime, conforme aux grands sentiments qu'une immense association d'heureux ferait nécessairement naître.... Les citoyens seraient bien nourris, bien vêtus, bien amusés, sans inégalité, sans luxe. La République serait riche, magnifique, toute-puissante. » Sans doute quelques *métiers inutiles*[1] disparaîtraient, mais ils seraient remplacés par d'autres qui augmenteraient le bonheur de la grande masse nationale. « Les productions, très variées, de tous appartiendraient à la masse qui les distribuerait ensuite, pour le plus grand bonheur de tous. »

Voici les procédés que Buonarroti préconise pour réaliser les conceptions de la philosophie regardées comme chimériques :

1º Réunir toutes les richesses actuelles sous la main de la République ; 2º Faire travailler tous les citoyens, et chacun suivant sa capacité et ses habitudes actuelles ; 3º Vérifier les travaux, en rapprochant ceux qui s'aident mutuelle-

---

[1]. Buonarroti atténue, mais ne rejette pas la théorie de Babeuf qui proscrit les arts et ne s'attache « qu'à la suffisance » à *la capacité de l'estomac*, en taxant de chimère la supériorité des talents ou de l'industrie.

ment, et en donnant une nouvelle direction à ceux qui sont uniquement l'effet de l'engorgement actuel des richesses; 4° Réunir continuellement dans les dépôts publics toutes les productions de la terre et de l'industrie; 5° Distribuer également les productions et les plaisirs; 6° *Tarir la source de toute propriété, de tout commerce particulier*, et leur substituer une distribution sage, confiée à l'autorité publique; 7° Établir des maisons communes d'éducation où chacun s'accoutumerait au travail le plus conforme à ses forces et à ses penchants.

Les riches opposent les deux objections suivantes :

1° Le besoin de s'alimenter et l'espoir d'améliorer son état sont les sources du travail et de la reproduction. Ce besoin et cet espoir détruits, le travail cesse, la reproduction se tarit et la société périt.

2° Si toute espèce de travail reçoit la même récompense, il n'existe plus de motif pour se livrer aux recherches scientifiques qui amènent les découvertes utiles à la société.

Voici comment Buonarroti essaye de réfuter ces deux objections :

1° Il est facile de faire entendre à tout le monde qu'une très courte occupation journalière assurerait à chacun une vie plus agréable et débarrassée des inquiétudes dont nous sommes continuellement minés. Et celui qui travaille aujourd'hui jusqu'à l'épuisement, pour avoir fort peu, consentirait sûrement à travailler peu pour avoir beaucoup.

Cette objection, d'ailleurs, repose entièrement sur l'idée douloureuse qu'on s'est formée du travail qui, sagement et universellement distribué, deviendrait, dans notre système, une occupation douce et amusante, à laquelle nul n'aurait ni envie, ni intérêt à se soustraire.

2° Il est, je crois, assez prouvé que les progrès des sciences tiennent plus à l'amour de la gloire qu'à l'avidité des biens, et, dans ce cas, notre société, vraiment philosophique, réunissant tous les moyens d'honorer bien décisivement et sans mélange ses bienfaiteurs, aurait droit d'y compter plus que nos associations corrompues où le génie et la vertu, aux prises et vouées à l'indigence, voient presque toujours la sottise et le crime comblés de tous les biens.

En résumé, dit le théoricien des Égaux, « l'égoïsme, l'avidité forment actuellement la base de toutes nos institutions ». Il faut que chaque citoyen, *en échange d'une mise égale, fasse un égal profit* : « car tous les raisonnements des économistes ne pourront jamais convaincre les hommes de bon sens et de bonne foi qu'il est souverainement juste *que ceux qui ne font rien aient tout et maltraitent ceux qui, faisant tout, n'ont presque rien.*

A l'objection tirée par M. V. de la nécessité d'un gouvernement et de la trop grande étendue de la République, Buonarroti fait les réponses suivantes :

1° Les personnes chargées de conserver le système d'Égalité, dont les rouages seraient extrêmement simples, devraient être regardées comme des travailleurs nécessaires au bonheur commun, et ne pouvant jamais obtenir plus de jouissances que les autres citoyens, trop intéressés à les surveiller. Il ne serait pas à craindre qu'ils fussent tentés de conserver leur autorité au mépris de la volonté du peuple.

2° Si toutes les difficultés que les préjugés opposent au travail et à la jouissance commune, dans une petite peuplade, peuvent être facilement vaincues, rien ne s'oppose à ce qu'il en soit de même pour une grande association comme la France.... Il suffit d'une autorité sage pour forcer chaque citoyen à travailler, chacun dans l'endroit où il serait placé, suivant la distribution égale des objets consomptibles de toutes les communes du pays.

Le législateur babouviste voudrait :

1° Faire disparaître les grandes villes, réceptacles de tous les vices, et peupler la France de villages, ornés d'une immensité d'habitants heureux dont rien n'arrêterait la propagation.

2° Les Français, *sans monnaie*, sans privation, sans ennui et sans envie d'encaisser pour l'avenir, payant gaiement à la Patrie le tribut commun, le travail, pourraient goûter le plaisir de la nature, et passer le reste du temps dans les fêtes publiques, la discussion des lois et l'instruction de la jeunesse.

Ce tableau enchanteur serait complété par la suppression des *tribunaux* et des *procès*. Avec eux, disparaîtraient les « jalousies, fausses suites de la propriété ».

La législation, réduite à des principes très simples, interpréterait l'art d'augmenter la jouissance et les plaisirs de la société.... La Patrie en danger trouverait dans l'augmentation d'une demi-heure de travail par jour, plus de soldats et de ressources que n'en peuvent fournir aujourd'hui tous les financiers de l'Europe.

Buonarroti termine en vantant sur le mode lyrique les vertus de sa panacée infaillible :

Oh! mes compatriotes, voilà la liberté, la paix et le bonheur; voilà le *remède unique* à tant de déchirements et de factions !... L'Égalité de fait et la Démocratie réunissent tous les intérêts, détruisent toutes les partialités et ôtent à quelques-uns la faculté anti-sociale de gêner, vexer, blesser, et tuer tous les autres.... Si l'on parlait clairement et de bonne foi au peuple, je ne doute pas qu'il ne se décidât immédiatement pour l'Égalité.... La Royauté est le maximum des inégalités... Si les patriotes ne périssent pas en défendant le bonheur de tous, la Révolution serait, aux yeux de la postérité, une tache pour la philosophie et un crime pour eux.

Quant à la dernière crainte émise par V. M. : à savoir « l'anarchie, dans le passage du système actuel à celui de l'Égalité », Buonarroti ne s'en inquiète guère. Il y aura peut-être, dit-il, « *des écarts*, lors de ce passage », mais « ce seront les derniers effets de l'anarchie mourante : car, à proprement parler, les désordres et l'anarchie existent réellement dans toutes les sociétés actuelles de l'Europe, et, sous différents prétextes et par différents moyens, le peuple est dépouillé de tous ses droits ». Conclusion : il faut renverser les trônes des tyrans « qui nous inquiètent encore, parce que leurs sujets n'ont pas aperçu jusqu'ici *dans nos changements* l'empreinte claire et décisive du Bonheur général que nous avons tant préconisé ».

VIII

Doit-on obéissance à la Constitution de 1795 ?

Nous analyserons, en dernier lieu, pour donner une idée, au moins sommaire, de l'état d'âme des Babouvistes et de leurs théories politiques et sociales, un document qui fut, peut-être, rédigé par Buonarroti et qu'il indique dans son *Histoire de la conspiration de Babeuf*, comme un des éléments essentiels de la propagande des Égaux. Cette pièce se retrouve au registre n° 20 803, p. 136, est datée du 24 germinal an IV et parut le lendemain. Pour bien en comprendre le but, il faut remarquer qu'elle s'adressait aux républicains de bonne foi qui avaient le souci de la légalité et hésitaient à renverser une Constitution d'apparence régulière. Or les Babouvistes s'irritaient d'être traités d'*anarchistes*, et ils attachaient un grand prix à se donner comme les défenseurs de la vraie volonté du peuple qui avait été, suivant eux, faussée par la suppression de la Constitution de 1793.

Le gouvernement qui régit aujourd'hui la France est-il le véritable gouvernement républicain que le peuple a voulu ? Non : l'acte de 1795 est *contre-révolutionnaire* : il n'a pas « les caractères de la loi légitime.... Les hommes libres doivent donc le renverser et punir ceux qui ont asservi le peuple. On qualifiera cette tentative d'*anarchie*, de *rébellion*, « dénominations favorites de la Cour, avant et après 1789, de La Fayette et Dumouriez, du Sénat de Venise, du Pape, et du Grand-Turc ». Peu importe : cela signifie seulement que « ceux qui ont le pouvoir veulent le conserver, à quelque prix que ce soit ».

Avant le fameux rapport de la Commission des Onze, nous avions la Constitution de 1793, qu'on reconnaissait généralement être la véritable loi du peuple français parce qu'elle avait reçu sa sanction formelle dans la volonté de 4.800.000 votants, dans les assemblées primaires, dont les envoyés, au nombre de 8.000, confirmèrent le vœu, dans la journée, à jamais mémorable, du 10 août 1793.

On oppose à la Constitution de 1793 « les volontés

postérieures du peuple qui, disent les amateurs de l'ordre actuel, avait le droit de la changer, et l'a effectivement fait en acceptant celle de 1795 ». Mais ce n'est pas le peuple qui a demandé ce changement. La preuve en résulte de nombreuses pétitions, adresses des communes, des Sociétés populaires et des armées, des *scènes* de prairial à Paris, des mouvements qui se sont produits au Nord et au Midi. « Témoins encore les actes de la Convention qui, pour rendre hommage à la volonté du peuple et calmer ses sollicitudes, décréta, le 1ᵉʳ germinal de la même année, la peine de la déportation pour quiconque aurait parlé contre la Constitution de 93. »

Le peuple avait ordonné, à l'article 115 de cette Constitution, que toute demande en changement prît nécessairement naissance dans son sein et ne pût aucunement émaner du Corps législatif. Cependant, la trop célèbre commission des Onze, dont les pouvoirs se bornaient à proposer la loi organique de la Constitution de 1793, vint déclamer dans le sein de la Convention contre la volonté du peuple, qu'elle qualifiait de tyrannie populaire, et cette Convention même, oubliant ses devoirs et ses serments, ne précipita pas la commission dans le néant, et eut l'air, quelque temps après, de proposer au peuple son ouvrage anti-populaire de 1795.

Donc cette Constitution a trahi le peuple « et les membres de la Convention qui ont voté pour le changement ont outrepassé leurs pouvoirs et trahi le peuple, en violant ouvertement sa volonté éclairée et solennelle ».

L'acte constitutionnel de 1795 a été envoyé, il est vrai,

aux assemblées primaires et aux armées [1], dont les procès-verbaux, dépouillés par des hommes non sans intérêt dans cette affaire, ont constaté que 900 000 citoyens ont voté pour son acceptation. Si cette acceptation est l'expression de la volonté libre du peuple, la Constitution de 1795 n'est qu'un acte de violence. 4 800 000 citoyens ont voté pour la Constitution de 93 ; 900 000 seulement ont agréé l'acte de 1795. Que sont devenus les autres 3 900 000 ? Ou leur vœu n'a pas été constaté, ou ils ne se sont pas présentés aux assemblées. Si la première hypothèse est vraie, le crime des constitutionnels de 1795 est manifeste. S'il faut admettre la seconde, il faudra examiner si le silence des 3 900 000 qui avaient antérieurement parlé est suffisant pour faire présumer un changement de volonté ou un consentement tacite, ou s'il est l'effet de la violence exercée par les contre-révolutionnaires.

L'organe des Babouvistes s'efforce ensuite de démontrer que les 3 900 000 citoyens qui n'ont pu intervenir aux assemblées primaires n'ont pas été libres de se prononcer contre l'acte de 1795. A Paris, la Convention a fait fusiller et juger le peuple qui réclamait, en prairial an III, l'exécution de la Constitution de 1793. De même, à Toulon, à Valenciennes. « La Convention a égorgé et chassé ceux de ses membres qui ne voulurent pas partager la honte de la trahison dont elle se rendait coupable. Le despotisme oriental repose sur la même base.... 200 000 citoyens meurent dans les cachots,

1. Le manuscrit porte en note ce qui suit : « La Constitution de 1793 ne fut pas envoyée à l'acceptation aux armées. Cependant, elle eut 4 800 000 suffrages. Comment peut-on excuser le législateur qui, ayant recours au vœu des soldats, continuellement obéissants à leurs chefs, commande, au nom des baïonnettes, le consentement des citoyens ? »

100 000 autres sont en fuite pour éviter les poignards des contre-révolutionnaires. » On a refusé le droit de suffrage dans les assemblées primaires à nombre de citoyens, notamment à ceux qui ne peuvent payer une contribution égale à la valeur de trois journées de travail, aux domestiques (c'est-à-dire à la sixième partie au moins des citoyens). On a privé du droit de citoyen pendant cinq ans ceux qui ne savent ni lire, ni écrire, sans que la Constitution assure à la classe indigente les moyens d'instruction. Nul ne peut être électeur ou juré s'il ne paie pas au moins un loyer équivalent à 150 journées de travail dans les villes (600 000 personnes au moins); s'il n'est fermier ou métayer dans les campagnes, condition qui exclut les journaliers. Donc, les représentants « ne sont pas les élus du peuple et ne tiennent leurs pouvoirs que de la classe la plus opulente, la plus cruelle et la plus vicieuse de la nation ». On ne peut admettre que 2 400 000 citoyens, dépouillés de leur droit, « aient consenti à leur servitude ». Une minorité « détient les clefs du pouvoir et des jouissances ».

IX

Notes politiques sur la Révolution.

Les papiers de Buonarroti contiennent, au registre 20 804 de la Bibliothèque Nationale, à côté de beaucoup de verbiage négligeable, un certain nombre de notes sur la période révolutionnaire qui ne sont pas dépourvues d'intérêt.

C'est surtout la réhabilitation de Robespierre qui lui tient à cœur. Dans la pièce ci-dessous, il explique les causes du 9 thermidor et les raisons de la chute du dictateur[1]. Elles n'ont, d'ailleurs, rien de compliqué, ni de mystérieux, et se résument dans la légitime défense. On aime mieux, en général, se débarrasser d'un adversaire qu'être tué par lui, et s'il y a quelque chose de surprenant, c'est que ni les Girondins, ni Danton n'aient fait ce raisonnement fort simple, en temps opportun : ils auraient probablement sauvé leurs têtes !

Sur Robespierre.

Robespierre jugea que la Convention ferait droit à ses réclamations, et qu'il y aurait dans son sein une majorité capable de reconnaître la pureté de ses intentions. En effet, on est forcé de convenir que telle était son opinion lorsqu'on considère qu'étant soutenu par les Jacobins, par la Commune, par l'état-major de la garde nationale de Paris et par le camp de la plaine des Sablons, il eût pu facilement parer le coup sous lequel il succomba, s'il avait voulu prendre les mesures par lesquelles il lui eût été aisé de le prévenir. Non seulement, il ne le fit pas ; non seulement il ne conspira pas, comme on l'en a faussement accusé, mais, le matin même du 9 thermidor, il se reposait entièrement sur la justice de sa cause et sur la droiture de la majorité de la Convention. En sortant de chez lui pour se rendre à l'Assemblée, il répondit à son hôte, qui l'engageait

---

1. *Reg.* 20 804, p. 52.

à se tenir sur ses gardes, qu'il n'avait rien à craindre puisqu'il y avait encore beaucoup de *vertu* dans la représentation nationale.

Cependant, à la séance du 8, on put remarquer une grande incertitude dans l'esprit des députés. Robespierre se plaignit amèrement des Comités de Salut public et de Sûreté générale, et d'une faction immorale et conspiratrice dont il ne désigna pas les membres. Ce discours fut d'abord applaudi et l'impression en fut ordonnée. Mais bientôt la Convention revint sur sa délibération et renvoya le discours de Robespierre à l'examen des Comités qu'il avait dénoncés. Dans la nuit du 8 au 9 thermidor, tous les conspirateurs contre Robespierre[1] se concertèrent et se distribuèrent les rôles qu'il y aurait à jouer. Robespierre ne prit aucune mesure et se fia à sa bonne foi. Ce qui prouve mieux que toute autre chose qu'il n'y eut, de la part de Robespierre et de ses amis, aucun complot contre la Convention, c'est le discours commencé le 9 par Saint-Just. Cet orateur soumettait toute la querelle au jugement de l'Assemblée : il n'attendait que de ses résolutions le redressement des griefs dont il se plaignait et le salut de la République.

Robespierre avait tenu, la veille, à peu près le même langage. A la vérité, il avait dénoncé une coalition criminelle qui conspirait au sein de la Convention nationale, et il avait demandé la punition des traîtres. Ce fut cette dénonciation qui effraya les vrais conspirateurs : ils prétendirent qu'invoquer contre eux la justice était conspirer contre la Convention nationale et contre la République. Ces conspirateurs, dénoncés par Robespierre, surent mettre en jeu les passions d'un grand nombre de leurs collègues,

---

[1]. Buonarroti donne en marge une liste de conventionnels qu'il estime évidemment être ces conspirateurs.

J'y relève les noms de Sieyès, Reubell, Merlin de Thionville, Cambon, Fréron, Lindet, Merlin de Douai, Bourdon de l'Oise, Tallien, Barras, Legendre, Lecointre, Fouché, Courtois, Dubois-Crancé, Vadier, Amar, Carnot, Billaud, Barère, Voulland, André Dumont.

et faire de ceux-ci leurs auxiliaires dans la violence qu'ils méditaient.

Buonarroti explique ensuite que les royalistes et les Girondins détestaient Robespierre « qu'ils considéraient comme le chef du parti de l'Egalité, par eux qualifié de faction anarchique [1] ».

Ces gens-là, dit-il, *formant au moins la moitié de la Con-*

---

[1]. M. Espinas (*La Philosophie soc. du XVIIIᵉ siècle et la Révol.*, p. 140 et suiv.) a démontré avec précision qu'en ce qui touche les Girondins, leurs doctrines sociales ne différaient de celles des Jacobins que par des nuances. Certes, Roland professait les principes des Physiocrates, mais d'autres, comme Rabaut St-Étienne, réclamaient des lois (dans la *Chronique de Paris*) pour faire le partage le plus égal des fortunes et prévenir les inégalités futures. Vergniaud, après avoir rappelé que Montesquieu et Rousseau professaient ce principe que l'égalité dans une démocratie s'évanouit là où le luxe s'introduit, se bornait à faire des objections, tirées de ce que la République française ne pouvait s'assimiler des institutions possibles dans de petites républiques comme celles de la Grèce.

D'autre part, Danton et Robespierre se montraient certes plus timides que Rabaut St-Étienne puisque Danton, à la première séance de la Convention, demandait qu'on déclarât que « toutes les propriétés territoriales, individuelles et industrielles (sic) seraient éternellement maintenues ». Et, entre parenthèses, la Convention mit « sous la sauvegarde de la nation les personnes et les *propriétés* ».

Quant à Robespierre, on sait comment il a flétri les projets de loi agraire qu'il qualifiait de *dangereux, injustes et impraticables*, la vertu de ses contemporains ne lui paraissant pas assez parfaite pour se prêter à l'*égalité des biens*. « Aristide, disait-il, n'aurait pas envié les trésors de Crassus. » Seulement, Robespierre, dans son projet de Constitution, lu aux Jacobins le 21 avril 1793, définissait la propriété : « le droit qu'a chaque citoyen de jouir et de disposer de la *portion de biens qui lui est garantie par la loi* ». Cela implique que les riches devaient d'abord subvenir à l'existence des pauvres, des petits cultivateurs et des petits commerçants. Et ce prélèvement devait les ruiner !

vention nationale, avaient été comprimés par l'insurrection du 31 mai, s'étaient condamnés, depuis cette époque, à une inaction hostile et aspiraient ouvertement à se venger. Ils en saisirent avidement l'occasion quand ils virent toute l'autre partie de l'Assemblée soulevée contre Robespierre. On ne peut douter que l'animosité et la haine de la démocratie ne fussent les véritables causes de leur coopération aux événements de cette journée. Dès qu'ils n'eurent plus peur de la Montagne, ils se prononcèrent, avec une masse de voix capable, à elle seule, de faire pencher la balance de l'autre côté ; c'était le poids du royalisme et de l'aristocratie nobiliaire et *bourgeoise*. Cette section suivit l'impulsion, mais ne la donna pas.

Les Conventionnels concussionnaires.

En marge de la page 55 du même registre 20 804, on trouve une liste « des membres de la Convention accusés de concussion ». Buonarroti ne nous dit pas quelle est l'origine de cette liste, ce qui eût été intéressant. Elle émane, en tous cas, des robespierristes [1].

« Perrin (de l'Aube), « condamné aux travaux forcés »; Clauzel, accusé du même crime par Barère. Danton et Lacroix « qui volèrent en Belgique : leurs malles, pleines d'argenterie, furent saisies à la frontière. » Courtois « vola à l'armée ». Reubell et Merlin de Thionville « enlevèrent, à Mayence, de l'argenterie et du vermeil, appartenant à la République; leurs malles furent saisies par le Comité de

---

[1]. Nous évitons de discuter ces accusations, notamment en ce qui concerne Danton : elles ont fait l'objet de nombreuses polémiques.

Sûreté générale ». Rovère et Poultier « furent accusés d'avoir simulé un vol considérable d'assignats appartenant à la Nation ». Barras, Ricord, Fréron, Julien, de Toulouse, Delaunay, Fabre d'Églantine, Chabot, Basire « enlevèrent de Toulon plusieurs fourgons, chargés d'objets précieux, et reçurent chacun 100 000 francs pour avoir falsifié un décret de la Convention ». Sièyès « reçut du Consul 300 000 francs pour avoir trahi la République ». Thibaudeau « recevait d'Hambourg et faisait passer à son beau-père la correspondance du fils de celui-ci, qui distribuait aux émigrés l'argent que son père lui envoyait ».

Sur le rôle des factions a la Convention[1].

Buonarroti, qui nous avait déjà dit, dans son *Histoire de la conspiration de Babeuf*[2], ce qu'il pensait des partis hostiles à Robespierre, étudie dans ses notes les différents éléments de la Convention :

1. *Ibid.*, jusqu'à la page 63.
2. Il a qualifié les Hébertistes et les Dantonistes de « factions également ennemies du Gouvernement révolutionnaire ». Mais il excuse les premiers « en général, hommes laborieux, droits, francs, courageux, peu studieux, impatients de jouir de l'Égalité », mais qui crurent « que l'institution révolutionnaire était une atteinte à la souveraineté du peuple ».
Il réserve, au contraire, toute sa sévérité pour la faction des Dantonistes « mélange de vanité, d'intrigue, d'audace, de fausseté, de vénalité et de corruption, dont les chefs étaient *immoraux, hostiles aux idées religieuses* ». Les deux factions concoururent au succès du 9 thermidor; mais les Hébertistes reconnurent leur erreur et furent proscrits « par la faction de boue qui avait triomphé ».

Parmi les membres de la Convention qui y étaient arrivés avec des vues désintéressées et populaires, tous n'étaient pas vicieux de la même manière : les uns voulaient triompher par la philosophie et la *politesse* : ils se firent Girondins ; les autres, qui prétendaient l'emporter par l'impétuosité et la *grossièreté*, devinrent Montagnards. Dix mois avant le 9 Thermidor, ceux qui avaient observé attentivement cette assemblée n'y comptaient pas plus de *cinquante* hommes vraiment justes et amis de l'Égalité.

Après avoir rempli plusieurs pages d'une phraséologie assez creuse, Buonarroti fulmine contre l'immoralité de la faction d'Orléans. Il accuse les Girondins « d'avoir joint l'immoralité à la fougue parlementaire ». Il ne restait donc dans la Convention « qu'un petit nombre de sages, vrais amis de l'Égalité et non moins ennemis de la morgue aristocratique que de la dépravation de ceux qui visaient à la remplacer. De ce nombre fut Robespierre qui combattait également les royalistes, l'aristocratie nobiliaire et *bourgeoise*, les athées, et les hommes dissolus et avides d'argent. Il y eut entre eux une haine qui ne tarda pas à éclater. Ils joignirent leur effort, au 9 thermidor, pour se venger et pour se soustraire à la justice dont ils sentaient la menace ».

Robespierre a voulu, avec le Comité de Salut public, que « la Convention prêchât de doctrine et d'exemple, et que sa morale fût pure » :

Tel fut l'objet du fameux décret qui consacra l'existence de l'Être suprême et l'immortalité de l'Âme, confirma la liberté des cultes et institua les fêtes nationales. Tel fut aussi le motif des décrets lancés contre les prédicateurs de l'athéisme et contre les députés qui s'étaient déshonorés par des actions infâmes. *Ce retour aux idées religieuses*, dictées par le simple bon sens, et cette guerre déclarée à l'immoralité effrayèrent les hommes plus enclins à la licence qu'à la liberté, et ceux qui ne demandaient pas franchement l'Égalité; ceux dont le patriotisme n'avait d'autre appui que l'irréligion, et ceux qui avaient grossi leur patrimoine par l'abus des pouvoirs qu'ils avaient exercés. Le décret qui mit la vertu et la probité à l'ordre du jour fut pour eux un coup de foudre....

Ainsi s'expliquerait la fureur de ces différentes catégories de conventionnels qui tramèrent la chute de Robespierre. D'après Barère, Robespierre aurait eu l'audace de demander au Comité de Salut public « l'accusation d'une *vingtaine* de députés qui, par leurs vices et leurs intrigues, entravaient la marche de la Convention. Le Comité consentit, à l'égard de quelques-uns, mais se refusa, à l'égard de quelques autres, parmi lesquels il y avait Vadier. Vadier fit alors tous ses efforts pour jeter le ridicule sur le décret qui reconnaissait l'existence de l'Être suprême, et prétendit que Robespierre voulait s'élever au trône, à l'aide du fanatisme religieux ». Ce serait Vadier, d'après Buonarroti, qui aurait averti Siéyès que Saint-Just le visait dans ses dénonciations.

Buonarroti approuve absolument la politique de Robespierre en ce qui concerne les idées religieuses :

Robespierre conseilla fortement l'adoption de la Religion naturelle, et s'opposa *seul* aux efforts de ceux qui voulaient proscrire toute idée religieuse. Il fit paraître, à cette occasion, une grande fermeté de caractère et des vues politiques très profondes. Le nombre de ceux qui, à cette époque, affichaient le matérialisme, ou par système ou par immoralité, était très considérable, et on risquait, en les combattant, d'attirer sur sa tête une dangereuse accusation.

Mémoire de Vadier contre Robespierre et observations de Buonarroti.

Nous avons dit que Babeuf et ses amis, au moment où la conjuration prit corps et voulut passer à l'action, avaient été vivement sollicités par ceux de leurs complices qui appartenaient à l'armée, notamment par Fion et Rossignol, de s'adjoindre les anciens Montagnards, proscrits après thermidor, qui s'étaient déjà groupés et formaient un Comité spécial.

Buonarroti nous apprend que le célèbre Drouet était également d'avis de fondre les deux éléments de l'insurrection projetée. Or Drouet était l'intime de Darthé. Germain était lié aussi avec Ricord et Laignelot. Mais certains Babouvistes notables, comme Debon, protestèrent fortement contre cette alliance avec ceux qu'ils appelaient « les assassins de Robespierre ».

Le Comité secret ne commit pas la faute de rejeter absolument le concours des anciens Montagnards de la Convention; mais il leur imposa des conditions qui furent transmises à Ricord, et, par lui, à ses anciens collègues. Ceux-ci se montrèrent d'abord très blessés et refusèrent de se laisser mettre en tutelle par les Babouvistes. Toutefois, dans une réunion du 18 floréal an IV, le Comité montagnard se ravisa, sur les instances de Darthé, de Robert Lindet et d'Amar. Il consentit à l'adjonction d'un démocrate élu, dans chaque département, par le peuple, sur la présentation du Directoire Secret, et admit l'idée de faire rendre un décret par le peuple en insurrection. Tels sont les faits que Buonarroti a rappelés dans son *Histoire de la conspiration de Babeuf*.

On trouve dans ses papiers [1] deux pièces curieuses : l'une qui explique comment Buonarroti fut amené à entrer en relation avec Vadier et Barère, et comment il se créa entre eux une certaine intimité, malgré l'ancienne hostilité des deux hommes contre Robespierre.

Voici d'abord la note de Buonarroti.

Me voilà lié avec Vadier [2] et, par contrecoup, en contact avec Barère, son ami. Est-ce parce que je les estime; est-ce parce que je vois en eux deux fermes appuis de la Liberté, deux sages fondateurs de la République? Je suis obligé d'avouer qu'à mes yeux, *ils ne méritent cet honneur ni l'un ni l'autre*. Ces deux hommes, enveloppés dans les proscriptions dont furent atteints tant de républicains dans le cours des années II, III et IV de la République, durent leurs malheurs aux services qu'ils avaient précédemment rendus à la cause populaire. Ces deux hommes sont odieux aux Royalistes, dont ils frappèrent l'idole, aux Girondins, dont ils accusèrent les chefs, et aux Thermidoriens, dont

---

1. *Reg.* 20 804, f° 66.
2. Buonarroti écrit en marge : « Ces notes ont été écrites avant la mort de Vadier. »

ils refusèrent de partager l'infamie et les complots. Il y en avait assez de ces circonstances pour me déterminer à les fréquenter, de préférence à presque tous leurs collègues qui se sont déclarés les ennemis de la cause que j'ai défendue.

Un autre motif m'attira vers Vadier : ce vieillard fut impliqué à *tort* dans le grand procès de Vendôme ; il partagea pendant trois ans et demi ma captivité et ma déportation. Je fus le voir comme mon ancien compagnon de malheur, et l'accueil amical que je reçus de lui [1], et particulièrement de sa femme et de sa fille, m'engagea à répéter mes visites dont je me suis fait une habitude journalière. C'est chez Vadier que j'ai souvent rencontré Barère, et que j'ai pu me former une idée de ses talents et de ses connaissances, de sa philosophie et de son caractère [2].

Barère est un grand parleur : son imagination est vive, ses principes politiques sont incertains. Il aime le plaisir et le faste ; il se plaît à briller ; il est faible, irrésolu et excessivement timide. Il est grand conteur d'anecdotes, vraies ou inventées. Vadier n'est plus qu'un radoteur ; mais, à travers son caquet, on découvre les sentiments d'après lesquels il s'est dirigé dans le cours de la Révolution où *il a malheureusement joué un grand rôle.*

Haïr les nobles et se moquer de la religion, voilà toute la politique de Vadier. Il aime bien l'Égalité, *pourvu qu'il*

---

[1] En marge, Buonarroti ajoute : « c'est-à-dire *semi-amical* de la part de Vadier. L'amitié véritable et l'effusion du cœur, je les ai trouvées chez sa femme. Vadier, un moment après notre réunion, fut saisi d'un mouvement d'avarice et, craignant que je ne lui demandasse de l'argent, il s'empressa de me déclarer, sans préambule et sans y être provoqué, que l'état de sa fortune le mettait dans l'impossibilité de me secourir ».

[2] Nous avons cité le passage des *Mémoires de Barère* qui vit souvent Buonarroti à Bruxelles, et qui fait le plus grand éloge de son caractère. Il ajoute que le peuple « a perdu en lui un défenseur aussi éclairé que courageux ».

jouisse d'un bon revenu[1], qu'il puisse vendre ses denrées bien *chères* (sic) et qu'il exerce quelque influence dans les affaires publiques.

Buonarroti ne lui pardonne pas d'être un admirateur de Voltaire :

> La frivolité, l'irréligion et l'immoralité de celui-ci l'enchantent, tandis qu'il repousse comme des paradoxes les principes religieux, moraux et politiques de Rousseau. Vadier ne voit qu'imposture et tyrannie dans l'alliance d'une sage religion avec une bonne législation, et ses préjugés, à cet égard, sont si forts qu'il préférerait la licence la plus immorale à la vertu appuyée sur la croyance en Dieu et sur l'Immortalité de l'âme. Il craint la mort et affecte de la braver; le danger l'effraye, et il veut qu'on admire son courage.
>
> Ces deux hommes (*Vadier et Barère*) qui, dans tous leurs discours, se targuent de leur patriotisme et font parade de leur incorruptibilité, ont eu, l'un et l'autre, une très grande part aux événements qui ont arrêté la marche de la Révolution et ont creusé le tombeau de la Liberté.

En somme, Buonarroti reproche à Vadier et à Barère d'avoir contribué à renverser Robespierre qui, « lui, voulait réagir contre l'Immoralité, l'ennemi le plus puissant qui restât à combattre ».

Maintenant que Buonarroti a formulé son opinion sur Vadier, il est curieux de lire l'extrait qu'il a fait lui-même d'un mémoire écrit par la main de Vadier[2].

Dans ce mémoire, Vadier fait l'éloge des Comités :

---

[1] C'est un défaut qui n'est pas spécial à Vadier et qui se retrouve chez quelques socialistes... du temps passé !
[2] *Reg.* 20 804, p. 66.

Si Robespierre, d'odieuse mémoire, osa créer une sorte de triumvirat, lui, Couthon et Saint-Just; s'il se sépara des Comités de gouvernement, de la Convention elle-même; s'il eut le secret d'associer à ses vues le Corps municipal de Paris, la Société des Jacobins, les Comités révolutionnaires, le commandant de la force armée, le traître Henriot; si cette faction redoutable fut terrassée, le 9 thermidor, n'est-ce pas par ces Comités de gouvernement, les mêmes qui venaient de sauver la Patrie de la coalition de tous les souverains?

Ce tyran populaire (Robespierre) avait usurpé nos attributions du Comité de Sûreté générale, et les rendait nulles en les contrariant; dirigeant en despote la Société des Jacobins et ses annexes dans les départements, il en avait corrompu les principes; il avait, par cette influence, conquis l'affection et l'aveugle dévouement de la populace, ce qui l'enhardit à renforcer son autorité d'un prétendu Bureau de police où il siégeait avec ses adjoints Couthon et Saint-Just. Il osa tenir ce Bureau dans le local même du Comité de Sûreté générale (Hôtel de Brionne). C'est là que ces triumvirs rendaient leurs arrêts, en vertu desquels on mettait en accusation les citoyens que notre Comité avait mis en liberté, et ils mettaient en liberté ceux dont ce Comité avait ordonné l'arrestation.

Vadier accuse les Anglais « ces instigateurs du crime, d'avoir assuré les élections des Marat, des Cloots, des Chaumette, des Robespierre »!

C'est pour organiser le 31 mai contre la Gironde qu'on disposa de la Commune de Paris *par l'influence des soudoyés de Londres*[1]; c'est la même influence qui mit à bas Danton et son parti. Enfin, ces cannibales soudoyés périrent eux-mêmes par la réaction sanglante du 9 thermidor qui

---

1. Cette mise en cause de l'influence britannique est tout à fait originale! On croyait jusqu'ici que Robespierre avait été l'instigateur de la chute des Girondins et de Danton.

servit de prétexte à l'extermination des patriotes. La réaction furibonde du 9 thermidor... C'est de là que datent les maux de la Patrie identifiés avec mes malheurs [1].

Vadier expose ensuite l'affaire de Catherine Théo.

Il raconte comment, sur une dénonciation faite à un des Comités de surveillance, on avait fait une descente et une perquisition chez cette vieille folle, logée rue Contrescarpe. On trouva dans ses draps une lettre missive, écrite et signée de la main de Dom Gerle, et par lui reconnue. *Cette missive mystérieuse était à l'adresse de Robespierre*; elle était remplie de prédictions allégoriques, tirées textuellement de la Bible, notamment du livre d'Ezéchiel, que ce religieux prétendait s'appliquer à la grandeur future, à l'élévation glorieuse de ce tyran. On voit de quelle importance était cette lettre, si on observe qu'elle coïncidait avec la trop fameuse cérémonie de la fête qui eut lieu en l'honneur de l'Être suprême, et l'érection de la pagode élevée sur le bassin des Tuileries. On sait que cette farce comico-fanatico-religieuse fut suivie d'assez près de la scission qui s'éleva dans le Comité de Salut public, par l'absence de Robespierre qui s'en sépara pour concerter son triumvirat avec ses adjoints Couthon et Saint-Just.

Cet hypocrite regarda cette partie de mon rapport comme une botte secrète à son despotisme naissant et fit dès lors une affaire majeure; il prépara ses batteries aux Jacobins. C'est là qu'il débita avec chaleur la préparation du manifeste qu'il déclama peu de jours après à la Convention.

Dans cette préface, il dénonça les deux Comités comme les foyers d'une contre-révolution imminente, et il me désigna comme un des plus dangereux conjurés de leur coalition. On sait avec quelle acrimonie j'eus le courage de le braver....

1. Vadier se contredit lui-même puisqu'il reconnaît avoir contribué au 9 thermidor et au renversement de Robespierre. Il était donc, en partie, responsable de la réaction qui suivit.

Il était question dans la déposition de ces femmes d'une dame de Versailles, nommée de Chastenoix, qu'on traitait de devineresse et qui expliquait nettement le but et le sens de la lettre allégorique de Dom Gerle, et la présence en effigie du Dauphin dans le manoir de la mère de Dieu et qu'on offrait à la vénération des adeptes. Cette effigie n'était là que pour couvrir l'incognito du véritable chef qui devait être nommé Régent du royaume, en attendant le prétendu Dauphin, et ce Régent était le véritable Messie, le Rédempteur et le Régénérateur de la France promis par les Prophètes, prédit par Ezéchiel, et plus récemment par Dom Gerle dans sa missive à Robespierre. En voilà assez pour démontrer le sujet de la haine dont m'a honoré ce tyran.

X

Sur les droits de la femme.

Les femmes ne paraissent pas avoir tenu une grande place dans la vie et dans les préoccupations de Buonarroti. C'était un homme vertueux ! Son amie, que tout le monde considérait comme sa femme, Thérèse Poggi, qui lui tint compagnie fidèle au Fort National devant Cherbourg, puis à Oleron et reçut de la municipalité de Saint-Pierre le certificat élogieux du 2 nivôse an XI; la même qui figure sur le passeport délivré par le Préfet de l'Isère du 24 avril 1814; celle enfin dont parle Farcy dans sa lettre du 31 août 1835, comme s'étant fixée à Genève et se trouvant empêchée par ses infirmités d'aller soigner *son mari* à Paris, semble lui avoir été moins chère que sa garde-malade Sarah-Élisabeth Desbains. Comme conspirateur, il se défiait de la futilité et de l'indiscrétion du plus beau des sexes. Mais nous croyons devoir citer une lettre adressée par lui de Bruxelles à un ami, le 16 avril 1830, sur la question du féminisme [1] :

> La Femme a certainement autant de droit que l'Homme à la liberté, et on ne peut, ce me semble, combattre son émancipation civile que par le pouvoir que lui donnent ses charmes, et à l'aide de quoi elle se dédommage de l'assujettissement que lui imposent les lois. Pour rendre aux femmes l'exercice complet de leurs droits, il faudrait, je crois, commencer par changer entièrement leur éducation ; faute de quoi, leurs préjugés, leur coquetterie, leur vanité et leur finesse corrompraient bientôt les mœurs et bouleverseraient l'ordre public le plus sagement combiné.

Ajourner l'émancipation civile de la femme au moment où leur éducation aurait été complètement changée et où elles ne seraient plus ni coquettes, ni vaniteuses, ni remplies de préjugés, c'était bien les bannir de la République des Égaux [2] !

---

1. *Reg.* 20 804, p. 18.
2. Ainsi Buonarroti se sépare de la majorité des novateurs socialistes qui ont été féministes. Il faut en excepter aussi Proudhon, qui considère la femme comme un être inférieur, au triple point de vue physique, intellectuel et moral. Voir E. Fournière, *Théories socialistes du XIXe siècle*, p. 58.

XI

Sur Jésus-Christ et les religions[1].

Personne n'est plus convaincu que moi des intentions bienfaisantes de Jésus. Je crois qu'il eut un but temporel, et qu'il fut un généreux prédicateur d'Égalité et de Vertu. Telles étaient, à mon avis, les bases primitives du Christianisme, dans sa pureté et dans l'esprit de son fondateur.... Mais, si l'on veut que la doctrine pure de l'Évangile soit adoptée comme une émanation directe de la Divinité, il faut admettre la divinité des Écritures, et, conséquemment, attribuer également à la volonté de Dieu tout ce qu'elles contiennent : bon ou mauvais, pur ou impur, croyable ou *incroyable*. Alors que de commentaires, que de *folies*, que de disputes, que de sectes opposées!... Mieux vaudrait sans doute créer une *Religion nouvelle*; mais comment lui imprimer le sceau de la Divinité? Il ne reste que la *Religion naturelle* d'où l'on peut tirer toutes les conséquences utiles à l'Humanité.... *Le fini ne comprendra jamais l'infini*, et, quand l'homme cherche à se former une idée des attributs de la Divinité, il ne fait que lui prêter ses propres qualités, sur une plus longue échelle.

Deux principes me paraissent suffisants, à cet égard : celui d'une volonté toute-puissante qui préside à l'ordre de l'Univers, et dont cet ordre est une preuve sans réplique pour quiconque ne renonce pas à faire usage de la raison; celui d'une vie future, heureuse ou malheureuse, selon la moralité de nos actions, principe qui découle de la nature de la Pensée et des nécessités sociales.

---

1. Cette note se trouve au *Registre* 20 804, p. 19. M. Tchernoff, *op. cit.*, p. 86, remarque très justement que le système de Babeuf et de Buonarroti est *une religion*. Babeuf se compare souvent au Christ... simplement.

Buonarroti ne croit pas démontrée la perfectibilité de l'homme. Il n'est convaincu ni que « l'homme soit d'ordre divin, ni que le grand développement donné à l'industrie et au commerce puisse amener un perfectionnement dans l'ordre social. Il introduit de nouveaux germes d'inégalité et une soif immodérée de jouissances nouvelles qui ôte aux âmes toute espèce d'energie ».

En terminant, Buonarroti dit un mot du Saint-Simonisme, et souhaite « que les propagateurs de cette doctrine parviennent à faire adopter leurs idées sur l'*éducation commune*, sur l'*abolition de l'hérédité*, sur la sanction religieuse et sur la réunion du spirituel et du temporel [1] ».

---

1. M. Alfred Espinas, (*La Philosophie sociale du XVIIIe s. et la Révol.*, p. 276,) a parfaitement mis en relief les différentes tendances des Babouvistes, au point de vue religieux. Sylvain Maréchal était incrédule, mais son incrédulité n'a été découverte qu'en 1800. Babeuf ne professait qu'un spiritualisme assez vague, mais Buonarroti était nettement déiste, comme Robespierre et Jean-Jacques. « La pure doctrine de Jésus, dit-il ailleurs, présentée comme une émanation de la religion naturelle, *dont elle ne diffère pas*, pourrait devenir l'appui d'une sage réforme et la source des mœurs vraiment sociales. » Et je crois avec M. Espinas qu'il est très exact « que le *Christianisme naissant* avait adopté en partie le socialisme, et en a fait la base des institutions cénobitiques et des sociétés cléricales qui se sont peu à peu substituées aux cités romaines, jusqu'à ce que l'Église, dans son ensemble, ou la Catholicité se substituât à l'Empire ». A travers les siècles, l'Église catholique reste teintée de socialisme et rêve d'un retour à l'état de nature, d'égalité parfaite, d'innocence heureuse. Rousseau n'est pas séparé par un abîme de Fénelon et de Bossuet, car ces théoriciens catholiques préconisent une organisation sociale fondée sur cet état de nature.

TABLE DES MATIÈRES

Avant-Propos I
Chapitre I. — Les débuts de Buonarroti 7
— II. — Buonarroti et la conspiration de Babeuf 37
— III. — Après la Haute Cour 81
— IV. — Bonaparte et Buonarroti 109
— V. — Buonarroti et les Bourbons . . . 149
— VI. — Les dernières années 173

TABLE DES ANNEXES

I. — Commentaire de l'Analyse de la doctrine de Babeuf 256
II. — Fragment de décret économique 263
III. — Observations sur la communauté des biens et des travaux 272
IV. — De l'impôt 277
V. — Idées sur la réforme sociale 282
VI. — Le décret de police 296

VII. — Réponse à la lettre de M. V 298
VIII. — Doit-on obéissance à la Constitution de 1795 ? 307
IX. — Notes politiques sur la Révolution.
Opinion sur Robespierre. — Les Conventionnels concussionnaires. — Sur le rôle des factions à la Convention. — Mémoire de Vadier contre Robespierre et observations de Buonarroti 311
X. — Sur les droits de la femme 325
XI. — Sur Jésus-Christ et les religions 327

ERRATA

Page 16, ligne 7e, *au lieu de* « l'assemblée du 27 juin », *lire* : « l'assemblée du 2 juin ».

Page 91, ligne 18e, *au lieu de* « furent », *lire* « fut ».

www.ingramcontent.com/pod-product-compliance
Lightning Source LLC
Chambersburg PA
CBHW070614160426
43194CB00009B/1270